A Guide to Federal Agency

Rulemaking

美国规章制定导论

[美] 杰弗里·吕贝尔斯 著

江澎涛 译

中国法制出版社
CHINA LEGAL PUBLISHING HOUSE

目录

第三部分
实践中的非正式规章制定

第一章 开始程序

第二章 规章分析和审查

第三章 拟制定规章通知

第七章 最终规章

第八章 对现行规章的审查

第四部分
规章的司法审查

第一章 司法审查的受理

第二章 司法审查范围

杰弗里·吕贝尔斯（Jeffery S. Lubbers），美洲大学华盛顿法学院行政法实践教授、法律与政府管理研究员，曾在迈阿密大学法学院、乔治城大学法律中心、华盛顿与李大学、渥太华大学、日本京都立命馆大学法学院等院校任教。毕业于康奈尔大学和芝加哥大学法学院，是马里兰州和哥伦比亚特区执业律师。

在华盛顿法学院任教前，吕贝尔斯教授曾在美国行政会议（Administrative Conference of the United States, ACUS）中担任过一系列职务，该机构属于美国联邦政府咨询部门，负责研究改进联邦政府有关行政项目程序[①]。他于1982年至1995年担任美国行政会议研究中心主任期间，致力于开拓研究领域，广泛聘请法学专家参与研究，并负责审查研究报告，监督会议专职律师开展工作，协助美国行政会议委员会根据研究结果对各种行政

① 译者注：该机构于1995年第104届国会期间解散，2004年和2008年两次获国会重新授权，2009年获国会拨款，2010年重新运行。

法议题提出建议等。他曾与国会有关专门委员会、政府部门等合作，研究美国行政会议所提建议，并于1993年作为戈尔副总统的政府绩效评估团队负责人，研究规制制度改善等课题。作为美国行政会议委员，他是本书第一版的作者之一。1998年，他以美国律师协会会员身份重新出版该书。2010年，美国行政会议重新成立后，他被任命为“新行政会议”特别顾问。

吕贝尔斯教授发表过大量关于行政程序的研究文章。他经常受邀参与美国和其他一些国家针对政府官员的培训项目，其中，十余次受邀来中国授课培训。他在行政法领域成就非凡，曾被授予“总统行政贡献奖”、美国律师协会和联邦律师协会的各类奖项。此外，他还是美国律师协会行政法和规制实践分会研究员，从1998年开始，连续12年主编该分会每年出版的《行政法和规制实践发展报告》。

美国行政会议简介
（1968—1995，2010—）

美国行政会议（ACUS）始建于1968年，属于美国联邦行政体系中的一个独立部门，其工作范围十分广泛，主要负责行政法律和程序等方面咨询工作，研究行政部门在行政管理中所采用的程序是否符合效率、充分和公平要求，并提出改进建议。此外，它还负责有关数据和资料搜集工作，发布有助于评估和改进行政程序的研究报告等。

美国行政会议由主席、委员会、全体大会组成。主席是会议的主要负责人，由总统任命。委员会由主席和类似于“董事会成员”的十名委员组成。全体大会则由约100名委员组成，包括来自联邦行政部门、机构、委员会的代表，公众代表（包括律师、法学教授和其他具有行政法和实践背景的专业人士）等。大会通常每年召开两次全体会议，讨论将由美国行政会议正式提出的建议。所有委员都在各常设分委员会工作，就其所在专业领域拟定建议（涉及裁决、规章制定、司法审查等）。其他机构和非政府组织可派联络员代表其参加分委员会活动，但在全体会议上无投票权。

主席办公室包括一些永久雇员，如律师和办事人员，人数不多，其职责是管理该会议有关部门的日常运行，组织研究课题，为行政会议委员和分委员会服务，推动落实被采纳的行政会议建议。主席办公室的一项职责是出版学术著作和提交研究报告，本书就是该办公室工作成果之一。

根据第 104 届国会拨款委员会关于终止资助美国行政会议活动的决定，美国行政会议曾于 1995 年 10 月停止运行。但在 2004 年和 2008 年，国会分别通过法案，重新授权美国行政会议开展活动，并于 2009 年拨款资助会议的有关活动。2010 年，美国行政会议正式重新启动。

前言

1995年，美国行政会议（ACUS）被迫停止运行（直到2010年才被重新组建）。为了继续发挥其广受欢迎的《美国规章制定导论》（以下简称《导论》）一书的作用，美国律师协会（ABA）行政法和规制实践分会以及政府和公共部门律师处又共同修订出版了《导论》一书。作为美国行政会议前任职员，我曾参与撰写出版了第一、二版《导论》。1998年和2006年，我又分别负责修订出版了第三版和第四版。本书为第五版，沿用了以往体例，并更新了部分内容，如介绍了小布什政府第二任期和奥巴马政府任期内前三年出现的一些新案例以及政策变化等。

在1991年版《导论》的前言中，时任美国行政会议主席的马歇尔·布雷格（*Marshall Breger*）先生对该书的出版目的作了精彩总结，其中很多观点至今仍适用：

“《行政程序法》(APA)为‘非正式’(相对于‘正式’而言)[①]规章制定创设了一套简便程序。它要求行政部门发布拟制定规章通知，包括‘拟制定规章之条款或内容，或所涉及的主题和问题之说明’[②]，以及应向利害相关人提供‘通过提交书面资料、书面观点或口头辩论等方式参与该规章制定的机会’等[③]。《行政程序法》也为行政部门决定是否采用除通知－评论程序外的其他程序留出了充分空间。

《行政程序法》通过后的十余年中，行政许可、正式裁决以及正式规章制定等已成为行政法领域的主要议题。然而，20世纪60年代末和70年代初，健康、安全和环境等新问题不断涌现，联邦政府不得不制定大量新法规进行应对。实践证明，上述行政方式在实施这些法规时程序非常繁琐。不久，非正式规章制定便取代了《行政程序法》规定的正式程序，在制定重要政策时成为更受欢迎的方式。的确，正如外界所评价的，这些通知－评论程序‘是现代政府最伟大的发明之一’。

20世纪70年代中后期，随着非正式规章制定在解决复杂、高风险事务中的大量使用，一些新的法律和法院判例应运而生，但它们也为规章发布部门带来更多程序障碍。此外，70年代末和80年代，总统也越来越多地参与到规制政策制定中来。有观点认为这些发展趋势‘摘掉了规章制定这棵玫瑰上的绚丽之花’。

通过规章制定创建标准和规范的有效性一直备受质疑。[④]有人发现，行政部门越来越倾向于使用‘非规章性规章制定’方式，即通过备忘录或指引等设定标准，以获得制定规章的效果。尽管面临诸多批评，非正式规章制定作为实施行政管理的核心手段之地位仍不可动摇。例如，根

---

① 若开展“正式规章制定”，必须按照《美国法典》第5编第556、557条规定的审判式（trial-type）程序进行，5 U.S.C.556-557.

② 5 U.S.C.553（b）.

③ 同上553（c）.

④ Richard J. Pierce, Jr. *Unruly Judicial Review of Rulemaking*, 5 Nat. RESOURCE & ENV't 23（1990）.

据管理和预算办公室（OMB）统计，1989 年有 5000 多件最终规章文本在《联邦登记》上公布。

随着联邦行政部门大量使用规章制定，有一点变得很重要，即要为规章制定者提供尽可能清楚的指导手册。自《行政程序法》实施以来，由于控制规章制定过程的程序数量倍增，潜在的程序性问题也在成倍增加。此外，有的行政部门热衷于规章制定活动，而有的部门则只是偶尔尝试一下。提供指导手册有助于改善这些状况。

本书的出版正是美国行政会议的价值体现——鼓励行政部门间的信息交流。”

《导论》第五版保留了以往四个版本的基本框架结构，也分为四个部分。第一部分为联邦规章制定概览，介绍了参与规章制定的一些重要机构及规章制定的历史演变。第二部分介绍了规章制定的法律框架，包括《行政程序法》的有关章节和其他对规章制定产生影响的现行法律。第三部分从制定规章的最初考虑到形成最终规章等环节，逐步介绍了非正式规章制定过程。第四部分讨论了规章制定的司法审查。

尽管从克林顿政府到布什政府，再到奥巴马政府，都未对规章制定程序做过重大调整（布什和奥巴马均保留了克林顿关于白宫对规章进行审查的行政命令），但管理和预算办公室仍对此提出了一些新的重要举措。2006 年以来，美国最高法院也发布了一些与规章制定诉讼有关的重大判例（如马萨诸塞州诉环保署案，*Massachusetts v. EPA*），以及与规章制定中充分通知有关的“符合逻辑标准”（如长岛家庭护理案，*the Long Island Care at Home* case）等。最高法院不断创设有关规则，包括对规章制定中的法律解释进行司法审查（即雪佛龙、斯基德莫尔和奥尔尊重原则，Chevron，Skidmore，and Auer），以及对行政部门的事实认定和基于“任意、武断”标准做出的政策选择进行司法审查（如福克斯电视台诉联邦通信委员会案，*Fox TV Station v. FCC*）等。

此外，自2006年以来，“电子规章制定”开始出现并不断壮大。现在，大多数公众评论意见都要通过电子形式提交，这也引发了在“纸质”规章制定时代未遇到的诸多问题。本书也介绍了一些由低级别法院作出的重大判例。如以往一样，本书无意成为一本案例大全，但还是重点介绍了一些与规章制定程序有关的法院判决和对规章的司法审查。相比之下，对与规章制定有关的行政法议题来说，本书可被视为一个进行深入讨论和研究的起点。

再次向下列曾帮助出版该书的人员致谢：丹·柯恩（*Dan Cohen*），尼尔·埃斯纳（*Neil Eisner*），弗雷德和安德鲁·艾米莉（*Fred and Andrew Emily*），让·莱文（*Ron Levin*），兰迪·梅（*Randy May*）和大卫·弗莱蒂克（*David Vladeck*）等。也要再次感谢所有与我一道为该书出版付出努力的美国行政会议的同事们，特别要感谢迈克尔·鲍尔斯（*Michael Bowers*），南希·米勒（*Nancy Miller* ）和美国天主教大学哥伦布法学院的本杰明·敏兹（*Benjamin Mints*）教授。多年以来，本书也得益于美国行政会议两位前主席劳伦·史密斯（*Loren Smith*）和马歇尔·布雷格（*Marshall Breger*），以及后来长期担任美国行政会议规章制定委员会主席的恩斯特·盖尔霍恩（*Ernest Gellhorn*）的大力支持，还有其他众多来自联邦行政部门对本书问世提出过宝贵意见的人们，一并致谢。

在本版的研究和编辑中，我的两位2012级研究助理艾米莉·百弗尔（*Emily Baver*）和阿伦·摩尔（*Aaron M. Moore*），以及《行政法研究》的高级编辑们都提供了大力协助。

当然，最后要说的是，文责自负。

杰弗里·吕贝尔斯

美洲大学华盛顿法学院 行政法实践教授

2012年3月

《美国规章制定导论》中文译本即将问世，这对我来说意义重大。某种程度上，我认为非正式规章制定程序具有广泛吸引力。每个政府都希望在国家治理过程中对人民的需求进行回应，并以有效、现代的方式来实施监管、创造价值。公布拟制定法规征求公众意见是政府保障公众参与权的有效途径。通过参与，公众可将意见直接提交给政策制定者，政府也可以借此了解相关事实、专业知识以及公众的想法等，这些工作单凭政府自身难以完全实现。

上述目的正是1946年《行政程序法》关于规章制定程序的设计初衷，现在仍是美国联邦政府运行的核心原则之一。不仅是联邦政府，包括50个州各自的《行政程序法》，均规定了规章制定程序。当然，包括中国在内，世界上很多国家也都在使用这一程序。我有幸数次受耶鲁大学中国法中心以及亚洲基金会邀请，参与中国中央政府和一些省、市级政府有关行政程序法律法规的设计工作，目的是为公众参与法律法规制定和发布提供机会。中国政府在这方面取得的成果让我印象深刻。

同时，我们也要看到，美国的规章制定体系并非完美无缺，还有很长的路要走。尽管非正式规章制定的基本特点——通知 - 评论程序——依然是行政法律制度十分重要、有效的组成部分，但自 1946 年以来，规章制定活动已变得日益复杂。国会通过制定法律，总统通过发布行政命令，以及法院在规章审查过程中，不断提出其他一些程序性和分析性要求。这些要求有的很有帮助，有些则效果平平，很多人认为这些额外程序让规章制定活动变得更加复杂耗时。

显然，我并不主张中国政府行政部门全盘仿效美国的规章制定程序，但美国制度有其合理之处，我谨希望通过展现美国政府如何实施这些制度，来为中国有关部门在这方面的改进提供一些思路。

本书开头回顾了美国规章制定程序的历史发展脉络，并对其日益增加的复杂性进行分析。接着对规章制定的法律框架进行探讨——包括《行政程序法》在内的诸多法律规定。《行政程序法》的内容不长，也很简洁，并规定了不同类型规章的例外情形。本书着重讨论了非正式规章制定程序，包括互联网出现所引发的深刻变革——将规章制定从纸质时代带入电子时代。美国在该领域的经验可能对中国会有很多启发。就我所知，中国也已开始摆脱单靠纸质工作的阶段，全面进入互联网时代，国务院法制办公室信息中心已对外建立网站，公众可以通过该网站对法律法规草案提交评论意见。建成后，该办公室已收到成千上万条评论意见。

本书接下来讨论了美国联邦政府部门在制定规章时必须进行的各种“规制分析”（regulatory analysis），其中最主要的是成本效益分析。很明显，政府在制定法规时一定是希望收益大于成本，但往往衡量这些结果并非易事，特别是对立法效益更难以估量。

本书还对有关程序作了详细讨论。首先，行政部门必须发布“拟制定规章通知”（notice of proposed rulemaking），其中通常包含拟制定规章文本以及对规章制定必要性的说明。这些文件会在政府每日出版的官方刊物《联邦登记》上公布。其次，部门必须披露所有与拟制定规章有关的信息和研究结果，公众在规定期限内可以提交书面意见（通常为 60 天）。在评论期内，可以举行口头听证，但不是强制性要求。现在，大多数评论意见都通过一个集中的规章制定门户网站（www.regulations.gov）以电子形式提交。收到评论意见后，部门必须对其进行详细审查以决定是否将其纳入最终规章文本。如果决定纳入，部门须在最终规章文本的序言中对规章中的术语进行解释，注明该文本与拟制定规章文本的不同，最重要的是，对公众评论意见中所有重要建议和批评进行回应。

最终规章文本及其序言会在《联邦登记》上公布，然后编入《联邦法规汇编》，后者包含了所有现行有效的联邦政府法规。有时，如果最终规章与拟制定规章文本差别太大，部门必须进行第二轮评论。规章发布后须送交国会，后者可以将其推翻，但只能通过制定法律来实现。该程序的另一项关键内容是，总统通过发布行政命令要求大多数部门向管理和预算办公室提交拟制定规章和最终规章文本供后者审查。

但上述所有程序只是规章司法审查的前奏。如果个人、公司或其他组织受到规章的不利影响，他们可以请求法院对规章进行审查。负责审查规章的法院也设计了各种相关规则。首先，起诉者应何时、如何启动司法审查；其次，一旦审查程序启动，法院的审查标准是什么。比较常见的情形是，起诉者会主张部门超越法定权限发布规章，或即使规章制定属于国会授权范围，但该规章不合理或在规章制定过程中收集到的事实依据不支持规章等。若无人提起诉讼，或法院对规章表示支持，该规章将具有与国会通过的立法相同的法律效力。

在中国，《立法法》（2000 年）确立了制定行政法规、地方性法规、部门规章和地方政府规章的基本框架。更多关于法规和规章制定程序的细节可参见国务院制定的《行政法规制定程序条例》(2001年)。制定更低级别的规范性文件则由国务院的政策文件作出规定。如前所述,国务院也设有类似于美国regulations.gov这样的政府网站。

我认为,中国的规章制定活动有两个方面仍需改进:(1)应在最终规章序言中对公众评论意见作出回应;(2)对规章制定的程序性事项进行司法审查。这两个领域的改进将保证公众提交的评论意见得到有效处理,并保证《立法法》和其他相关法规规定的程序得到一致遵守。

我期待将来能与中国的行政法学界同行就中美两国各自规章制定制度中的优点和不足进行更多交流。我也希望其他对行政法感兴趣的读者能觉得此书值得一读。特别感谢本书中文版译者江澎涛先生为本书翻译出版付出的不懈努力。

杰弗里·吕贝尔斯

美洲大学华盛顿法学院 行政法实践教授

2016年3月

第一部分

美国规章制定概览

1946年制定的《行政程序法》(Administrative Procedure Act，APA)确立了规范行政行为的行政法制基本框架，“规章制定”是其重要内容之一。长期以来，规章制定程序一直遵循着《行政程序法》确立的框架进行，但很多迹象显示，《行政程序法》最初确立的统一框架在某种程度上正被逐渐削弱。1970年前后，国会制定了一系列专门的监管性法律对规章制定程序进行约束，其中有些是对《行政程序法》的规定进行补充，有些则直接将其取代。[①] 此外，一些法院判决也要求改进规章制定程序，这些因素导致规章制定活动变得日益复杂、争议不断，由此，行政部门也不得不对其规章制定程序作出重大调整。自尼克松总统开始，连续数任总统都通过发布行政命令对规章制定程序提出要求，[②] 国会也通过“规制改革”(regulatory reform)行动对规章制定程序进行规范，这些针对规章制定程序的“条条框框”使得评论人士对规章制定活动日渐“失去活力”感到担忧[③]。

本书目的之一，就是要从规章制定过程各阶段的程序性要求入手，为规章制定者、参与者以及其他相关方提供研究规章制定的综合视角。在正式讨论之前，先简要回顾一下规章制定发展历程中的一些重要事件。

一、《行政程序法》与规章制定活动

罗斯福新政时期，社会利益格局分化明显，有人支持实施“新政”的政

① 由于这些法律把“正式”和“非正式”规章制定放在一起进行规范，通常又称为规范“混合型”规章制定活动的法律。Stephen F. Williams, *“Hybrid Rulemaking” Under the Administrative Procedure Act: A Legal and Empirical Analysis*, 42 U. Chi. L. Rev. 401 (1975).

② 其中最重要的是克林顿总统发布的第12,866号行政命令。目标是“加强对已有及新增规章的规划及协调；重申联邦行政部门在规章制定过程中的重要地位；恢复规制审查的完整性及合法性；使这一过程对公众更加开放、便于操作。”其重要性直到2011年奥巴马总统上台后仍未削弱，奥巴马取消了布什总统对该行政命令之修改，并发布“改进规制活动和规制审查”的第13,563号行政命令，重申了第12,866号行政命令之地位。有关规章制定的行政命令将在本章第四节和本书第四部分进行讨论。

③ Thomas O. McGarity, *Some Thoughts on “Deossifying” the Rulemaking Process*, 41 Duke L.J. 1385 (1992).

府部门所做决策，有人则担心或怀疑将权力赋予这些部门的效果，《行政程序法》正是这两股力量相互角逐的产物[①]。该法主要成就之一便是为众多不同类型的行政行为设立了最低程序标准。然而，《行政程序法》没有规定——和此前一些法律类似——所有的行政行为都遵循一种统一、固定的程序模式。相反，它认可并采纳了不同部门使用的行政程序，这些程序通常被冠以“正式裁决”、“正式规章制定”、“非正式裁决”、“非正式规章制定”等称谓。

本书重点介绍的是“非正式”的规章制定。因为只有在除《行政程序法》之外的法律要求“行政部门在听证会后须根据记录制定规章”时，才会适用正式规章制定程序。[②]实践中，除了一些与确定利率、农业市场秩序、食品添加剂有关的行政活动，很少会用到正式规章制定程序，因此本书不予过多讨论，仅在第二部分第一章中简要介绍。

《美国法典》第5编第553条是《行政程序法》关于规章制定的一般性规定。这里所说的规章制定一般被称作“非正式的”、“行政程序法规定的”或“有通知－评论期的”规章制定活动。[③]通知－评论的说法出自第553条规定，主要是指：（1）发布拟制定规章通知；（2）通过提交书面评论，为公众提供参与规章制定之机会；（3）在规章生效之日前不少于30天内，公布最终规章文本以及有关制定基础和目的之说明。该规定的重要意义在于，为规章制定设立了最低程序标准，未达此标准，行政部门不得根据规定之程序制定规章。这也符合《行政程序法》制定者的最初设想，即“重大事项，或公众所提之事项对

① George B. Shepherd, *The Administrative Procedure Act Emerges From New Deal Politics*, 90 Nw. U. L. Rev. 1557（1996）.

② 5 U.S.C. § 553（c）.

③ 赫兹教授认为：法院和评论人士越来越混淆正式和非正式规章制定之间的区别。他认为“正式的通知－评议”这个混生词语正被频繁使用，并将其归因为：（1）传统的非正式规章制定已“完全消失”；（2）行政部门越来越依赖于发布政策声明；（3）最高法院对雪佛龙案的管辖（本书第四部分将介绍）导致对“正式”一词含义的不同理解。Michael Herz, *Rulemaking Chapter*, *in* Developments in Administrative Law and Regulatory Practice 2002-2003 at 144（Jeffrey S. Lubbers ed. A.B.A. 2004）.

部门有益或可保护公众利益的，应当有周密的公共程序与之匹配”。[①]

然而，正如下面将要讨论的，[②] 即使如第553条所规定之最低程序标准，也并非能适用于所有的规章制定活动。实践中，有些规章在某些方面可不适用这一要求，甚至可以说，在满足特定条件后，任何规章都有可能免予适用《行政程序法》的通知－评论要求。这些豁免规定反映出《行政程序法》制定者的谨慎态度，即不轻易对行政体系施加程序性约束，也表明在某些情况下，他们支持行政部门拥有自由裁量权，以调整其程序使之适用于特定的规章制定活动。

国会最初也同意行政部门保留一些自由裁量权，可以不依据第553条规定的最低程序标准制定规章。但在接下来的65年里，这些支持力度被极大削弱，联邦法院、国会和总统不断要求行政部门遵循更为严格的程序标准。尽管克林顿政府曾采取措施简化总统对规章的审查程序，使之更有效率，最高法院也在佛蒙特杨基核电公司诉自然资源保护协会（*Vermont Yankee Nuclear Power Corp. v. Natural Resources Defense Council*）一案中，对司法部门施加更多的程序要求提出限制，但国会仍一直不断提出新的程序性和实体性要求，小布什政府和奥巴马政府时期的管理和预算办公室亦是如此。下面会详细讨论这些发展趋势。

二、规章制定与法院

根据《行政程序法》规定，除少数情形外——如法律规定免予司法审查或行政行为属于行政部门自由裁量权范围，[③] 当个人受到行政行为（包括发布规

---

① Report on the Administrative Procedure Act, S. Rep. No. 79-752, at 15（1945）.

② 参见第二部分第一章四。

③ 5 U.S.C. § 701（a）. 适用何种例外取决于法院判决，特别是在请求强制行政部门作出行政行为之诉讼时。参见第四部分第二、三章。

章）侵害或不利影响时，有权要求对这些行为进行司法审查。① 大多数监管性法律都会包含对规章进行司法审查的规定，② 除非授权法中含有控制司法审查之条款，③ 否则审查法院通常会根据《行政程序法》第 706 条规定确定司法审查范围。《行政程序法》中规定审查标准的条款内容都比较宽泛，对于某一特定诉讼类型应该适用何种标准也未做清晰界定，因此，司法审查条款便成为法院司法解释的“常客”，这也导致在规章制定领域，大量具有重要影响的最高法院判例成为厘清法院和行政部门关系的重要依据。

在这些判决中，首先要提到的是“保护奥弗顿公园公民诉沃尔普案”（*Citizens to Preserve Overton Park, Inc. v. Volpe*），该案涉及对交通部长批准某公路穿过公园之决定进行司法审查。最高法院在该案中对《行政程序法》第 701（a）条关于司法审查例外情形的规定做了狭义解释，重申了行政行为的“推定可审查性”（presumptive reviewability）。随后，最高法院采用了第 706（2）（A）条规定的“任意、武断”标准，认为“必须考虑部长的决定是否基于对相关因素的考虑，且是否在判断上存在明显错误”这一因素。最高法院还明确了审查法院的义务，即“尽管这种对事实的探询谨慎而小心，最终的审查标准也不应过于宽泛。法院不得用其判断取代行政部门之判断”。最后，最高法院认为，诉讼开始后，行政部门在其证词中提出的证明其行为合理性的“事后”（post hoc）证据不得作为其实施行政行为的理由。为履行审查职责之必需，法院还必须“获得行政记录以使其能够充分、及时地审查部长之决定”。

尽管奥弗顿公园案涉及的行政行为并非规章制定活动，④ 但该案对法院的规章制定审查活动影响深远。自此之后，行政行为的“推定可审查性”便成为法院的审查原则之一。最高法院强调行政记录对于审查过程之重要性，也极大

① 5 U.S.C. § 701-706. 参见第四部分对行政行为司法审查的讨论。

② 参见第四部分第一章。

③ 例如，《职业安全和健康法》规定，若行政记录从整体上显示部门之决定有实质性证据支持，该决定应当获得支持。29 U.S.C. § 655（f）.

④ 该案更应被视为是一种“非正式裁定”。

地影响了规章制定程序的发展方向。奥弗顿公园一案判决中提到的“详尽且谨慎（searching and careful）”的审查标准，通常被称为“严格审查”（hard look）标准，后来也被法院适用于实体审查和程序审查中。①

通过对规章制定的程序性事项适用“严格审查”标准，上诉法院（主要是特区巡回上诉法院）在多份判决中要求，除遵守《行政程序法》第553条规定的最低程序标准之外，行政部门在规章制定中还须遵守其他相关程序。②

在早期大多数针对“混合型”规章制定的司法判决中，这些规章制定所依据的法律，或是要求其在听证之后（但不是根据听证记录）作出判决，或是要求对实质性证据进行司法审查。③尽管法院拒绝将正式规章制定程序适用于这些活动，他们还是会通过交叉询问证人或其他法律未规定之程序，将最终规章文本退回起草部门重新审议。

在佛蒙特杨基一案中，最高法院实际上限制了法官在规章制定程序审查中进行的“普通法”创制。最高法院对特区巡回上诉法院关于“混合型”规章制定程序的判决结果提出批评：

> “一般来说，国会希望法院在审查行政部门规章制定程序时，能要求行政部门遵守《行政程序法》第553条设立的程序标准。但行政部门在进行自由裁量时，有权自主选择使用其他程序，若行政部门放弃上述权利，审查法院通常不得要求其适用。”

有时会出现仅仅因为某个部门未遵守第553条所规定之程序而导致规章无效的情况，尽管佛蒙特杨基案排除了这种导致规章无效的情形，其判决结果

---

① 参见第四部分第二章一。

② Reuel Schiller, *Rulemaking's Promise: Administrative Law and Legal Culture in the 1960s and 1970s*, 53 Admin. L. Rev. 1139, 1141（2001）.

③ 根据《行政程序法》对非正式规章制定进行审查应依据“任意、武断”标准。5 U.S.C. § 706（1）. 参见第四部分第二章对这些审查标准的讨论。

并未推翻或否定任何一条由低级别法院创设的非正式规章制定之审查原则。在行政部门是否遵守《行政程序法》规定的程序或本部门规定的程序问题上，该案也未阻止法院继续采取严格审查标准。

20 世纪 70 年代末，联邦政府发起了一项“减少规制”（deregulation）行动，并持续了相当长一段时间。“减少规制”行动得到了国会授权，主要通过行政作为来实施——比如修改和废除规章，在某些情况下，也会通过行政不作为和行政延迟实现。①1983 年，最高法院在“机动车制造商协会诉州农场互助汽车保险公司”（*Motor Vehicle Manufacturers Ass'n v. State Farm Mutual Automobile Insurance Co.*）一案中（又称“州农场”案），推翻了里根政府做出的一项重要的减少规制决定。当时，有一部已生效规章规定在新生产的汽车里配备防护装置（如气囊和防护安全带），国家公路交通安全管理局决定废除该规章，但随后被最高法院否决。同时，最高法院也未支持制造商提出的部门废除规章应被视为拒绝发布标准之主张，因为根据传统的司法审查标准，法院通常会对行政行为持尊重态度。最高法院认为，“做出政策改变（废除规章）并不总是或必然是为了减少规制”，并最终裁定行政部门选择的规制方向“没有改变法律确立的司法审查标准”。

最高法院在州农场案中使用了“任意和武断”的审查标准，明确指出，“行政部门必须审查相关资料并对其行为做出合理解释，包括证明其所依据之事实与所做决定之间的合理联系”。关于“任意和武断”标准，它进一步解释道：“通常，如果行政部门超出国会之授权而考虑其他因素，或完全忽视问题的某一重要方面，或对所做决定提供与其先前提供之证据相反的解释，或其行为极不合理以至于无法被视为是观点不同或者专业判断的结果，它就有可能变得任意和武断。”

通过对行政部门减少规制行为进行“严格审查”，并要求行政部门为其行

① 例如，职业安全和健康管理局曾推迟发布一项现场卫生标准，在历经几任总统后才将其发布。

为提供合理辩解，最高法院在佛蒙特杨基一案中进一步缩小了行政部门做出决策的范围。与之相反，在州农场一案中，最高法院则明确区分了为“行政部门施加其他程序性要求”的情形，要求行政部门在决策时考虑“在现有标准的范围内”，采用可行的“技术性替代措施”。

州农场案过后一年，最高法院又在“美国雪佛龙公司诉自然资源保护协会”（*Chevron U.S.A. Inc. v. Natural Resources Defense Council*）一案中，维持了环保署（Environment Protection Agency, EPA）根据《清洁大气法》制定的一部规章。在确认国会对部门提交给法院的解释事项没有“特定目的”后，最高法院认为，审查中唯一需要确定的问题就是：行政部门的观点是否合理。和法院的立场一样，史蒂文斯（*Stevens*）大法官认为：

> “法官不是行业专家，也不属于某个政治机构或政府。在某些案件中，法院需要协调各种相互竞争的政治利益，但绝不能掺杂个人政治偏好。相比之下，在国会赋予行政部门制定政策权力后，该部门可以在授权范围内适当考虑现任政府的政策立场以作决策。尽管行政部门不直接对选民负责，但部门首长应对选民负责，而且对政治性机构来说，为解决竞争性利益问题作出这些政策选择也是完全合理的。竞争性利益问题是指国会自己或是出于疏忽，或是有意留给那些根据法律授权进行日常社会事务管理的行政部门来解决的问题。”
>
> “如果对行政部门制定法规的质疑主要针对其决策智慧，而不是其能否在国会授权范围内做出合理选择时，这种质疑注定要失败。鉴于此，非民选的联邦法官有义务尊重那些有民选基础的行政部门所做的合法的政策选择。”

至于为何在雪佛龙一案中对行政部门在规章制定中的法律解释采取这种风格迥异的处理方式，最高法院没有过多解释其与州农场一案的事实性审查有何不同之处[1]。然而，除雪佛龙案本身所涉及的通知 - 评论式规章制定外，该案所采用的思路以及对后来判例的影响，成为此后大量判例和研究文章进行解读的主题。

在“减少规制行动”期间，最高法院作了另一项判决，即赫克勒诉切尼案（*Heckler v. Chaney*）[2]，虽然该判决与规章制定不太相关，但对于行政部门却具有特殊意义。该案中，有很多申诉人对食品和药品监督管理局（Food and Drug Administration, FDA）的一项决定提出质疑，认为其未根据《联邦食品药品和化妆品法》调查某州使用致命药物注射处决罪犯的行为。法院最终支持了食品和药品监督管理局不调查此事的决定。对此，伦奎斯特（*Rehnquist*）大法官的观点颇具代表性。他认为，在奥弗顿公园案等案件中确立的行政行为“推定可审查性”原则并不适用于强制行政部门实施某行为的诉讼。最高法院的结论是：“不论是在民事或刑事程序中，行政部门做出的不执行或不起诉决定，通常取决于该部门的绝对自由裁量权。”“之所以司法审查会有这种不对称性，很大程度上基于这样一个事实，即不执行决定通常涉及对大量特定因素的复杂的平衡，这依赖于行政部门的专业知识。”

尽管最高法院曾明确表示，该判决并非是要确定行政部门的不启动规章制定决定的可审查性，但当有人对行政部门不启动或未完成规章制定行为提出质疑时，他们还是会将该判决结果作为依据。然而，在马萨诸塞州诉环保署（*Massachusetts v. EPA*）[3]一案中，最高法院又做出相反解释。该案对环保署的一项拒绝规章制定申请的决定进行审查，该申请要求环保署制定规章以管理新机动车的温室气体排放。最高法院在此案中的做法明显与赫克勒案有所区别，认为：“拒绝规章制定申请行为与部门决定不实施行政行为之间有一些重

---

① 参见第四部分第二章一对这些案例的讨论。

② 470 U.S. 821（1985）.

③ 549 U.S. 497（2007）.

要区别。”[①] 在重申其审查是根据“任意和武断”标准进行的“有限度”审查的同时，最高法院也认为“该部门对其拒绝行为没有提供合理解释”。

三、规章制定与国会

国会对规章制定发挥着广泛影响。[②] 首先，行政部门通过规章制定来制定政策的根本权力来自国会授权。具体表现在，国会在授权法中一般会概括规定行政部门的权限范围，[③] 而且也会规定一些除《美国法典》第 553 条规定的最低程序标准之外的，或者是替代这些标准的，部门必须遵守的特殊规章制定程序。在涉及“混合型”规章制定的法律中，国会也会批准设立一些通常适用于正式裁决的规章制定程序，如举行非正式公开听证会[④]，交叉询问证人[⑤]，对规章草案和最终文本的制定理由做出更详细说明[⑥]，或法院在审查规章时适用“实质性证据”标准[⑦] 等。这些程序大多制定于 20 世纪 70 年代的一些授权法，在某种程度上能反映出当时的法院判决对后来佛蒙特杨基一案的影响，也代表了国会的某些立场，即单独就《行政程序法》规定程序来看，它们未必能保证充分的公众参与或部门在规章制定决策中的正确性，也未必能为司法审查提供充分依据。

国会有时也通过附加拨款条款等限制规定来阻止规章制定活动，或通过

① 527 U.S. 497（2007）. 四名投反对票的法官认为环保署的决定具备可审查性。

② Jessica Korn, The Power of Separation：American Constitutionalism and the Myth of the Legislative Veto（1996）（该书全面分析了国会对行政部门决策进行有效制约的各种途径）.

③ 例如，在鲍恩诉乔治城大学医院（*Bowen v. Georgetown Univ. Hos*）一案中（第三部分第七章），最高法院认为《医疗保障法》（The Medicare Act）未授权部门发布针对支出限制的追溯性规章，并指出“行政部门发布立法性法规之权力应限于国会授权之范围，这是不言自明的”。

④ 例如，根据《职业安全与健康法》规定，如果利益相关人对拟制定规章提交书面反对意见并要求就该意见举行公开听证会的，行政部门应当举行听证。29U.S.C. § 655（b）（3）.

⑤ 如《联邦贸易委员会法》（Federal Trade Commission Act）。

⑥ 如《消费者产品安全法》（Consumer Product Safety Act）。

⑦ 如《联邦贸易委员会法》，《职业安全与健康法》等。参见第四部分第二章一、6。

设立完成规章的法定最后期限以加快规章制定进程。国会尤其关注公共健康和环境领域里的行政延迟或不作为。比如，1986 年制定的《石棉危害应急法》（Asbestos Hazard Emergency Response Act）要求，对涉及在学校建筑中使用与石棉有关材料的 7 个特定领域，环保署应在启动规章制定后 60 天内发布拟制定规章预通知（advance notice of proposed rulemaking），180 天内发布拟制定规章文本，360 天内发布规章最终文本。①

还有其他许多部门法也规定了规章制定的最后期限，② 但这些法定最后期限只有通过法院诉讼才能得以实施。③ 对于一些行政部门未及时采取行动的情况，国会又设立了所谓的"锤子"（hammer）规定 ④ 或其他一些处罚措施。比如，根据 1984 年的《资源保护和恢复法》修正案的相关规定，环保署应在规定期限内发布法规，如果逾期未发布，法定"锤子"就将落下，也就是说，国会规定的监管结果就将生效。⑤ 又如，根据 1990 年《营养标签和教育法》中的"锤子"规定，如果在法定期限内没有发布规章最终文本，行政部门的规章草案将自动生效。新的生物性恐怖活动立法规定，卫生与公共服务部与食品和药品监督管理局应在 18 个月内发布关于食品进口注册的规章草案和最终文本，实际上，这也是一种"锤子"规定，即如果在这一期限前没有完成规章制定，进口商可以自愿选择是否注册。此外，在某拨款法案里有一项附加条款值得注意，其规定在特定的最终规章文本发布之前要暂扣一些行政部门的部分财政预算。

---

① 15 U.S.C. § 2643（a）.

② 例如，联邦航空管理局负责人应依法"自公众评论期最后一日起 16 个月内发布最终法规文本，或作出其他终局决定，如果发布了拟制定规章预通知的，则应于拟制定规章通知在《联邦登记》发布之日起 24 个月内发布最终法规文本"。49 U.S.C. § 106（f）（3）（A）. 据估计，1970 年至 1983 年间，国会在各种与环境有关的法律中共设立了约 600 项与最后期限有关的规定。Alden F. Abbott, *The Case Against Federal Statutory and Judicial Deadlines: A Cost-Benefit Appraisal*, 39 Admin. L. Rev. 171, 173（1987）.

③ 参见第四部分第三章。

④ Sidney A. Shapiro, *Congress' New Direction in Administrative Law*, 13 Admin. L. News 8（Spring 1988）.

⑤ 42 U.S.C. § 6924（d）（1-2）.

和很多评论人士一样，美国行政会议也曾对设立规章制定法定最后期限的意义提出质疑，但国会仍然继续强行实施这些最终期限规定，这些规定也经常在诉讼中成为迫使部门启动或完成规章制定活动的一个重要因素。[①]

国会一直试图在规章制定活动完成之后对其进行监督。1983 年之前，国会在许多授权部门制定规章的法律中规定了“立法否决”权（legislative veto），[②] 专门规定由国会两院之一或由两院共同对规章最终文本进行审查。但在 1983 年，最高法院在美国移民和归化局诉坎大哈（*Immigration and Naturalization Service v. Chadha*）一案中做出判决，认为授权仅由国会一院便可否决暂停司法部长发出的驱逐令的法律规定违背了三权分立原则，因此是违宪的。随后，最高法院又将坎大哈案的判决应用在两院否决权以及规章否决权上来。尽管传统意义上的立法否决权已不再是国会控制规章制定活动的一种选择，国会仍然在 1995 年通过了一项规章审查程序，将重大规章的生效日期至少推迟了 60 天，并为国会的不批准决议设置了加速审议程序（expedited procedures）。[③] 该程序要求国会提出否决议案时须两院通过共同决议且要提交给总统进行签署或否决，这似乎避免了坎大哈案出现的问题，但整个程序设计得十分复杂。到目前为止，根据该程序审查的规章只有一项因未通过审查导致失效，即在克林顿总统执政后期，由职业安全和健康管理局发布的一项有关生物工程的规章。

然而，即使不属于这一新的国会审查程序范围之内的情形，国会仍然有其他途径对规章制定进行控制。如上面讨论的限制规章制定自由裁量权的法律规定，以及拨款法案中的附加条款等，一直都是国会控制规章制定的重要手段。此外，国会通过正式或非正式方式履行其监督权也是控制手段之一，其专

---

① 相关案例见第四部分第三章。

② 怀特大法官曾在移民和归化局诉坎大哈一案中列举了 56 部含有授权国会在规章发布后进行审查规定的法律。

③《小企业规制实施公平法》（The Small Business Regulatory Enforcement Fairness Act of 1996），参见第二部分第三章七。

门委员会经常就规章制定事务举行监督听证会（oversight hearing），有时也会专门对行政部门在特定事项上的表现提交报告，明确表达其观点。

规章制定者、国会议员以及国会中与规章制定有关的工作人员之间非正式接触也很频繁。在塞拉俱乐部诉科斯特（*Sierra Club v. Costle*）一案中，特区巡回上诉法院认为，“在行政部门进行非正式的、一般性政策制定时，只要议员个人总体上不违反国会的立法意图，也不违反适用的程序规则，他们主动向行政部门表达自己选区的选民利益也是完全正常的”。

国会还通过制定普遍适用的程序性法律来控制规章制定，如《国家环境政策法》（National Environmental Policy Act）、《文书削减法》（Paperwork Reduction Act）、《灵活规制法》（Regulatory Flexibility Act）等，以提高行政部门决策质量，推动法律所设政策目标的实现等，这些法律对规章制定活动产生了重大影响。

四、规章制定与总统

对行政法领域来说，过去二十年间最重要的发展可能就是总统对联邦规章制定的干预呈不断增长之势。管理和预算办公室下设的“信息与规制事务办公室”（Office of Information and Regulatory Affairs，OIRA）负责行使总统对规章的审查权，众多行政命令便是诞生于此，《文书削减法》也由该办公室推动制定。根据 2004 年信息与规制事务办公室提供的材料，“自 1981 年管理和预算办公室有记录以来，联邦政府部门在《联邦登记》上发布了约 109,710 部规章。在这些已发布的规章中，管理和预算办公室对 20,029 部在发布前进行了正式审查，其中，有 1,073 部规章经过评估被认为每年会产生超过 1 亿美元以上的经济影响，因此也被称为‘重要’（major）或‘具有重大经济意义’（economically significant）的规章。”[①]

管理和预算办公室在最近的报告中提到：“2001 财政年度至 2010 财政年度，联邦政府部门在《联邦登记》上共发布了 38,000 多部最终规章。管理和预算办公室根据第 12,866 号行政命令审查了其中 3,325 部规章。被审查的规章中有 540 部被认为属于重要规章。”这里要注意的是，接受管理和预算办公室审查的规章比例从早期的 18.3% 降到了目前 8.8% 以下。此外，根据管理和预算办公室的报告来看，近几年来每年总的规章数量和重要规章数量也在显著下降。

1. 总统审查权的演变

总统对法规进行监督不是新生事物，自 1971 年以来，它便以各种方式发挥作用。与之相伴的是，二十世纪六七十年代，国会制定了一大批与社会和环境相关的重要监管法律，同时，联邦行政法规在其范围和复杂程度上也经历了一次大扩张。

1971 年 7 月，尼克松总统发起了“生活质量审查”（Quality of Life Review）行动，要求所有“重大的”拟制定规章草案和最终规章草案都须预先提交给管理和预算办公室，由后者将这些草案分送给其他部门进行评论。起草部门须提交草案摘要，对可选择方案的说明，以及对这些方案所做的成本比较等。实践中，该行动多用于与环境质量、消费者保护、职业健康和安全等有关的规章制定。

1974 年，福特总统发布第 11,821 号行政命令，要求行政部门为每一项“重要的”联邦行政行为制作“通胀影响报告”（inflation impact statement）。[②]

① 参见 OIRA 负责人 2004 年 11 月 17 日为第 108 届国会众议院能源政策、自然资源和规制事务委员会分会听证会所做的《规制改革报告》。参见 http：//www.whitehouse.gov/omb/legislative/testimony/graham/111704_graham_reg_reform.html.

② Exec. Order 11,821，3 C.F.R. 203. 该行政命令后来得以扩展，用“经济影响报告”替代了“通胀影响报告”，以更好反映分析需求，新的报告形式相当于一种松散的成本效益分析。

该命令授权管理和预算办公室主任负责该方案实施，并授权其将有关职能委托给其他部门实施，如“工资和价格稳定协会”（Council on Wage and Price Stability, COWPS）等。其主要内容是要求行政部门在发布拟制定规章通知（Notice of Proposed Rulemaking, NPRM）之前，为那些“重要”规章①撰写通胀影响报告，待发布拟制定规章通知后，再向“工资和价格稳定协会”提交一份报告摘要。协会对通胀影响报告进行审查后，可自行决定是否对该规章制定建议提供非正式评价，或是直接参与与规章制定有关的公开程序。

1978 年，卡特总统发布第 12,044 号行政命令，延续了总统审查规章的传统。该命令要求行政部门:（1）每半年公布其工作议程，对正在制定的“重要”法规进行说明并解释其法律依据;（2）建立“重要规章”识别程序，评价其外部需求，以确保行政部门负责人提出的方案是“可接受的选择方案中负担最小的方案”;（3）撰写“规制分析”（regulatory analysis）报告，对“重要规章”的替代性监管手段的成本效益进行研究。

卡特总统设立了一个规制分析审查小组，负责对一些重要规章草案的规制分析进行审查，并在公众评论期间对拟制定规章提出建议。他还设立了另外一个规章制定审查机构，即规制协会（Regulatory Council），负责协调部门之间的规章制定活动以避免重复工作，或避免一些规制领域的政策相互冲突。②这些协调规章制定的做法虽曾屡遭质疑和挑战，但均未成功。

里根总统主政后，很快便采取措施加强对规章制定活动的控制。1981 年 2 月 17 日，他发布了一项关于联邦规制活动的行政命令，用来“减少现有和将来的规制活动负担，强化部门对于实施规制活动的责任，规定总统对这些规制程序的审查权，减少规制活动的重复和冲突，以保证规制活动的充分

① 最初，行政部门经管理和预算办公室同意，可以按照自己制定的标准确定哪些建议属于拟制定“重要”规章建议。后来，工资和价格稳定协会提出了一份建议标准目录，将制定“重要”规章建议的标准基本确定为一年内支出 1 亿美元或以上，或两年内支出 1.5 亿美元。

② 参见卡特总统备忘录《加强规制管理》（Strengthening Regulatory Management）（1978 年 10 月 13 日）。规制协会包括各行政部门负责人，自愿参加协会的独立管制机构负责人等。

理性”。[①] 里根认为原来的第 12,044 号行政命令“已被证明是无效的”，便制定了第 12,291 号行政命令将其取代。

第 12,291 号行政命令规定了在新的规章制定和发布过程中须遵守的实体和程序性要求，[②] 由管理和预算办公室下属的信息与规制事务办公室负责实施。1980 年的《文书削减法》赋予管理和预算办公室权力以强化其对规章制定的审查功能，[③] 其中之一便是设立信息与规制事务办公室，负责审查部门的“信息收集要求”。

美国司法部的法律顾问办公室（Office of Legal Counsel）曾发表意见支持第 12,291 号行政命令之效力，声称基于宪法权力总统应拥有发布命令的权力，以“使法律得到忠实执行”。该意见认为，尽管通过质询国会所制定的涉及规章制定法律之目的，“通常能够证明总统对规章制定享有监督权的合法性”，但如果总统对规章制定实施监督，不是为了取代——而仅是为了引导和限制——国会授予行政部门的自由裁量权时，这种总统监督权“就显得更容易被接受”。

尽管有人对这种总统审查新形式提出批评，里根总统在其第二个任期内，仍然通过第 12,498 号行政命令继续扩大总统审查范围。该命令设立了一项“规制计划程序”（regulatory planning process），以有助于“确保在规章制定过程中每一个重要步骤都与联邦政府政策相一致”。

在管理和预算办公室看来，根据第 12,291 号行政命令进行规制审查也有一个问题，即这些审查“在整个规制过程中介入时机太晚，经常是在行政部门投入大量时间和资源后，且经常是在其对选民做了承诺后才开始，这使得选择那些法律上可接受但前期又被忽视的规制替代方案变得极为困难”。管理和预算办公室认为，这常常“给行政部门负责人提供了既成事实的借口，最终导致

---

① 参见第 12,291 号行政命令。

② 参见第三部分第二章一。

③ 44 U.S.C. § 3501-3520. 需要注意的是，根据《文书削减法》，行政体系中的独立管制机构也属于管理和预算办公室管辖范围。管理和预算办公室曾发布法规设立程序，对规章中包含的有关提供信息的规定进行清理。

官僚作风”。

第 12,498 号行政命令确立的规制计划程序便是用来避免这一类问题。该程序要求每个行政部门负责人，在一开始就确定拟制定的规制方案是否“与政府目标一致”。每年年初，各部门负责人会为本部门年内最重要的规制活动制定管理计划。然后由管理和预算办公室审查该计划与政府总体计划是否一致，并通过一份名为《美国政府规制方案》(Regulatory Program of the United States Government) 的政府文件，向各部门发布部门工作协调计划。① 该文件涵盖二十多个进行重大规章制定活动的部门，在里根总统的第二个任期和老布什总统任期内每年出版，向国会和公众通报他们的政府规制计划。

在 1987 年和 1988 年两年间，里根总统还发布了其他三个行政命令，用来处理涉及联邦制度、对财产权的干涉以及家庭等方面事务②，由管理和预算办公室对这些领域内的规制政策进行协调。尽管由于国会反对，使得布什总统对信息与规制事务办公室负责人的提名未获通过，他基本上还是延续了由里根总统确立的总统审查规章制定的做法。为了抵消国会对信息与规制事务办公室权力的削弱，布什总统设立了由副总统切尼领导的竞争性审查委员会 (Council on Competitiveness)，授权其对重大的规章制定活动进行干预。但该委员会所做的几次干预也招致大量批评，其影响一直延续到 1992 年大选。

2. 第 12,866 号行政命令

克林顿总统最初采取的行动之一便是试图重建民主、共和两党在规章制定审查上的一致立场。他在任命信息与规制事务办公室负责人时，首次采取了提名非内阁成员的做法。像里根政府一样，克林顿政府也开始对现存的行政命令进行重新设计，并于 1993 年 9 月 30 日发布了第 12,866 号行政命令以替代

① 参见第 12,498 号行政命令。

② 参见第 12,612 号行政命令，目的是保证各行政部门遵守联邦制度的基本原则。

原有的第12,291号行政命令和第12,498号行政命令。该命令不仅继承了上述两个行政命令确立的诸多原则，还作出一些重大调整，使程序更为简化、更加灵活，并将更多的透明措施引入到管理和预算办公室与部门的磋商中来。克林顿政府起草该命令时，也采纳了美国行政会议在第88-9号建议书“总统对于规章制定活动审查”（Recommendation 88-9，Presidential Review of Agency Rulemaking）中的许多建议。在小布什总统执政期间，第12,866号行政命令仍在发挥作用[①]，其地位在奥巴马政府时期再次得到巩固，它堪称是历届政府在规章制定管理方面的经典之作。

第12,866号命令开头用了很长篇幅提出其“规制理念和原则报告”，该报告与第12,291号行政命令很相似，区别在于它详细规定了成本效益分析应包括定量分析和定性分析。第12,866号命令保留了自1978年以来判断“重要”规章（现在称为“有重要经济意义的”规章）时所使用的传统标准，即每年产生1亿美元以上经济影响的规章属于“重要”规章，它规定在将重要规章草案和最终文本提交给信息与规制事务办公室时，必须同时提交其成本效益评估报告。

尽管第12,866号命令要求只审查“重大规制行为”（significant regulatory actions），但还是有其他一些规章也被纳入到信息与规制事务办公室的审查程序中来，不仅包括那些符合1亿美元标准的规章，也包括其他一些对“经济或某一经济领域、生产力、竞争力、就业以及环境、公共健康和安全、国家、地方或部落政府或社区”具有实质性负面影响的规章，以及那些可能对预算分配方案或相关受益人权利做出重大改变的规章，或是与另一部门行动不一致或相冲突的规章等。在判断行政行为是否属于“重大规制行为”时，需要由部门首先进行确认，然后再由信息与规制事务办公室审查确认。经本部门确认不属于

① 布什总统曾修改该命令，删去其在规章制定程序中涉及副总统职责的有关规定（参见第13,258号行政命令）。他在第13,422号行政命令中又做了其他重大修改，但这些修改后来被奥巴马总统取消，重申仍然沿用克林顿总统所制定之行政命令。

“重大规制行为”的规章可以不经信息与规制事务办公室审查即可发布。这种选择式审查极大地简化了审查程序，也第一次将信息与规制事务办公室完成审查的最终期限（90 天，经允许可延长 30 天）纳入进来。如果信息与规制事务办公室和部门之间出现难以解决的争议，一般由副总统提交给总统决定。

第 12,866 号行政命令规定的审查程序已相当透明。它规定部门在结束规章制定活动后，应当公开其向信息与规制事务办公室提交的所有资料，对规章所做的所有修改进行说明，并标明哪些是应信息与规制事务办公室要求做出的修改。此外，在涉及被审查的规章的信息方面，要求信息与规制事务办公室必须规范其接收此类信息的渠道，即只有该负责人或其指定人员才可接收此类信息，该办公室必须在 10 天内将所有这些信息提供给部门，邀请部门工作人员与这些信息所涉及的利益相关人会面，并向社会公布所有会谈信息。最后，信息与规制事务办公室还必须将与部门沟通过程有关的所有文件公开。

作为第 12,498 号行政命令的替代者，第 12,866 号行政命令也建立了自己的年度规制计划，并要求继续每半年出版《联邦规制和减少规制行动统一议程》（Unified Agenda of Federal Regulatory and Deregulatory Actions），将所有拟进行、正在进行和已完成的规制活动或减少规制活动信息公开。① 他要求各部门每年 10 月份发布《议程》时，要包含其年度规制计划，这些计划须事先经管理和预算办公室负责人和根据该命令指定的其他规制咨询顾问批准，且必须在每年 6 月 1 日前提交给管理和预算办公室。《议程》还包括部门就现存哪些规章需要在下一年度进行审查和审议做出决定等内容。第 12,866 号行政命令的这些做法没有完全否定前任政府的实践；但该命令在一个方面开了先河——首次专门要求独立管制机构应遵守规制计划和议程要求（尽管还不是规章审查程序）。

---

① 自 2007 年秋开始，只有《灵活规制法》规定要发布的《议程》信息须在《联邦登记》上公布，完整的《统一议程》版本则在 www.reginfo.gov 网站上发布。

总的来说，第12,866号行政命令得到了规制领域大多数专业人士认可。自发布以来近20年间，信息与规制事务办公室在实施过程中与部门之间也形成了一种稳定、顺畅的工作关系。不过，总统审查本身仍有相当争议，其支持者和反对者在法律和政策上曾发生过诸多争辩。[①]通过辩论，双方逐渐达成了比较宽泛的一致看法，即总统审查不仅是合法的，而且如果使用得当，对有效的行政管理来说也是必不可少的。但有些评论人士仍然认为，即使理论上总统监督权是正当的，目前的方案还只是被用来实现其减少规制目的，而没有促进法律制定。

关于是否需要进一步规制改革的争论并没有因第12,866号行政命令的出台而降温。克林顿总统于1993年发起了“全国绩效审查”行动（National Performance Review，又称“重塑政府”行动），又提出其他一些方案来改进规章制定程序。只是这些努力被1994年那场引发政坛地震的大选风头所掩盖，共和党通过大选控制了第104届国会，并抛出大量议案，要求对《行政程序法》进行全面修改，特别是对与规章制定有关的规定进行修改。尽管在两党共同合作下，上述一些议案在1995年《无资助授权改革法》[②]（Unfunded Mandates Reform Act）和1996年《小企业监管公平法》[③]（Small Business Regulatory Enforcement Fairness Act of 1996）中得以通过，但在某种程度上由于克林顿政府的强烈反对，那部本应最具深远影响的“规制改革”法案却未获通过。此外，克林顿总统还通过全国绩效审查行动，积极实施新方案以减少那些过时法规，采用了更多具备合意基础的技术方式，如协商式规章制定等，并通过与基层民众开展更多沟通和合作来加强公众参与。

---

① Christopher C. DeMuth & Douglas H. Ginsburg, *White House Review of Agency Rulemaking*, 99 Harv. L. Rev. 1075（1986）（关于管理和预算办公室审查合法性的争论）。

② 参见第二部分第三章七。

③ 参见第二部分第三章三和十。

克林顿总统还发布了一项关于加强使用简明语言的总统指令[①]，以及大量其他行政命令，有一些至今仍然有效，包括：少数族裔和低收入人口的环境公正性（第12,898号），民事司法改革（第12,988号），避免儿童遭受环境威胁（第13,045号），联邦制度（第13,132号），与印第安部族政府协商（第13,175号）等等。[②]

3. 小布什政府时期的发展

2001年1月20日，小布什政府上台。上任伊始，他便指示白宫办公厅主任发布一项备忘录，要求部门将那些已发布但还未生效的规章推迟60天生效，并要求在由其指定的行政部门负责人审查之前，各部门不得在《联邦登记》上发布其他任何规章（涉及紧急事务的规章除外）。

小布什政府最终仍然决定将第12,866号行政命令作为本届政府进行规章审查的基础[③]，但同时也对该行政命令进行了修改，取消了克林顿政府时期在规章审查中发挥重要作用的副总统职能。小布什在其第二届任期内，对第12,866号行政命令又作了其他重要修改，包括：（1）要求部门为其规制活动提供更详细的合法性依据；（2）要求部门向信息与规制事务办公室提交"重要的指导性文件"以进行审查；（3）赋予各部门的规制政策官员（Regulatory Policy Officer）更多权力，可代表总统进行审查；（4）要求部门的规制方案包含对其本年度内所有规制活动的综合成本效益进行的最佳评估报告；（5）督促部门"考虑是否在制定较复杂决议时使用正式规章制定程序"[④]。如前所述，奥巴马在执政初期便取消了这两项（第13,258号和第13,422号）对第12,866号行政命令进行修改的行政命令。

---

①《行政文书中的简明语言——行政部门首长白宫备忘录》（1998年6月1日），见 http：//govinfo.library.unt.edu/npr/library/direct/memos/memoeng.html.

② 参见第13,258号行政命令。

③ 将在第三部分第二章具体讨论。

④ 参见第13,422号行政命令。

信息与规制事务办公室于 2001 年 9 月发布一项备忘录，明确了“在实施第 12,866 号行政命令和有关法定行政权力时，管理和预算办公室应适用的一般原则和程序”，这使得第 12,866 号行政命令所设定之程序更加符合管理和预算办公室的自身意志。[①]

值得注意的是，在布什政府期间，信息与规制事务办公室针对其审查程序还制定了几项新方案。首先是广泛使用本部门网站，公布其指导准则以及其他与审查程序和具体的规章审查活动有关的信息，这个做法至今仍在使用。其次，该办公室开始尝试公开发送“发回函”（return letters）（将规章发回起草部门重新审议），“审查函”（review letters）（对具体规章审查的一些方面进行评价）和“即时函”（prompt letters）（由管理和预算办公室主动发函并提出实施新的或更佳规制活动的建议）等做法。这些函件至今仍然张贴在 reginfo.gov 网站上，但奥巴马政府现在已经很少使用这种方式了。

更重要的是，在布什政府期间，管理和预算办公室发布了四个对规制活动产生深远影响的重要文件，这些文件至今仍然有效。2003 年，该办公室发布了修改后的《管理和预算办公室 A-4 通知》（OMB Circular A-4），为规制分析提供指导，并对根据《规制知情权法》（Regulatory Right-to-Know Act）对每部重要规章最终文本制作的规制会计报表进行指导。2004 年，发布《同行评论信息质量最终公告》（Final Information Quality Bulletin for Peer Review），2007 年发布《行政部门良好指导实践最终公告》（Final Bulletin for Agency Good Guidance Practices），同年，管理和预算办公室与科技政策办公室联合发布了《风险分析原则最新政策备忘录》（Policy Memorandum on Updated Principles for Risk Analysis）。此外，布什总统还发布了两个与规制活动有关的行政命令，一个是第 13,211 号行政命令，对能源供应、分配或利用的负面影

---

① 参见信息与规制事务办公室负责人约翰·格拉姆（John D. Graham）向总统管理协会提交的《信息与规制事务办公室关于规章制定实施总统审查备忘录》（Sept, 20, 2001）（Memorandum on Presidential Review of Agency Rulemaking by OIRA），http：//www.whitehouse.gov/omb/inforeg_oira_review_process/.

响进行分析，另一个是第 13,272 号行政命令，要求部门在制定规章时适当考虑小企业状况，这两个行政命令目前仍然有效。[①]

4. 奥巴马政府时期的发展

与小布什就任总统第一天便发布备忘录的做法相似，奥巴马就职当天，其总统办公厅主任也发布了一项备忘录，指示各部门撤回所有拟进行或已完成、但未在《联邦登记》上公布的法规，并将所有已发布、但还未生效的规章推迟 60 天（包括公众评论期）生效。备忘录还要求各部门在奥马巴总统指定的部门负责人完成审查前，不得将其他任何规章（不包括涉及紧急事务之规章，或立法部门或司法部门规定最后生效期限的规章）在《联邦登记》上发布。

此后不久，奥巴马总统又取消了布什总统对第 12,866 号行政命令所做之修改，并就为联邦规制审查制定新的行政命令一事，指示管理和预算办公室负责人与各规制部门协商后，在 100 天内提出相关建议报告。与以往不同的是，他还要求管理和预算办公室就该事项进行公众评论，最后收到近 200 条公众意见。

经过近一年的内部权衡，白宫终于确定了管理和预算办公室的审查方式——基本上沿袭第 12,866 号行政命令的做法，这在 2011 年 1 月 18 日发布的第 13,563 号行政命令《促进规制活动和规制审查》（Improving Regulation and Regulatory Review）中得到体现。该命令第一节第 2 条提到，“本命令是对第 12,866 号行政命令所设定、与当前规制审查有关之原则、结构和概念的补充和重申。”

该命令包含一些新的指令和关注重点。最重要的几项包括：督促各行政部门（适当且在法律范围内）（1）考虑那些“难以或无法量化之价值，包括平等、人格尊严、公平以及分布性影响等”；（2）“向公众提供目的明确之机

① 这些文件将在第三部分第二章详细讨论。

会，使其可以通过互联网对任一拟进行之规制活动进行评论，且评论期通常不少于 60 天”;（3）“对于拟制定规章和最终规章，使公众能及时地在线查阅 regulation.com 网站上的有关规章制定档案系统，包括相关的科技认定结论等，这些文件要以公开形式呈现，使之易于查询和下载”;（4）对于拟制定规章，向公众提供机会对其档案文件的所有相关部分进行评论，包括科技认定结论等;（5）在“发布拟制定规章通知”前，邀请受其影响的公众提出意见;（6）“确定并考虑那些可以减少负担、保证灵活性和选择自由的规制措施”;（7）对那些可能过时的、失效的、不充分的或过于繁琐的法规进行溯源性分析，根据分析结果修改、调整、扩充或废除有关法规;（8）“自本命令发布之日起 120 天内……制定并向信息与规制事务办公室提交一份初始计划，对现有的重要法规进行定期审查，以确定其是否需要修改、调整、扩充或废除，从而使部门的规制项目更加有效、便捷地实现其规制目的”。

新的行政命令对行政部门提出了新要求，其中之一便是制定计划对其现有法规进行溯源性分析。2011 年 5 月 26 日，信息与规制事务办公室负责人公布了该命令的执行情况。紧接着，奥巴马总统于 7 月 11 日发布了一项补充性行政命令，将第 13,563 号行政命令适用范围扩大到独立管制机构。[①] 信息与规制事务办公室开展的其他与规章制定有关的重要活动，包括电子规章制定备忘录，科学道德，联邦制度、《文书削减法》,《隐私法》等，将在本书其他部分讨论。

5. 司法部门对总统审查的回应

塞拉俱乐部诉科斯特（*Sierra Club v. Costle*）一案[②] 发生于卡特政府时期，争议焦点是总统是否可以干预环保署的规章制定活动。特区巡回上诉法院对此

① 参见第 13,579 号行政命令。

② 参见第三部分第六章关于该案讨论。

案的判决此后经常被引用，以支持总统对规章制定活动进行审查。下面是帕翠卡·瓦尔德（*Patricia Wald*）大法官的观点：

“法院承认总统及其工作人员对行政部门制定之法规与联邦政府政策是否一致进行监督的基本需求。总统及其顾问确实需要充分且经常地了解正在制定之规章，以及他们在政策制定中的意见是否被考虑。毕竟，宪法赋予的行政权力不是由各个部门共享——而是专属于总统。”

“不管是‘多极行政’理念，还是总统加国家委员会模式，制宪会议都曾考虑过但最终都否决了这些方案。相反，奠基者们之所以宁愿冒着可能产生独裁的风险，而选择将权力集中于一人之手，正是看中了将责任系于一人之身这一机制的优势。为了保证总统对行政部门的控制和监督，宪法及其司法解释均授予总统人事任免权，要求行政官员提交书面材料权等，以及在协调部门行动时，可以援引行政特权享受隐私保护的权利。具体到环保署来说，总统对其管辖的权力边界很清楚，环保署从未被看作是一个‘独立的部门’，它永远只是行政体系的一个组成部分。”

“总统控制和监督行政部门政策制定的权力来源于宪法，权力的价值则通过监控规章制定得以实现。这里所涉及的法规要求对成本、环境和能源等各种因素进行认真衡量，对整个国民经济政策具有广泛指导意义。如果主要的政策制定者们彼此之间互不往来，与行政首长也相互孤立，我们的政府就不能完全有效、理性地发挥作用。道理很简单，负责单个领域事务的部门不可能对所有复杂的规制问题都有答案。即便其工作人员 24 小时连轴转，行政首长超负荷工作，他仍需要了解其他部门政策制定者的主张和观点，这当然也包括白宫的意见。”

塞拉俱乐部一案要解决的是环保署规章制定过程中非公开行政沟通的正当性问题，而不能直接解决总统审查的合宪性问题，实际上，也没有任何一家法院能为这一问题找到正确答案。

五、规章制定概览：其他观点

1. 美国行政会议关于规章制定状况的综合分析

1993 年，美国行政会议规章制定委员会对 90 年代的规章制定整体状况进行了全面研究。该委员会在其最终建议书[①]的前言中，提到了开展研究的背景：

> “敏锐的观察人士发现，规章制定程序正变得越来越低效，也越发耗时。《行政程序法》没能反映出规章制定的诸多现实问题……《行政程序法》设立的非正式规章制定程序本身过于简单（见《美国法典》第 5 编第 553 条），加之受到越来越多外在因素束缚，包括来自国会、总统和法院的外部制约，以及规章制定过程中部门管理日益复杂化的内部制约等，导致这些程序的改善一直停滞不前”。

为此，建议书提出了一项“规章制定建议协调框架”，以提高规章制定的效率。它分析了总统监督和国会制约对于规章制定的影响，对司法审查的时限和范围做了解释，并建议对《行政程序法》和部门管理方案进行修正。

对已发现的规章制定中存在的问题如何补救，该建议书代表了 1993 年行政会议中行政法专家们能提出的最佳方案。建议书对当时规章制定过程中不断增多的程序和分析性要求提出了不同看法。在它看来，规章制定的状况可能变得更糟而不是更好。随着行政会议于 2010 年重建，对规章制定程序发展趋势的研究得以重新启动。

---

① ACUS Recommendation 93-4，“Improving the Environment for Agency Rulemaking”.

2. 美国律师协会行政法和规制实践分会的“重要声明”

历经多年努力，美国律师协会行政法和规制实践分会于 2001 年 11 月完成并发布了《联邦行政法重要声明》(A Blackletter Statement of Federal Administrative law)。2012 年 1 月，该分会对《声明》中与规章制定有关的内容进行修订完善。本书可以视为是对该《声明》涉及规章制定内容的一些背景报告。

3. 关于规章制定的其他研究

还有其他一些关于联邦规章制定的研究资源，由于精力有限，本书没有完全涉及。例如，吉姆·欧瑞丽（*Jim O'Reilly*）撰写的规制手册以及尼尔·柯文（*Neil Kerwin*）和斯科特·富尔隆（*Scott Furlong*）的有关权威论著等都值得学习。马克·希登菲尔德（*Mark Seidenfeld*）的《规章制定要求目录》(A Table of Requirements for Federal Agency Rulemaking)，安妮·约瑟夫（*Anne Joseph O'Connell*）对里根政府和小布什政府时期的规章制定实践所做研究等，也很具有参考价值。此外，美国律师协会行政法分会自 1998 年—1999 年开始编写的共 11 卷《行政法和规制实践发展》丛书，对更新本书内容很有帮助。在撰写本书第四部分内容时，也参考了该分会对联邦行政部门司法和政治审查所作指导等。

第二部分

规章制定的法律框架

本部分概述了《行政程序法》以及其他一些基本程序性法律对行政部门的程序性要求。第一章讨论了《美国法典》第 5 编第 553 条规定的非正式规章制定，以及少数正式规章制定案例，正式规章制定主要按照第 556 条和第 557 条所规定程序进行。第二章对行政部门的裁决程序和规章制定程序进行了比较。第三章讨论了其他一些可能影响规章制定的程序性法律。

第三部分对非正式规章制定（或通知 – 评论式规章制定）所采用的具体步骤进行了研究，这也是规章制定的主要形式。第四部分探讨了规章制定的司法审查问题。

第一章

《行政程序法》中的规章制定

本章首先对《行政程序法》中的“规章”含义进行讨论，然后简要描述了正式规章制定程序，接下来对《行政程序法》中的非正式规章制定程序进行分析，并介绍了《行政程序法》关于规章制定的例外规定，最后对《行政程序法》第552条有关规章发布的要求进行讨论。

一、《行政程序法》中的“规章”和“规章制定”

一般来说，规章是“规范人们行为或行动的指南。”[①] 规章制定者在决定采用何种程序制定规章之前，必须首先明白规章的法定含义是什么。《行政程序法》对此作了如下规定：

“‘规章’是指行政部门为实施、解释、贯彻法律或政策，或者对涉及行政部门组织、程序或活动的法定要求进行描述，包括批准或规定未来的收费标准、薪酬、法人结构，或财务体制及其重组、价格、设施、设备、服务或津贴等，或评估、成本计算、会计核算等，以及与上述各项事务有关的活动，而发布的具有普遍适用或特定适用性并将产生未来

① MERRIAM-WEBSTER'S COLLEGIATE DICTIONARY 1023（10th ed. 2002）.

效力的行政文件的全部或一部分。”①

“规章制定”在《行政程序法》中则被定义为“行政部门制定、修改或撤销规章的程序”。②

客观地说，《行政程序法》关于规章的定义实际意义不大。例如，行政部门对从事违法活动的X公司下达停止从事违法活动的命令这一行为，从字面上看符合了上述定义，但根据《行政程序法》有关规定可以清楚看到，发布停止实施命令的程序通常属于行政裁决程序，而非规章制定程序。③

关于行政裁决的概念也比较模糊。《行政程序法》将行政裁决定义为“行政部门制定命令（order）的过程”④，又将这种“命令”定义为“行政部门对包括许可在内的非规章制定活动的有关问题做出的最终处置，其形式可以是肯定的、否定的、指令性的或者宣示性的”⑤。这一定义在很大程度上属于自我循环，关于行政裁决是何物依旧没有解释清楚。

为更好地理解《行政程序法》规定的规章制定与行政裁决之间的本质区别，《司法部长行政程序法手册》中的有关讨论可以提供一些参考：

“《行政程序法》是在区分规章制定和行政裁决差异的基础上制定的。通过对规章制定和行政裁决的不同程序要求以及上述两个概念的比较，可以更真实地反映出规章制定和行政裁决的含义。规章制定是一种行政活动，它通过制定一系列规章来约束组织或个人的未来行为；其本质上也是一种立法行为，不仅因为它对将来的行为产生效力，还因为其主要

① 5U.S.C. § 551（4）.
② 同上，§ 551（5）.
③《司法部长行政程序法手册》(Attorney General's Manual on the Administrative Procedure Act 15 (1947)) reprinted in WILLIAMF.FUNK, JEFFREYS. LUBBERS & CHARLES POU, JRL., FEDERAL ADMINISTRATIVE SOURCEBOOK 33. 52(4th ed. 2008).
④ 5U.S.C. § 551（7）.
⑤ 5U.S.C. § 551（7）.

涉及政策考量。规章制定的目标是在将来实施或贯彻法律或政策，而不是对监管对象过去的行为进行评价。通常来说，规章制定对证据事实并无兴趣（这种事实的发现通常依赖于证人的诚实和态度），它所关注的是从事实中引申出来的政策结论。相反，行政裁决是对过去或是当前的权利或义务进行裁判。通常情况下，它涉及对过去行为是否违法的判断，因此行政裁决程序带有诉辩色彩，并会导致处分行为。或者，它涉及对特定人根据已有法律是否享有权益的判断，也就是说，他或她是否属于应当获益的那类群体。这样看来，在行政裁决程序中，事实问题通常是争论的焦点。”①

就连《行政程序法》对规章制定和行政裁决的定义都如此宽泛，那么在区分某些行政程序时存在一些困惑也就不足为奇。实践中，有时很难判断一项行政行为是否属于规章制定行为，这也引发了诸多诉讼，其中，劳工部诉卡斯特金属公司（*Department of Labor v. Kast Metals Corp*）一案较有代表性。此案的焦点是，职业安全和健康管理局（OSHA）确定作业场所监测重点的行政计划是否属于规章。该局认为“调查行为”和“规章制定行为”是两种不同性质的行为，声称其监测计划并不要求被监管方做出任何行为，其本身只是一种调查行为，而非规章制定行为。特区巡回上诉法院没有采纳上述理由，认为对行政行为的概念化不是为了得到一个正式定义，而是要通过其行为方式来揭示其行为的内在本质。法院最终裁定：作出调查决定的程序独立于调查活动本身，做出决定的依据应属于《行政程序法》规定的规章范畴。②

接下来四个案子都表明，即使没有用规章的形式发布，上述行政行为和政

①《司法部长行政程序法手册》（Attorney General's Manual），at 14-15。

② 法院进一步认为，即使该计划被归类为调查行为，但根据《行政程序法》对《职业安全和健康法》的法律术语进行解读时，可以明确上述计划应被认定为规章。但法院又裁定：该规章属于程序性规章，可以免予适用通知－评论程序。

策也应被认定为规章。在 *DIA* 通航有限责任公司诉波美罗伊（*DIA Navigation Co., Ltd. v. Pomeroy*）一案中，移民归化局根据内政部专家的法律意见，颁布了一项对承运人具有约束力的正式文件，要求承运人对使用扣押方式制止逃票的行为承担赔偿责任。法院认为该政策对承运人产生了约束力，因而应被视为规章，需要经过通知－评论式规章制定程序方可颁布。第五巡回上诉法院在另外两个案例中也认定内政部的决定属于规章。在菲利普斯石油公司诉约翰逊（*Phillips Petroleum Co. v. Johnson*）一案中①，内政部的“特许使用费评估程序”虽是发布在未公开出版的部门内部文件里，但却对外强制实施，法院认为该程序属于规章，需要遵守通知－评论程序。在壳牌海洋有限公司诉巴比特（*Shell Offshore Inc. v. Babbitt*）一案中，法院推翻了内政部关于否决近海水域租金的决定，认为该决定不属于可以免予适用《行政程序法》规章制定程序的行政裁决，相反，该部为实施联邦能源管理委员会关税法规而作的新解释实际上属于制定了一部新规章，应当遵守通知－评论程序。在美国紫心军功勋章协会诉退伍军人事务部部长（*Military Order of Purple Heart of USA v. Secretary of Veterans Affairs*）一案中，上诉人对退伍军人事务部的一项新命令提出质疑，该命令规定可以在不通知申请人的情况下，内部决定是否批准 25 万美元以上的申请。退伍军人事务部认为该命令属于“内部事务”，但法院认定该命令符合《行政程序法》对规章的定义，应遵守通知－评论程序。

另一方面，在工业安全设备协会诉环保署（*Industrial Safety Equipment Association, Inc. v. EPA*）一案中，环保署和职业安全和健康管理局推荐了两款优质呼吸器作为石棉接触防护设备，特区巡回上诉法院判定该推荐意见不具有强制约束力，不属于《行政程序法》规定的规章范畴。② 法院认为上述推荐行

---

① 22 F.3d 616（5th Cir. 1994）.

② 法院所面临的问题是：行政指导行为是否属于《行政程序法》第 702 条和第 704 条规定的须接受司法审查的行政行为。《行政程序法》第 551（13）条将行政行为界定为“包括部分或全部的规章”，这里也涉及行政指导是否属于规章的问题。

为具有明显的建议性，并强调国会的原意不是要对《行政程序法》中的规章定义做过于宽泛的解释，从而使所有行政活动都受到司法审查。法院认为，该推荐行为既没有改变任何现行法律或官方政策，也没有违反环保署对呼吸器进行认证的法律依据，因此不属于规章。此外，在涉及行政部门信函是否构成可审查的行政行为的问题上，特区巡回上诉法院反复强调：行政部门信函不足以直接构成一部规章。在独立设备经销商协会诉环保署（*Independent Equipment Dealers Ass'n v. EPA*）一案中，法庭作出解释："尽管环保署信函属于'具有一般或特定适用性'的文件，且因其可以告知独立设备经销商协会成员未来从事某行为，也可视为具有'未来之效果'，但毫无疑问，这些信函不具有执行、解释或制定法律或政策之效果。它仅是重申了环保署之行为是对已有法规的遵守，没有涉及新的制度创设。它仅仅是对客观存在的事实进行描述，不能认为是在执行、解释或制定法律或政策。"

关于规章制定和行政裁决之间的差异，特区巡回上诉法院在一个案件中支持了联邦通信委员会（Federal Communications Commission, FCC）的主张[①]，即一项执行法律的命令不属于规章制定。法院援引了两个重要因素来解释其观点，首先，执行性命令仅仅适用于先前已经发布的许可，而《行政程序法》所定义的规章是对未来行为产生效力的规范。其次，联邦通信委员会使用的程序类似于行政裁决程序，行政部门在程序中对资格问题进行了详细讨论，此类活动不适用于通知－评论式规章制定程序。[②]

有一个相关案例值得探讨[③]，特区巡回上诉法院虽然最终裁决环保署所做的行业和解协议不属于规章，因此不必遵守通知－评论程序，但法官意见并不一致。法院裁定该协议仅仅是部门行使其诉讼自由裁量权的行为，但有些法官

① 参见古德曼诉联邦通信委员会案（Goodman V. Fcc, 182 F.3d 987, 993-94 D.C.Cir.1999）。

② 在美国，行政裁决类的准司法活动采用的程序不同于准立法性的规章制定程序，因为准立法性的规章制定需遵守通知－评论程序。——译者注

③ ASS'n of Irritated Residents v. EPA, 494 F.3d 1027 (D.C.Cir.2007).

却持反对意见，认为此案中环保署“一直试图获得立法性规章制定的利益，却又不愿承担其法定义务”。

当行政部门决定不公布规章时（或者撤回之前在最终规章序言中所作的准备公布规章之声明时），也不必遵守通知－评论程序。特区巡回上诉法院认为，“当一部临时性规章效力期满，行政部门认为需要继续研究有关事项，决定不对规章进行修改或重新制定新的临时性规章时，不能认定该部门之行为是制定了新的规章”，“不修改规章与《行政程序法》关于‘制定、修改或撤销规章’的规章制定含义不是一回事”。在其他一些具有普遍适用性的行政行为司法审查案件中，法院也裁定这些行为不属于规章，因为它们要么缺乏足够的效力，要么并非真正要执行、解释或规定法律或政策。

《行政程序法》的“规章”定义包含了行政部门制定的具有“特定适用性”的行政文件，这一范围也引发了困惑。因为大部分人认为规章涉及普遍性问题，而行政裁决针对特定问题。尽管事实上大部分规章可以获得普遍适用而行政裁决几乎只能在特定事项中直接适用，《行政程序法》的起草者仍然希望将一些具有特定目的的行政活动也纳入到相对灵活的规章制定程序中来，例如设定未来利率或批准公司重组等活动，所以在该法的规章定义中又加入了“特定”这一词语。[①]

即使一项行政行为只是某一个体组织的活动，法院也主张将其纳入规章范畴，认为如果将《行政程序法》第551条规章定义中的“特定”一词去掉，可能也不会导致大的变化。值得注意的是，第12,866号行政命令中关于“法规或规章”的定义并不包含这一词语，其他一些有关规章制定的法律也鲜见有对“规章”一词进行全面定义的条款。[②]

---

① KENNETH CULP DAVIS & RICHARD J.PIERCE, JR., ADMINISTRATIVE LAW TREATISE, § 6：1（3d ed. 1994）.

② 例如《小企业监管公平法》（Small Business Regulatory Enforcement Fairness Act）中的“规章的国会审查”条款就没有规定应适用于哪些具有特定适用范围的规章。5. U.S.C. § 804（3）.

《行政程序法》对于规章制定的定义要求一部规章须具有“未来之效力”，这也暗含了一条重要的法律原则——没有国会的特别授权，行政部门不得发布溯及既往的规章。

除了需要明确其行为是属于规章制定还是行政裁决外，行政部门还需要决定其所制定的规章属于何种类型规章，不同类型规章须遵守不同的制定程序要求。行政行为种类繁多，对其进行分类也极为复杂，戴维斯和皮尔斯教授发现：

> “行政部门似乎陷入一直发布规章、对规章进行细化、对细化文件再次细化的循环之中。行政部门对‘规章’（rules）或‘法规’（regulations）的命名通常易于辨认，但对其他具有规章性质的文件或通知的命名却很繁杂，常常令人困惑。和法院一样，行政部门既可以通过对裁决性意见进行概括来制定‘规章’，也可以通过裁决具体个案进行‘立法’，而且行政部门的非正式裁决卷帙浩繁，被大量记录在案，其中包括行政裁定、规章解释、官方信函、新闻稿件、官员讲话，以及其他各种类型的通知等。”

目前，行政行为分类问题亟须解决，因为分类对应着相应的程序要求，在某种程度上决定了行政行为的权威性，也决定了某项行为是否要求进行司法审查。

二、《行政程序法》中的正式规章制定

《行政程序法》第 553 条规定了非正式规章制定，要求在大多数“立法性”规章制定中应适用通知 - 评论程序。然而，第 553（c）条又规定：“如果法律要求此规章必须在部门听证会之后根据听证记录制定，则不适用本款规定，应适用本编第 556 条和第 557 条的规定。”这一规定区分了第 553 条的适用通知 -

评论程序的非正式规章制定和第 556 条和第 557 条的适用案卷原则（on-the-record）的正式规章制定。

第 556 条和第 557 条包含了以下程序性要求：行政部门应根据排他性的规章制定记录中的实质证据制定规章；举行由部门工作人员或是行政法官主持的口头听证；允许听证双方进行交叉质询，以充分、真实地披露事实；不得与决策者进行单方面交流；允许当事人提交建议应认定的事实和结论，对涉及下属部门工作人员的初步决定或建议性决定以及行政部门的临时决定提出异议。因此，即使不是所有《行政程序法》关于正式裁决的规定都适用于正式规章制定，正式规章制定程序也应被视为是一项审判型（trial type）程序。

在合众国诉佛罗里达东海岸铁路案（*United States v. Florida East Coast Railway*）[①] 中，最高法院对正式规章制定的适用设定了限制条件，规定其只能在设定未来税率时适用。法院认为，在设定适用于铁路货运车厢的按日收费的激励性标准时，《州际商业法》（Interstate Commerce Act）的第 1（14）（a）条没有要求其适用正式规章制定程序，因为该法仅要求在“听证之后”做出决定，而没有使用如《行政程序法》第 553（c）条所称的“在行政部门听证记录的基础上”的明确表述。

正式规章制定程序一直鲜有使用。但出人意料的是，布什总统却在第 12,866 号行政命令修正案中加入了一项条款，鼓励行政部门“考虑是否要使用《美国法典》第 5 编第 556 条和第 557 条的正式规章制定程序来解决复杂的行政裁定问题”。最近，类似理念在企业界不断升温，众多企业也越来越支持使用正式规章制定程序。

① 410 U.S. 224（1973）.

三、《行政程序法》第 553 条的非正式规章制定

除非行政部门的法规另有规定，否则其规章制定活动都应遵守《行政程序法》第 553 条的规定。同时，除非规章属于第 553 条规定的例外情形，否则其必须遵守该条规定的最低程序标准：

（1）拟制定规章通知必须在《联邦登记》上公布，该通知应包括有关规章制定的时间、地点以及性质的说明；拟制定规章的法律依据；拟制定规章的条款或内容以及所要解决的主题或问题的说明。[①]

（2）必须给予利害相关人提交有关书面资料、书面观点、书面意见的机会，无论有无口头陈述的机会。[②]

（3）必须在最终规章文本中附上对规章制定依据和目的的一般性简要说明。[③]

（4）除非有例外情形，最终规章文本必须至少在其生效之日的 30 日前公布。[④]

由于决定是否给予口头陈述的机会属于行政部门自由裁量范围（见上述第 2 项），所以准确地讲，第 553 条所规定之程序可称为通知－评论程序。这些程序规定的含义和实际影响将在后面章节中详细阐述。[⑤] 接下来将重点讨论第 553 条规定的例外情形，我们可以看到，某些规章制定活动可以完全或部分地不受该程序要求的约束。

---

① 5 U.S.C. § 553（b）. 参见第三部分第三章。
② 5 U.S.C. § 553（c）. 参见第三部分第四章。
③ 5 U.S.C. § 553（c）. 参见第三部分第七章。
④ 5 U.S.C. § 553（d）. 参见第三部分第七章。
⑤ 参见第三部分。

四、不适用第 553 条规定的规章

有两类规章完全不受第 553 条的程序要求约束：一类是关于军事或外交事务的规章，另一类是关于机构管理、人事制度以及公共财产、贷款、补助金、保险金或合同等事务的规章。[①] 其他一些类型的规章，比如解释性规章、政策声明、程序性规章等也基本可以免予遵守通知－评论程序规定；还有一些规章，比如解除限制类规章，可以有限度地免予遵守这些规定。在设定这些例外情形时，《行政程序法》的起草者试图平衡公共投入需求与竞争性社会利益之间的关系，这些竞争性利益有助于高效、迅捷地处理某些政府事务。

《行政程序法》的基本原则是，为公众参与规章制定提供机会，以便公平、公开地实施行政行为。由于上述例外情形都属于这一基本原则的豁免范围，所以传统上对于这些情形都需要进行严格解释，只有在迫不得已时才会适用上述豁免。

当一部特定规章符合可以免予遵守第 553 条规定的公众参与程序之情形时，并不意味着该豁免是强制性的，也不意味着行政部门就不能适用公众参与程序。相反，国会制定《行政程序法》时，目的是鼓励行政部门在一些可以适用程序豁免的案件中也使用通知－评论程序。在制定一些可以适用程序豁免的规章时，很多行政部门也将遵守通知－评论程序视为理所当然。实际上，一些行政部门已经制定规章正式规定放弃第 553 条所规定的豁免情形，法院也开始依据行政部门的弃权声明来强制执行一些原本可以不适用的法定程序。在如今规章制定程序变得日益复杂的情况下，行政部门是否仍愿意继续放弃这些豁免还是一个问题。

---

① 5U.S.C. § 553（a）.

1. 完全免予遵守第553条规定的规章

（1）财产性事项：公共财产、贷款、拨款和合同。《行政程序法》第553（a）（2）条规定所有涉及“公共财产、贷款、拨款和合同”的规章都无条件地免予遵守第553条的程序要求。然而需要强调的是，尽管这些适用程序豁免的财产性事务涉及的领域非常宽泛，它们也只能在行政行为“清晰而直接”地涉及其中某一项豁免时，才可以获得适用。

很明显，这些豁免情形涵盖了很多重要的政府职能，因此遭到了外界的强烈批评。1969年，行政会议建议重新修订《行政程序法》以取消这些豁免。除修订法律外，它还督促实施那些豁免行为的行政部门自愿适用通知－评论程序，而不要等到法律修订后才予以适用。[①] 该会议在建议中强调那些适用豁免的规章主要调整的是非政府性利益，因而此种豁免显得很不明智，而取消这种豁免将有助于规章制定活动的公平和公开。

1988年，国会在设立退伍军人事务部时采纳了行政会议的建议，要求退伍军人事务部在制定几乎所有的规章时均须适用通知－评论程序。很多在这些领域有大量活动的部门和机构，也都回应了行政会议的建议，在制定规章或政策的过程中自愿放弃或部分限制了豁免权的使用。[②] 就像其发布非豁免性规章所要遵守的程序一样，行政部门放弃豁免的效力也将使其必须遵守第553条的程序要求。需要注意的是，即使行政部门放弃豁免，在第553条程序要求属于不符合实际、不必要或是对公共利益不利时，部门也有权不使用通知－评论程序。[③] 一些行政部门也正在重新评估这种放弃豁免行为。[④]

最后，尽管行政部门在进行规章制定时会因为财产性事务而免予遵守《行政程序法》的要求，但有的法律或指令可能会要求其遵守其他一些公众参

---

① ACUS Recommendation 69-8, “Elimination of Certain Exemptions from the APA Rulemaking Requirements”.

② 如《交通运输部规制政策和程序》(Department of Transportation Regulatory Policies and Procedures)。

③ 5U.S.C. § 553（b）（3）（B）.

④ 例如，城市住房部发布的《规章制定政策和程序——推进规章制定和政策实施》即体现了这种趋势。

与程序。例如，《社会保障法》（Social Security Act）规定：在制定受救助人资格标准时应适用第 553 条的规章制定程序。国会也要求制定联邦采购法规时遵守通知 - 评论程序。此外，第 12,866 号行政命令也没有免除其调整范围内的规章适用通知 - 评论程序的义务。

（2）机关内部管理和人事——关于“机关内部管理和人事”的规章同样可以免予遵守《行政程序法》第 553 条的全部程序。① “管理”通常被定义为对事项（如商业）的实施和监督……实施工业或商业项目或活动的“计划、组织、协调、指导、控制和监督”，并对最终结果负责的行为。② 人事制度通常包括雇佣和晋升标准、培训、假期、旅行和请假等。③

这种豁免不仅仅适用于行政部门内部。《司法部长行政程序法手册》对这一豁免进行了解释，认为其包括很多现在由管理和预算办公室行使的职能，也包括总统设立的处理行政体系内部管理问题的跨部门委员会所行使的职能。

人事制度豁免所产生的影响在很大程度上已被其他一些法律削弱。如 1978 年的《社会服务改革法》（Civil Service Reform Act）规定：人事管理办公室在制定政府范围内的人事规章时必须遵守通知 - 评论程序。④ 这些规章必须予以通知，以供公众评论，除非它们属于临时性规章或由于紧急情况而必须立即使其生效。⑤

（3）军事或外交事务。第 553（a）（1）条将涉及美国军事和外交事务的事项排除在《行政程序法》的规章制定程序之外。与财产性事务一样，有关军事和外交事务的规章制定完全免予遵守第 553 条的程序要求，而且这些规章制定很大程度上也可不受第 12,866 号行政命令的约束。⑥

---

① 5U.S.C. § 553（a）（2）.

② 参见《韦伯斯特新国际词典》（Webster's New International Dictionary），1986 年第三版，第 1,372 页。

③ 在一些案件中，法院认为此类规章属于可豁免范围。

④ 5U.S.C. § 1105.

⑤ 5U.S.C. § 1103（b）（3）.

⑥ 第 12,866 号行政命令规定，除非是涉及政府采购或是进口或出口非防卫性物品和服务，否则与美国军事和外交事务有关的规章均属于可豁免情形。

一些巡回上诉法院认为，对于适用豁免规定的外交事务，其相关的规章制定规定可能会引发一些负面的国际影响。在最近一个案例中，采用这一豁免标准的第二巡回上诉法院认为，司法部长发布的一项指定某些国家公民必须进行特别登记的程序通知（该程序本身在“9·11”后已经履行了通知－评论程序）符合外交事务豁免范围。虽然这些外交事务豁免不仅仅限于国家和国防部门的活动，但与财产性豁免一样，对此种豁免的适用要进行严格解释。行政会议于 1972 年提交的一份报告称，仅有那些“直接、密切”涉及军事和外交事务的事项才可以获得豁免。

在这方面，第九巡回上诉法院虽然同意“像美国能源部这样以民用目的为主的机构在履行其‘军事功能’时可以适用豁免规定”，但同时也认为，能源部的人事规章中有部分内容规定那些曾使用致幻剂的雇员将被永久取消任职资格，包括看守核设施的民用承包商的执勤人员，这种规定不应适用豁免，因为执勤人员并非是在“执行军事功能”。

行政会议建议国会用更为严格的豁免取代这种军事和外交事务上的绝对豁免。该建议首先明确了一点，即行政命令要求实施的涉及国防和外交政策利益的保密事项可以免予遵守第 553 条程序要求。其次，建议取消现有的豁免规定，同时制定明确界定行政部门权力的规章，在这些规章中分别规定各类可以豁免的规章制定活动（依据是第 553 条的“正当理由”[good cause] 豁免规定），并附上对每一种分类所做的研究结果及简要说明。

作为对上述建议的回应，国防部也制定了一项政策：在制定对公共利益产生实质和直接影响的法规时，应当遵守通知－评论程序，更具体地说，如果根据行政命令或法律规定，为保护美国国防或外交事务利益，有关军事或外交事务应予以安全保密的话，则与这些事务相关的文件可以不公开。①

此外，在制定有关执行国际条约、实施进口配额和对外国使团征税等规

① 32 C.F.R. § 336.3（b）.

章时，也有其他一些案例支持政府援引程序豁免的规定。

2. 有关行政部门组织、程序和操作的规章

“有关行政部门的组织、程序或操作的规章”可以免予遵守第 553 条所规定的通知 - 评论程序，[①] 通常包括有关执法程序的规章，以及有关行政部门内部职责分工的规章。然而，这些规章制定不能免予遵守《行政程序法》规定的“公布或申请”（publication or petition）程序。

规章是程序性还是实体性，将决定其能否获得程序豁免，但通常难以对这两种规章进行明确区分。目前，主要根据“实质影响”（substantial impact）标准来区分。按照这一标准，那些本身不改变当事人之间权利与利益关系的行政行为可以免予遵守通知 - 评论程序，而那些对私人权利和利益造成实质损害的行政行为则不能给予豁免。然而，实质影响标准在上诉法院那里却不受重视。例如，在 1987 年美国医院协会诉鲍恩（*American Hospital Ass'n v. Bowen*）一案中，特区巡回上诉法院意识到：长期以来，法院在对程序性规章适用第 553 条豁免规定时，逐渐将焦点从探寻该规章是否会对当事人产生实质影响，转向更广泛地了解行政行为是否包含某种实质价值判断，或是对某种特定行为表示支持或反对的意见上来。法院认为，这种“逐渐摒弃只依靠实质影响作出判断的趋势，反映了一种客观态度：即使程序性措施确凿无误，在某种程度上它也会对当事人产生影响”。通过分析有关程序豁免的判例法，法院判定，卫生和公共服务部（Health and Human Services, HHS）制定的关于医疗保障项目中的同行评审程序（peer review inspections）指南[②]是一种程序性规章，可以免予遵守通知 - 评论程序。在南加利福尼亚爱迪生公司诉联邦能源管理委

① 5U.S.C. § 553（b）（A）.

② 744 F.2d at 1050. 该指南旨在确立一种经常而集中的同行评审，以推动将有限资源用于特定领域。卫生和公共服务部认为在这些领域建立起同行评审制度，将会产生良好效果。

员会案（*Southern California Edison Co. v. FERC*）中[①]，第九巡回上诉法院明确拒绝了一种观点，即产生实质影响的程序性规章仍需遵守通知－评论程序。法院最终裁定，联邦能源管理委员会的规章属于行政部门提交的关于地方征税决定的程序性规章。

在1990年的航空运输协会诉交通部（*Air Transport Ass'n v. DOT*）一案中[②]，特区巡回上诉法院推翻了联邦航空局制定的一部程序性规章。该规章规定了行政民事罚款的裁决听证程序，法院认为其不能适用第553（b）（3）（A）条规定的通知－评论程序豁免。法院强调了第553条程序豁免规定的"内部事务性质"，即一部规章是否能获得豁免，关键不在于它是实体性规章还是程序性规章，而在于它是否会影响被管理方的权益，或是仅仅对行政部门内部产生效力。在该案中，法院认为交通部的规章将实质性影响被告获得有利行政裁决的权利，因而该规章需要遵守通知－评论程序。

然而三年后，特区巡回上诉法院在JEM广播公司诉联邦通信委员会（*JEM Broadcasting Co. v. FCC.*）一案中[③]，再次对航空运输案（*Air Transport*）进行了审视。该案中，联邦通信委员会出台了一项政策，规定其对有瑕疵的调频无线电通信许可申请可以拒绝给予改正机会。根据这一政策，联邦通信委员会拒绝了JEM广播公司的申请，认为该申请存在印刷错误，已影响到申请人计划建设的广播塔的协调工作，并导致申请材料前后不一致。特区巡回上诉法院驳回了JEM的司法审查请求，部分理由是因为联邦通信委员会的规章属于程序性规章而非实体性规章，可以不受《行政程序法》的通知－评论程序约束。法院这样做实际上否定了它在先前的航空运输案中所做裁决，认为不改变实质标准的程序性规章可以免予遵守通知－评论程序。

美国农业部曾于2000年颁布过一部规章，取消了一项通过面谈程序加速

---

① 770 F.2d 779（9th Cir.1985）.

② 900 F.2d 369（D.C. Cir.1991）.

③ 22 F.3d 320（D.C. Cir.1994）.

批准商业食品标签的做法，特区巡回上诉法院认为该规章可以适用程序豁免规定，因为尽管该规章可能会对商业食品加工者产生实质影响，但该规章在性质上明显属于程序性规章。法院援引 JEM 广播公司案中的判决："法院强调，一部符合程序豁免要求的规章的关键特征在于，其所调整的行政行为本身没有改变当事人的权利或利益，尽管它可能改变行政当事人向行政部门提出意见的方式。"其结论是，"行政部门取消面谈程序并没有改变它批准或拒绝商业标签申请的实质性标准；它仅是改变了在适用这些标准时自己所遵守的程序。"

这一点很重要，法院清楚表明，一部纯粹的程序性规章不会仅仅因为它向被管理的当事人施加了一些义务，就成为需要遵守通知－评论程序的实体性规章。

两年后，在公民组织诉美国国务院（*Public Citizen v. Department of State*）一案中，特区巡回上诉法院重新采用了医院协会案中使用的标准，认为国务院制定的关于处理根据《信息自由法》提出申请的政策文件不需遵守通知－评论程序。该案中，国务院出台了一份未公开发布的指导性文件，规定国务院仅检索根据《信息自由法》提出申请日期之前出台的文件，这可能导致在检索期间发布的文件被忽略掉。法院认为，国务院的政策公平地适用于所有根据《信息自由法》提出的申请，因而也就不存在是否需要进行实质价值判断的问题——即如何有效处理根据《信息自由法》提出的申请，最终裁定这一政策属于《行政程序法》规定的程序豁免情形。

在稍晚的一个案例中，情况却略有不同。劳工部发布一项声明，要求其行政法官在根据《海岸和矿工黑肺病法》（The Longshore and Black Lung Laws）作出工人赔偿裁决时，只能在标题中使用首字母缩写形式。这就导致如果被告想从劳工部获得有关赔偿判决信息的话，就要先弄清楚索赔人的名字，因此被告认为该声明属于实体性规章，须遵守通知－评论程序。劳工部则辩称，该规章只是一部程序性规章，因为其只规定了裁决决定的格式，使用首字母缩写有利于保护索赔人的隐私。依照区分程序性和实体性规章的"实质价值判断”标准，地区法院没有采纳劳工部的观点，认为该声明包含了“实质价值判断”，即声明作出了一项判断：在所有相关判决中，索赔人的隐私权高于需要获取有关裁决信息的公众的利益，因此，该声明违反了《行政程序法》规定的通知 - 评论程序要求。显然，法院在这方面所采用的标准并不容易推广适用，而行政部门在试图避免通知 - 评论程序时也在冒险。这也许是 1992 年美国行政会议敦促行政部门对即使明显属于豁免情形的规章也应自愿适用通知 - 评论程序的原因所在，“除非这样做将使付出的成本远远超过所得的收益（公众参与和信息公开带来的效益，以及通过公众评论加强公众对规章的支持）”。

3. 解释性规章和政策声明（也称为“非立法性规章”）

“解释性规章”和“一般性政策声明”也可以不需遵守《行政程序法》第 553（b）（A）条规定的通知 - 评论程序，同时，根据第 553（d）（2）条规定，它们在《联邦登记》上公布后就可立即生效。然而，这些非立法性规章并不能免予遵守第 552 条公布或保证公众知情权的规定[①]以及法律所规定的违宪审查。[②]

解释性规章程序豁免的意义在于，“赋予行政部门在立法活动中对模糊条款进行解释的权力，从而免受繁琐程序的困扰”。[③]而一般性政策声明程序豁免的意义在于，“允许行政部门可以不受局限地宣告其对将来所做之规划”。人们通常认为，及时传播行政部门的解释和政策声明中所包含的导向性信息有利于为公共利益服务，而且此类文件通常会指引行政部门工作人员的日常行为，并引导行政部门的自由裁量活动，对于行政管理来说不可或缺。对这些行政通知行为的豁免，也反映了《行政程序法》起草者的顾虑：公众参与程序会延迟解释性规章或政策声明的发布进程，进而可能挫伤行政部门发布此类规章的积

① 5U.S.C. § 553（e）, 552（a）（1）（D）, 552（a）（2）（B）.

② 参见第二部分第三章七。

③ 参见美国医院协会诉鲍恩案。

极性。①

关于“政策声明”和“解释性规章”等附属性规制行为与要求进行通知－评论程序的“实体性或立法性规章”②之区别,《司法部长行政程序法手册》做了如下解释:

实体性规章——是行政部门依据法定职权发布的执行法律的规章，而非组织性或程序性的规章……这种规章具有法律效力。

解释性规章——是行政部门发布的规章或声明，它告知公众行政部门对实施法律和规章的理解和解释。

一般性政策声明——是行政部门发布的、告知公众其运用自由裁量权方式的预先声明。③

然而，法院在特定案件中区分立法性规章和非立法性规章（解释性规章和政策声明）时所遇到的困难，显示出这两者在理论上的区别正趋于瓦解，并且在实践中也会导致困惑。1975 年，第二巡回上诉法院就移民归化局的一项政策程序发表评论，“立法性规章和一般性政策声明的区别仍被‘掩盖在重重迷雾之中’”。此后很多法院在区分立法性规章和解释性规章或政策声明时，也经常引用这一比喻。有学者在关于此类问题的研究论文中指出:“在诸多困扰行政法的复杂问题中，几乎没有哪个问题复杂到可以与区分所谓的‘非立法性规章’有效或无效使用这个问题相提并论。”“所有非立法性规章案件的核心问题在于：行政部门文件是属于立法性规章，当其未经通知－评论程序时被视为无效？还是属于解释性规章或一般性政策声明，可以免予适用通知－评论程序？”④

---

① 参见迈克尔·艾斯默（Michael Asimow）:《在解释性规章和政策声明适用中的公众参与》。

②《行政程序法》将“实体性规章”区别于其他规章。现今使用的“立法性规章”经常用于指代“实体性规章”。“实体性”通常与“程序性”相对。目前解释性规章和政策声明通常涉及的是实质问题，尽管它们并不是《行政程序法》意义上的“实体性规章”。

③ Attorney General’s Manual.

④ John F. Manning, *Nonlegislative Rules*, 72 Geo. Wash. L. Rev. 893, 893（2004）.

之所以如此，一定程度上是因为立法性规章、解释性规章和政策声明都会涉及法律解释问题，因此，行政部门通知有时可能会同时被归类为解释性规章和政策声明。另一方面，行政部门的活动有时很难被认定应该属于《行政程序法》声明分类中的哪一类。

最后需要注意的是，将行政部门的声明视为立法性规章还是非立法性规章，这对司法审查具有重要意义，尤其是会影响到声明的可审查性、适时性、成熟性和终局性，以及司法审查强度等问题。这些问题将在第四部分进行详细讨论。

（1）“实质影响”——20 世纪 70 年代，一些法院对已有的关于政策声明、解释性规章和立法性规章之理论性区分提出了不同看法，认为决定行政部门在发布政策或进行解释时是否可以免除通知 - 评论程序的因素是：行政部门的声明是否对公众的权利或义务产生实质影响。然而，正如在有关程序性规章案件中所看到的，把实质影响标准作为决定解释性规章和政策声明是否适用通知 - 评论程序的唯一标准这个做法，已经被摒弃。在 1982 年的凯拜斯诉艾格案（*Cabais v. Egger*）中，特区巡回上诉法院明确拒绝将实质影响标准作为区分解释性规章和立法性规章的独立标准。第三巡回上诉院也指出，“一部规章产生的实质影响与其分类有关，然而，这种影响不会直接证明该规章就是立法性规章”。它解释说，“更多基本的决定因素涉及表明行政部门之行动是否有创立新的法律、权利和义务之意图”。

（2）部门之说明（The agency’s label）——法院要解决的另一个问题是，当行政部门将其行动描述为解释性规章或政策声明时，审查法院是否应该或必须接受这些说明。有观点认为，认可行政部门对其行为意图和预期要实现的法律效力的说明，“是识别行政活动性质的核心要素”。根据该观点，尊重行政部门的说明会有助于提升其活动的确定性和可预期性。

然而，法院对此兴趣不大。例如，在商业协会诉职业安全和健康管理局

（*Chamber of Commerce v. OSHA*）一案中[1]，特区巡回上诉法院没有采纳职业安全和健康管理局将其声明作为解释性规章的主张。法院认为，“预测行政部门的意图并不简单，官僚政治所产生的样板文件模糊了真正的行为目的。行政部门自身的说明具有指向性意义，但并不具有决定性；人们不会因为行政部门主张其规章是解释性规章，就会认为这就是解释性规章”。[2]

几年后，在布洛克诉断崖页岩石油公司案（*Brock v. Cathedral Bluffs Shale Oil Co*）中，特区巡回上诉法院需要辨别劳工部的一项政策实施指南属于政策声明还是立法性规章。法庭在回应劳工部长将其归类为政策声明时称，“应尊重行政部门的说明，但其说明不具有绝对效力”。法院的理由主要是，担心行政部门将其行为定性为解释性规章或政策声明，从而规避适用通知–评论程序或是规避适用前置司法审查。

（3）解释性规章和立法性规章之区别。

第一，“法律效力”标准。在 20 世纪 50 年代的一个案件中，特区巡回上诉法院用以下标准来辨别解释性规章和立法性规章：一般而言，“法规”，“实体性规章”或“立法性规章”都会创制法律，它们通常是对已有法律的具体实施；而解释性规章是行政官员对法律或法规的含义所做的解释。

这种区分被称为“法律效力”标准。如果一项解释法律的规章创制了新的法律，而不仅仅是对已有法律的解释或是提示当事人在已有法律下的义务，那么这项规章就应被视为立法性规章。规章创制“新法律”的方式很多，如通过提出一项行为准则来弥补法律规定的不足，对普遍适用的行为准则规定豁免情形，确立一项新的制度框架，或是完成未结束之法律制定等，这都属于立法性规章范畴。

行政部门需要法律授权来制定立法性规章，要么是特别授权，要么是宽

---

① 636 F.2d 464（D.C. Cir.1980）.

② 636 F.2d 468（D.C. Cir.1980）.

泛地授予规章制定权。对于根据法律授权发布，且遵守第 553 条程序要求并通过司法审查的立法性规章，审查法院将赋予其强制力。

另一方面，行政部门可以发布解释性规章，而无需法律授权或遵守通知－评论程序。这种解释性规章没有“法律效力”，也就是说，当行政部门准备在实际执法活动中使用解释性规章时，其合理性取决于法院审查。而且，大多数情况下，法院不会同等对待解释性规章中的法律解释与立法性规章中的法律解释。

通用汽车公司诉拉卡尔肖斯（*General Motors Corp. v. Ruckelshaus*）一案对“法律效力”标准的适用进行了解读。该案中，特区巡回上诉法院为界定解释性规章和立法性规章的区别提供了“一般原则”。法院认为，解释性规章只是行政部门自己对法律条文含义进行解读的意思表示，它“仅是为了提示当事人现存之义务”；而在立法性规章中，行政部门则是为了创制新的法律，规定新的权利或义务。根据这一原则，法院认为环保署关于被召回汽车进行维修的规定属于解释性规章，因为该规章之制定依据主要由“合理的法律解释”组成，更重要的是，该规章仅是重述了行政部门在法律规定的召回制度下的“一贯做法”。

第二，“约束力准则”标准。在区分解释性规章和立法性规章时，一些法院的判决援引了 1974 年特区巡回上诉法院在太平洋天然气和电力公司诉联邦电力委员会（*Pacific Gas & Electric Co. v. Federal Power Commission*）一案中的判决（涉及“一般性政策声明”的类似豁免，在下一节讨论）中所确立的“约束力准则”标准。然而，这些判决没有明确区分或讨论行政部门声明可能产生约束力的各种方式。首先，行政部门声明可能试图对行政部门雇员在执法时产生约束力。① 其次，行政部门声明可能试图对受法律规范的公众产生约

---

① 施特劳斯教授指出，在很多情况下，通过行政解释或指导性文件来指引行政官员的行为，这对行政相对人或公众来说是非常有益的。皮特·施特劳斯（Peter L. Strauss）:《规章制定的统一体》，1992 年版，第 1463 页。

束力。[①] 最后，已经公布的有效的立法性规章具有法律效力，行政部门自身也受其约束，除非它对该规章进行修改。

尽管有一点很清楚，行政部门的政策声明不应对公众产生约束力，但对于解释性规章而言，却并非如此简单。行政部门发布一部解释性规章（即该解释仅仅提示当事人关注现行法律或对法律进行解释，且没有创制新的权利和义务），可能意在约束自己的行政雇员，并期待受监管的个人或单位也遵守该规章。然而，行政部门却不可能期望其解释在法庭上也具有约束力，因为它不具有法律效力，当事人双方可以对该解释进行质疑。对行政部门的负责人而言也不具有约束力（除非在某些案件中，当事人对一项长期存在的解释产生信赖，见下面第四部分），因为部门负责人可以随意改变该项解释而无需遵守通知－评论程序。

在贝拉诺国际公司诉食品和药品监督管理局（*Bellarno Int'l v. Food and Drug Administration*）一案中，约束力准则标准被用来区分解释性规章和立法性规章。该案中，地方法院对食品和药品监督管理局发布的进口警示进行了审查。该局坚称此警示作为解释性规章或政策声明可以免予遵守通知－评论程序。进口警示将改变原产于美国的产品重新进入美国的条件。本案中，法院依据早先的政策声明豁免案例，试图确定食品和药品监督管理局的进口警示是否对该局自身以及当事人产生约束力。最后，法院认为该警示确实产生了约束力，故判定其因未进行通知－评论程序而无效。

诸如此类的案例表明，法院经常会审视行政部门声明的实际效力，而非进行理论性的区分，来决定声明是属于无效的立法性规章还是合理的解释性规章。法院可能并不认可行政部门对其声明性质的解释，也可能不认可行政部门否认其声明具有法律效力的主张。如果该声明事实上创制了新的权利或义务，

① 当然，如果行政部门试图或是实际上通过未经通知－评论的政策文件来约束公众，那么这将引发很多问题。参见罗伯特·安东尼（Robert Anthony）:《解释性规章、政策文件、指南、手册等——行政部门可以用它们约束公众吗？》，第1992年版，第1311页。

并对利害相关人产生实际约束力，法院就会要求其遵守通知－评论程序。

另一个重要但难以归类的裁决结果是威廉姆斯法官在美国采矿协会诉矿山安全与健康管理局（*Am. Mining Congress v. Mine Safety & Health Administration*）一案中做出的。该案中，劳工部的解释政策的信函区分了何种 X 射线分析可以作为对肺部疾病做出诊断的依据，法官认定其属于解释性规章。虽然法官在裁决中提到了使用“法律效力”标准，但又提出了一个包含四项内容的新标准，来确定一部规章是立法性规章还是解释性规章。如果符合下列任何一项标准，则该行为属于立法性规章，需遵守通知－评论程序，包括：①在没有该规章的情况下，执法活动或其他行为是否会缺乏充分的法律依据来赋予其权力或确保其履行职责；②行政部门是否已在《联邦法规汇编》上公布该规章；③行政部门是否已明确使用了它的普遍性立法权；④规章是否有效修订了之前的立法规章。有人认为第 1 项是最重要的标准。但特区巡回上诉法院随后在美国健康保险协会公司诉沙拉拉（*Health Insurance Ass'n of America, Inc. v. Shalala*）一案中，限制了对第 2 项标准的适用。法院仅把是否在《联邦法规汇编》上公布作为行政部门活动意图的一项证据，并称在之前的案例中，仅凭这条证据作出裁决还不充分。

第三，现代标准：规章在本质上是不是解释性的？或规章是否导致了实质性改变？最近有很多案件判决结果都与上文美国采矿案中第 1 和 4 项标准有关，它们采用了更为字面化的理解，即判断一项规章是否属于可豁免的解释性规章，主要看其是否真正解释了现存法律（或是一项先前的有效立法性规章）。沙拉拉诉盖恩希纪念医院（*Shalala v. Guernsey Memorial Hospital*）一案的判决结果解释了这一标准。该案的焦点是，卫生和公共服务部的医疗保险制度是否需要规定对交易当年医院在再融资债务中遭受的损失进行赔偿，或其是否能在数年中分期偿还这些损失。根据普遍适用的计算标准来看，应采取前者，但卫生和公共服务部通过的一项指南文件（未经通知－评论程序）则要求使用分期支付。该指南被用来解释卫生和公共服务部依法制定的一部规章，授权部长

“制定计算合理成本的方式”，但这一规章没有对偿还期限作出规定。最高法院支持对该指南给予程序豁免，认为：“如果指南采取了与该部门任何一部现存规章不一致的立场，我们支持对该指南适用《行政程序法》规定的规章制定程序……但它并没有对已有规章进行实质性改变。”特区巡回上诉法院表示支持，“只要新规章实质性地改变了已有规章，那么它就需要遵守《行政程序法》所规定的程序”。

霍科特诉农业部（*Hoctor v. U.S. Department of Agriculture*）一案对数量标准具有指导意义，第七巡回上诉法院的首席大法官理查德·波斯纳在该案中采用了上述方法。该案中，农业部根据《动物福利法》的通知－评论程序颁布了一部有效的立法性规章，要求野生动物的居所必须足够坚固，并达到动物能自我保护和有效居住的程度。随后其又发布了一份内部备忘录，规定圈养动物的环形栅栏高度不得低于八英尺。霍科特是一位买卖野生动物的商人，为此他建造了一个密闭笼子和一个六英尺高的环形栅栏，农业部以霍科特违反规定为由起诉至法庭。波斯纳大法官认为，表面看来备忘录是用来解释规章的，但实质上具有立法性而非解释性，因此裁定备忘录因未遵守通知－评论程序而无效。他解释道，在解释这部规章时，农业部使用了一个固定和不可改变的数字标准，原来的规章并没有包含这一标准，因此农业部不能说这一新的标准是来自于法律或规章的已有规定。

某种意义上，霍科特案是两种辨别解释性规章方式的混合体，其中波斯纳不仅阐明了一项原则，即“一部规章只有经过合理的解释程序，来源于之前的法律，才称得上是解释性规章”，而且他还注重对一部新规章是否具有“独立的、专断的、任意的”性质进行判断。随后，他在一篇文章中对这种观点进行了更深入的阐述：

“对于一项解释性规章，我认为仅证明它与被解释的法律之目的是否一致还不够；因为对任何有效的立法性规章的要求也是如此。一部有效的解释性规章还必须满足其他要求，即它必须经过公正的解释程序，来源于它所贯彻的法律；也就是说，必须存在一条路径连接法律和解释性规章，而不仅仅是要求法律和解释性规章之间存在一致性。”

当然，也存在一种风险，即行政部门无需经过通知－评论程序便对已有法律进行解释，对一般性的、模糊的法律术语来说，这种解释的空间似乎太大了。有学者认为：

“如果现有法律文本使用的是模糊或空洞的术语——例如‘公平和公正’，‘正义且合理’，‘为了公共利益’等等，那么详细说明这些术语适用范围的行政规范通常都不应视为解释性规章，因为那些术语本身并不包含可以被解释性规章援引的实质性内容。但如果该术语在制定时就被附上具体先例，或是通过清晰的立法过程或已经确立的惯常用法等，能够赋予该术语实质性内容，并使得对其进行解释的行政规范可以据此实质内容而获得合理性判断，那么我们也可能得出不同结论。”

当行政部门对含有模糊术语的立法性规章进行解释时，也可能面临上述同样问题。在卡鲁索诉索尼流行音乐娱乐中心（*Caruso v. Blockbuster-Sony Music Entertainment Centre at the Waterfront*）一案中，特区巡回上诉法院认为：行政部门不得先颁布一部内容模糊的规章，随后又通过程序不严格的解释来将其具体化。

另一方面，除非是需要对某项基础性规定增加一些含义或解释，否则行政部门就不应制定解释性规章。正如特区巡回上诉法院所言，不能仅仅因为行政部门提供了比被解释的规定更清晰详细的内容，就将其视为修改了先前的规章。如果这样的话，没有任何一部规章可以作为立法性规章的解释而通过，除非它只是盲目模仿先前规章或以一种模糊性取代原有模糊性。最近有两个结果截然不同的案例也表明行政部门存在这种需求，即解释性规章可以来源于对基础性法律和法规的一致理解。在天主教健康行动诉西贝柳斯（*Catholic Health Initiatives v. Sibelius*）一案中，特区巡回上诉法院拒绝将一项医疗保险报销手册规定作为解释性规章对待，该规定把“合理费用”这一法律术语解释为需要给予离岸公司旗下的医疗服务提供者不同的补偿份额。法院引用了波斯纳法官在霍科特一案中的推理，“该案的实质是，对‘合理费用’的解释不可能导致手册中详细规定的硬性投资标准。”

第二个案例是，第九巡回上诉法院在莫拉－米拉兹诉托马斯（*Mora-Meraz v. Thomas*）一案中，坚持适用一项属于通用法律术语的数字要求（12个月）。根据规定，如果罪犯被联邦监狱局确定为滥用药物，他就需要参加戒毒。监狱局曾颁布过另一项规定，要求犯人“必须提供一份可证实的吸毒记录”。监狱局此后在戒毒计划手册中将这一规定解释为，若犯人要获得戒毒资格，“犯人必须证明他在入狱前的12个月内的药物依赖或滥用记录”。法庭认为这属于解释性规章，因为“12个月”的规定是基于《精神疾病诊断与统计手册》做出的，戒毒计划手册对此也有说明。

在对这两个案例的评论中，乔丹（*Jordan*）教授说，每一个解释的背景都很重要。在天主教健康行动案中，法庭没有很好地理解“合理费用”只包括符合各种投资限制的企业收取的费用，但在莫拉案中，科学界对法律或规章术语的意义，包括具体的数字规定，却都有共同的理解。

第四，行政部门可以不经通知－评论程序就改变先前的解释性规章吗？自伤残退伍老兵案以后的一系列案件中，特区巡回上诉法院已经开始限制行政部门未经通知－评论程序就大幅修改先前所做解释的权力——尤其是在先前的解释已经持续存在很长时间并产生了公信力的情况下。在伤残退伍老兵案中，法院明确指出，“一旦行政部门作出一项解释，它只能通过正式修改规章本身来改变原先的解释：即要通过通知－评论的规章制定程序。”此后，这种意见在卡鲁索案中被稍微做了扩大化引用，法院认为行政部门在未经通知－评论程序的情况下，不可以随意对其实体性规章的解释进行根本性改变。

正如希登菲尔德教授评价的那样，这种观点代表着对以前行政法认识的巨大转变：

> “关于行政解释裁量权的传统观点认为，如果一项解释本身没有通过行政裁决或是解释性规章纳入到立法性规章之中，那么行政部门有权自由改变该解释。这一观点与解释性规章不具有法律约束力（但从行政管理角度看，对行政部门雇员具有约束力）的理念是契合的；没有法律约束力，行政部门就无需遵守。唯一能对行政部门裁量权进行限制的是‘任意的’和‘反复无常的’司法审查标准，该标准要求行政部门对其改变进行合理说明。因此，根据传统理解，只要一项新的解释能合理地说明一项基础性法规，并且这项新解释也经行政部门的充分证明获得通过，那么行政部门就可以采纳这一新的解释。但卡鲁索和伤残退伍老兵案实际上则表达了一种截然不同的观点——即行政部门不可以使用解释性规章去确立新的法规，从而根本性地改变原先的解释。”

此后不久，在阿拉斯加职业猎人协会诉联邦航空局（*Alaska Professional Hunters Ass'n v. FAA*）一案中，特区巡回上诉法院明确指出，在现有情况下，行政部门不得通过发布未经通知－评论程序的新的解释性规章来推翻原有法律解释。联邦航空局在 1963 年做出的一项行政决定中认为，打猎或捕鱼时，如果狩猎导游用飞机运送顾客但未单独就运输行为收费时，有关航空商业运输法规不适用于该导游行为。根据该决定，阿拉斯加地区的联邦航空局一直允许这些导游免予遵守航空商业运输规章。但出于安全考虑，经过长达 5 年研究后，该局又发布了一项通知，告知阿拉斯加的狩猎导游：行政部门已修改了对于规章的解释，要求狩猎导游遵守航空商业服务规章。当这一新解释被起诉到法院后，法院援引了伤残退伍老兵案的裁决意见，“一旦行政部门作出一项解释，它只能通过正式修改规章本身来改变原先的解释，即通过通知－评论的规章制定程序来实施。”法院强调，行政管理相对人有权知道行政管理的有关规章。法院认为阿拉斯加地区的狩猎导游和旅馆经营者对该州政策解释已产生持续信赖，最终判定联邦航空局的解释因未经通知－评论程序而无效。

尽管阿拉斯加猎人案确立的方法遭到众多批评，但第五巡回上诉法院却支持该判决结果，“我们赞同特区巡回上诉法院的推理:《行政程序法》要求行政部门在实质性改变一项被良好确立的法规解释之前，应首先遵守通知－评论程序”。特区巡回上诉法院在 2003 年的美国植保协会诉环保署（*CropLife America v. EPA*）一案中也重申了上述判决意见。在植保协会案中，法院推翻了环保署在新闻发布会上发布的一项指令。该指令称，今后在国家科学研究院（National Academy of Sciences）审查伦理问题时，不再依赖或考虑第三方的人类学研究结果。在审理针对该指令的有关诉讼中，法院将该指令定性为“直接针对原告并对其产生强制力的约束性规章”，因而其需要遵守通知－评论程序。法院最终判决环保署应继续在具体行政活动中考虑第三方的研究结果。同样，在艾尼戈诉巴恩哈特（*Iynegar v. Barnhart*）一案中，政府曾试图将阿拉斯加猎人案中确立的原则在以下情形中适用：如果新总统在其任期开始后对政策做出改变，行政部门可以修改其原先做出的解释。但这一意图最终被法院否决。

上述一系列案件对诉讼当事方产生了重大影响。正如 2004 年两位律师所讲:“像阿巴拉契亚电力公司和植保协会这样的案件至少产生了两个重大影响。第一，鼓励了激进型的当事人及其律师更频繁地寻求司法救济，一旦他们认为行政部门的信函、备忘录或其他指导文件可能对他们产生不利影响，他们就会诉诸法庭。第二，也许更令人不安的是，如果被解释的法律规定了对新规章进行司法审查的最后期限，这种规定可能会被认为是‘变相’制定规章，这也会迫使谨慎型的当事人及其律师加大提起司法审查的频度。”

在使行政部门修改其解释变得更为困难的同时，阿拉斯加猎人案也要求法院必须查明行政部门的解释是否已良好确立，[1]但该案的重要性可能正在逐渐削弱。在美国航空运输协会诉联邦航空局（*Air Transport Association of America v. FAA*）一案中，特区巡回上诉法院支持了联邦航空局对其规章所做的解释。联邦航空局制定了一部规章，经过通知－评论程序后发布，以约束停飞期间的商业飞行员，此后该局在一封答复某飞行员询问的信中，作出了上述被起诉的规章解释。在其辩论证据中，航空公司援引阿拉斯加猎人案确立的原则称，对已经确立的解释进行重大改变，是对基础性规章[2]的实质改变，因而需要经过通知－评论程序。但法院认为该信函与先前已确立的解释不存在冲突，因此也不需要经过通知－评论程序来修改解释。

法院还需要确定原告是否已经对先前的解释产生信赖。此外，已确立的解释必须具有权威性。在德文能源公司诉凯普索恩（*Devon Energy Corp. v. Kempthorne*）一案中，特区巡回上诉法院驳回了一家被监管公司的请求。该公司认为其已经对行政部门官员做出的关于支付版税的解释性备忘录产生信赖，但 7 年后，当其要求确认之前的政策是否仍然有效时，另一名官员却将其推翻。法院驳回了这一观点，即认为根据阿拉斯加猎人案判决结果，在经过通知－评论程序后应发布新的备忘录。法院解释说，之前的备忘录并不能代表行政部门做出的权威政策，因为这些备忘录是由一些无权代表该行政部门的官员发布的，不具有终局性。

此后不久，在麦特韦斯特公司诉劳工部长（*MetWest Inc. v. Secretary of Labor*）一案中，法官伦道夫（他也是阿拉斯加猎人案的主审法官）对此做出了一些界定。该案中，职业安全和健康管理局的指导文件和执法措施规定要将取血设备上的针头移除，一名雇主因违反此规定而被起诉，被告认为这些文件未经通知－评论程序便对先前的规章解释进行了实质性修改，但法官拒绝了该

---

① 即已经产生公信力。——译者注

② 即据以作出解释的规章。——译者注

雇主主张。他强调，“阿拉斯加猎人案的一个根本是，受影响的各方对部门所做的具有公信力的规章解释产生了实质和合理的依赖”。

（4）立法性规章和政策声明的区别。

对立法性规章和政策声明进行区分比区别解释性规章和立法性规章相对要容易一些。政策声明由行政部门发布，目的是要预先告知公众将来所为之行政活动，即行政部门准备在随后的行政裁决中，或规章制定活动中，如何运用其行政自由裁量权。政策声明通常只是行政部门用来指导其工作人员如何执法的内部文件，有时也会对外发布，包括导则、方针、手册、雇员指南、意见信函、新闻稿或其他非正式说明等。

最能清晰反映一般性政策声明性质的案件，大概就是太平洋天然气和电力公司诉联邦电力委员会（*Pacific Gas & Electric Co. v. Federal Power Commission*）一案了。在该案中，法院认为：“一般性政策声明并非要确立一项‘约束性准则’。它对所涉及的问题和权利没有决定性作用。行政部门不会将一般性政策声明作为法律加以适用，这种声明仅是为了宣告行政部门将要确定何种政策。”

特区巡回上诉法院在美国公共汽车协会诉合众国（*American Bus Ass'n v. United States*）一案中详细描述了这一标准。法庭认为一般性政策声明“真正给予了行政部门及其决策者运用裁量权的自由”。法院也将这些原则应用于布洛克诉断崖页岩石油公司一案。该案涉及的问题是：某些矿山安全执法指南是否具有“约束力”，以及劳工部长是否必须遵守这些指南。法院首先裁定上述指南属于政策声明而非立法性规章，然后对部长的裁量权进行重点分析，即部长是否拥有在具体案件中适用上述指南的裁量权。法院认为，由于指南对部长的执行裁量权做出保留，因而上述指南不属于“具有约束力的、实质性的规章”。

同样，在马塔露娜诉费茨帕特里克（*Mada-Luna v. Fitzpatrick*）一案中，第九巡回上诉法院扩大了政策声明和立法性规章的区别，裁定移民归化局的操作指令可以免予遵守通知－评论程序。法庭称，“如果在保留行政官员在具体决策中的灵活性机会的同时，行政指令仅是为其在运用裁量权时提供指引，这些指令就构成了一般性政策声明。”相反，一部立法性规章“则会严格限制行政裁量权，或确立具有约束力的准则，并将其补充到法律框架中去，执法者只需要裁决特定案件是否符合该规章所确立的标准即可”。

适用此种区分方式的另一个例子是特区巡回上诉法院在社区营养协会诉杨案（*Community Nutrition Institute v. Young*）中的判决。此案中，社区营养协会起诉了食品和药品监督管理局的一项决定。在该决定中，食品和药品监督管理局允许销售黄曲霉素（一种自然产生的致癌物质）含量不超过千万分之一的玉米。对先前确立的千万分之二的一般含量标准来说，该决定构成了一项例外标准。一般含量标准和例外标准都是按照一般法律权限确定，既未经通知 - 评论程序，也没有按照类似于正式规章制定的复杂程序建立一种可容忍含量标准。

社区营养协会在申请进行司法审查时称，食品和药品监督管理局制定的含量标准是一部立法性规章，因而该标准因未经通知 - 评论程序而无效。该局辩称，其标准“只是对该部门执法政策的一种无约束力的阐述”。法院最终判决，该标准不属于政策声明，而是一部无效的立法性规章，因为该局在标准中使用了下列词语——“建议那些标准即时生效，并产生约束力”——这说明该局认为有必要制定黄曲霉素的含量的例外标准，并通过发布其他文件实现这一目的。

然而，社区营养协会一案判决结果的另一方面，却在第八巡回上诉法院所判决的南达科他州诉厄布洛德案（*South Dakota v. Ubbelohde*）中显现出来。该案中，美国陆军工程兵团发布了一项关于密苏里河水流量的“专家手册”作为其政策声明（虽然它也按照规章的要求，征求了公众的评论意见）。在经历一场干旱后，一些州开始向地区法院寻求对工程兵团削减水库蓄水量的计划颁布禁令。工程兵团上诉称，它的活动属于行政自由裁量的范围，因此不具有可审查性。经审查，第八巡回上诉法院认为该手册含有“可实施之法律规则”。

法庭进一步认为，因该手册使用了强制性语言，且是在经过公众评论程序之后发布的，故其实际上具有立法性规章效力并对行政部门产生了拘束力。法庭最终支持了这些州提出的颁布禁令请求。乔丹教授对此认为：

> “对于政策声明性质的争论常常有这样的含义，即未遵守通知–评论程序的政策声明无效。然而充满讽刺的是，该案中，法院似乎接受了这样的立场，尽管该手册并未遵守《行政程序法》规定的通知–评论程序，依然将其按照实体性规章来对待。”

行政部门适用该政策的活动至关重要，有一个案例可供参考。特区巡回上诉法院审查了美国通信委员会发布的一项关于罚款收费表的政策声明。法庭认为，该文件详细列出了罚款幅度，乃至没有留出裁量权存在的余地，美国通信委员会在 300 个处以罚款的具体案件中，仅有 8 次没有遵守该文件的规定。尽管美国通信委员会反复声称该文件不具有约束力，法庭最后仍没有采纳其对自身行为定性的主张，认为美国通信委员会的罚款收费表应遵守《行政程序法》规定的通知–评论程序。

即使是多数人自愿遵守行政部门的政策声明，也并不必然使该政策声明免予遵守通知–评论程序。在美国商会诉劳工部（*Chamber of Commerce of the U.S. v. Department of Labor*）一案中，职业安全和健康管理局发布了一项指令，声称如果某些行业的雇主参加了其实施的“合作守法项目”（cooperative compliance program），可以大大减少被检查的可能性。该项目含有一些高于法定标准的要求。特区巡回上诉法院认为，职业安全和健康管理局在其答辩状中，承认其检查计划没有给检查者留下自由裁量的余地，该指令是在强制实施一项“约束力准则”。

1992 年的行政会议建议稿第 92（2）条概述了行政部门发布指导性文件的适当方式。行政会议承认政策声明存在的积极意义，但也担心出现另一种情形，即政策声明可能被行政部门自身或公众当成具有约束力和决定性的文件来使用。其主要观点如下：

①行政部门不应试图通过政策声明约束管理相对人；

②行政部门发布立法性规章时，应在文件开头明确其是一部旨在约束管理相对人的立法性规章；

③作为原则适用的政策声明应明确其不具有约束力，且行政部门应将该性质向所有的执行人员申明；

④行政部门在发布政策声明时，应确保有合适、有效的程序来证明该文件的合法性和合理性，以及可以选择适用的方式；

⑤当政策声明不断受到质疑时，行政部门应考虑启动正式规章制定程序；

⑥出于统一管理及公众政策连续性之考虑，应鼓励行政部门发布行动指南来引导其工作人员活动，但该指南不应被视为影响公众权利和义务的决定性因素；

⑦行政部门应审慎遵守《美国法典》第5编第552（a）条之规定，了解如何公布不需要遵守通知－评论程序的规章。

根据上述程序原则，特区巡回上诉法院裁定环保署的“指导性文件”（关于某些有害化学物质处理的可容许风险评估技术标准）属于立法性规章，而非政策声明，因此需要遵守通知－评论程序。罗伯特·安东尼（*Robert Anthony*）教授的观点在案件中发挥了很大作用：

> “如果行政声明在表面上表明其具有拘束力，例如阿巴拉契亚电力公司案（该案中，整个指南从头到尾读起来像一部法令，使用的都是‘命令、要求、指示、规定’等词语），或是行政部门以具有约束力的方式来适用，那么行政声明事实上就具有约束力。”

正如安东尼教授的评论所言，文件中含有强制性含义的语言本身就足以赋予其约束力：

> “如果行政相对人有理由相信，不遵守一项政策文件将导致不利后果（比如请求被否决），那么该政策文件在实际适用前就将具有事实上的约束力。如果一项文件使用了强制性语言，或者其术语暗示它将作为规范性文件适用，那么它就具有很强的约束力。在某些情况下，如果政策文件的语言达到使民众视其为自己行为准则或安全保障的程度时，那么它也将被视为具有事实上的约束力。”

另一方面，法院发现，如果一项文件内容具有被辩驳的可能，从而为行政部门留有自由裁量余地时，那么自然它就可能会被视为政策声明。

最后需要注意的是，现在国会与管理和预算办公室对如何发布指导性文件也产生了兴趣。在 1997 年的《食品和药品现代化法》（Food and Drug Modernization Act）中，国会授权食品和药品监督管理局就“良好指导准则”详细制定一部规章，并对公众如何评论和参与指导性文件的制定提供广泛指引。2007 年 1 月，管理和预算办公室在进行公众评论后，发布了一项“关于良好指导准则的公报”（Bulletin on Good Guidance Practices），大量借鉴食品和药品监督管理局规章中规定的方法，提出如下要求：

①重要的指导性文件需经高级别行政官员批准后方可发布；

②重要的指导性文件需包含基本要素，例如，明确发布机关和受影响民众，以及避免使用无根据的约束性语言；

③透明度，包含向公众披露重要的指导性文件，以及列出行政部门重要指导性文件清单；

④设置程序，以供公众提出制定或修订重要指导性文件的要求；

⑤可能产生 1 亿美元经济影响的经济类指导文件应适用通知－评论

程序。[①]

此外，小布什总统修订了第12,866号行政命令，要求行政部门在发布重要指导性文件前，须将其提交给管理和预算办公室审查。奥巴马总统上台后撤销了小布什总统所有的修订，恢复了克林顿总统原先发布的命令，然而，管理和预算办公室的“良好指导准则”没有被撤销，甚至奥巴马政府进一步“明确”重要政策和指导性文件“仍然须根据第12,866号行政命令，提交给信息与规制事务办公室进行审查”。

最近环保署也发布了所谓的“暂行”（interim）指导文件，并对其进行公众评论。评论人士对此表示质疑，认为尽管环保署使用的“传统免责声明”表明该指导文件不属于环保署的正式政策，但环保署发给各地分支机构的备忘录中含有一条指示，即如果所在州政府在新的露天开采许可证中没有引用该“暂行”指导文件，则该地分支机构应提出反对意见。

（5）《行政程序法》关于非立法性规章规定之小结——曼宁（*Manning*）教授总结了一份特区巡回上诉法院关于现行非立法性规章法律状态的研究摘要：

> “根据特区巡回上诉法院确定的先例，行政部门可能会使用‘一般性政策声明’来主动定性其政策制定行为，但是只有在该政策文件全部无约束力的情况下，此种定性才有效；如果行政部门旨在发布一项更具约束力的指令，它可以通过制定‘解释性规章’来实现，但只有在行政部门的行为被确认是对一部法规或是立法性规章进行解释，而不是独立运用其政策制定权时，该解释性规章方可有效。”

尽管目前还没有明确的标准来进行区分，上诉法院仍在努力探索通过各

---

① Http：//www.whitehouse.gov/omb/inforeg/good_guid/good_guidance_preamble.pdf.

种标准来帮助解决这些问题。例如，如果规章援引了“特定法律条款，并且其是否有效也依赖于是否正确解释了这些法律条款”，法院就可能会合理地认为它属于解释性规章。与之类似，如果规章内容含有“经过合理推理的法律解释，且与相关法律条款的语言、目的和立法历史相一致”，法院会更倾向于认定该规章为解释性规章。或者，如果规章只是“使一个法律术语更为明确”或“提示管理相对人履行已有的法律义务”，那么它也属于解释性规章。

相反，若行政部门制定规章，是为了更好地执行一般性法律授权的话，法院会更倾向于认定其为立法性规章。因此，“行政部门可以不经通知－评论程序，就宣布它对法律的理解。但其不可以脱离法律文本，而不经通知－评论程序自由使用其被授予的行政权力”。换句话说，在解释性规章中，行政部门不能独立行使其政策制定裁量权。

关于该问题，最后做一小结：“如果需要对法律或立法性规章没有涉及的内容进行监管，从而必须进行政策制定或补充立法的话，比如在现行法律框架下制定一部解释性规章，就必须搞清楚行政部门是不是以非正式的、由部门官员主导的解释性规章制定程序来取代正式的通知－评论程序。如果一项非立法性规章只包含很少的政策制定，法院会将其认定为‘解释性规章’，若其涉及很多政策制定，法院则会认为这是行政部门在行使立法权”。

（6）程序性诉求和司法审查终局性的交集。

越来越明显的是，法院如何区分合理发布的非立法性规章和不当发布的立法规章，与发布的规章是否属于可适用司法审查的终局规章的问题之间有着极大的重合。本书第四部分第二章对终局性问题做了广泛讨论，但这里也有必要先介绍一下。特区巡回上诉法院在一个案件中发现，被起诉的行政部门政策指南既不是终局行政行为，也不构成有约束力的规章。法院意识到这些问题是相互交织在一起的：

“为获得起诉资格，上诉人必须证明其起诉的指南要么属于‘终局行政行为'；要么事实上构成规章或有约束力的规范，除非其经过《行政程序法》规定的通知-评论程序，否则不能正常发布。这两个问题中任何一个都是法院在案件审理中需要关注的方面。尽管如此，如果行政部门制定了有约束力的规章显然就属于终局行政行为，所以只要上诉人证明了第二个论点，也就自然而然证明了第一个论点。"

正如沃尔顿（*Walton*）法官在某案件中援引上述观点时的论述："在确定终局性问题时，法院还必须就一个问题作出判断，即是否未经《行政程序法》的通知-评论程序就颁布了事实上的立法性规章。判断终局性的第二个方面——行为是否会导致法律责任或法律后果，和确定被起诉的行为是否构成一部规章或仅是政策声明的标准——行政行为是否对当事各方或部门本身具有约束力，两者之间具有相似性。"

（7）颁布后的评论期（post-promulgation comment period）——正如瓦尔德（*Wald*）法官所说，对于适用《行政程序法》程序豁免规定的解释性规章和政策声明的诉讼，行政部门和相对人都无法预料到诉讼的最终结果。规章制定者需要关注行政会议建议稿第76-5条之内容：行政部门在制定可能对公众产生实质影响的规章或政策声明时，应尽量适用通知-评论程序。

建议稿还主张，如果想要使规章或者政策声明立刻生效，行政部门应该在规章或声明颁布后给予公众进行评论的机会。尽管颁布后的评论机会并不能替代法定的发布前评论，但是如果提供这种机会，尤其是行政部门对颁布后的评论意见给予良好回应，将使行政部门在司法审查中获得有利地位。

4."正当理由"豁免

根据《行政程序法》第553（b)(2）条和第553（d)(3）条规定，只要能证明存在"正当理由"，行政部门在制定规章时可以免予遵守特定程序。第553（b)(2）条规定，若行政部门基于"正当理由"认为通知-评论程序在某个规章制定中是“不切实际的、不必要的或是与公共利益相违背的”，该规章可以免予遵守通知－评论程序。第553（d）(3）条规定，一旦发现有“正当理由”，行政部门可以使所制定之规章立即生效，从而免予遵守第553条的30天延迟生效日期规定。

这两条例外规定的目的是，通过允许行政部门在发布规章时免予适用特定程序，赋予行政部门更灵活的处置权，但这两项豁免情形同其他豁免一样，也要受到“严格解释原则”的约束。同时，行政部门在援引“正当理由”豁免时，必须提供充分理由。和行政裁决决定一样，行政部门对于“正当理由”的说明，在同等条件下也要接受司法审查。尽管《行政程序法》在关于生效日期延迟豁免中所使用的语言，较之在通知－评论程序豁免中所使用的语言更为宽泛，一些评论人士仍认为《行政程序法》中的“正当理由”应该是包含了同样内容。然而，对于被用来授予或确认一项豁免或者解除一项限制的实体性规章来说，生效日期条款还包括一项额外的豁免情形。①

第553（b）(2）条所采用的“不切实际的、不必要的或是与公共利益相违背的”的术语表明了“正当理由”豁免所适用的情形。在制定《行政程序法》的过程中，这几个术语都被分别进行了界定：

“‘不切实际’意味着这样一种情形，即行政部门法定职责之实现，将因为遵守规章制定程序而不可避免地遇到阻碍。‘不必要’是指规章制定程序因不涉及公众利益而变得不必要，例如在对规章进行微小的或仅是技术性修正的情况下，就不存在任何特定利益。‘公共利益’是对‘不切实际’和‘不必要’的补充，一方面要求规章制定程序不应阻碍行政部门的正常运转，从而妨碍公共利益，另一方面授权行政部门在不涉及

① 5 U.S.C. § 553（d）(1）.

公共利益的规章制定中免除不必要的程序。”①

实践中，行政部门经常将“不切实际”和“与公共利益相违背”一起适用。这两者之间存在密切联系。“不必要”之豁免情形经常适用于微小的技术性修正，行政部门在其中基本没有自由裁量空间。然而，不管其声称的“正当理由”的基础是什么，行政部门在发布规章时，都必须清晰说明其决定所依据的理由。

通常情况下，可能导致“正当理由”豁免的情形主要包括：预先通知程序将致使行政部门的规制目标无法实现；公民的人身或财产即将面临健康危害或损害，需要行政部门立刻采取行动以减少或避免危害的发生；不作为将导致政府或市场的严重混乱，等等。随着“9·11”事件后对安全的重视日益加强，法院也变得更容易接受一些行政部门对“正当理由”的援引。

但通常来说，法院会对第 553（b）(2）条所规定的“正当理由”之适用进行严格限制，以防止行政部门借此逃避通知－评论程序。正如特区巡回上诉法院在吸烟与健康行动诉民用航空管理委员会案（*Action on Smoking and Health v. Civil Aeronautics Board*）中所述，“行政部门所谓的评论意见无用之论点构不成免除通知－评论程序的正当理由。如果那样做，将导致法律被架空的危险”。该案中，某规章在首次公布时采用了通知－评论程序，但在对它的一个程序瑕疵进行修正后，第二次公布时却没有采用通知－评论程序。法院最终以未遵守通知－评论程序为由判决该规章无效。此外，环保署曾在一项先前发布的规章中错误使用了一个词语，但当其尝试对该错误进行修正时，特区巡回上诉法院以相似理由拒绝了这一意图，这属于法院对“正当理由”豁免极为严格的一种适用。然而，法院也不是在所有情况下都严格适用“正当理由”豁免。在一项关于某地区牛奶销售规章修正案的诉讼中，原告声称被告对紧急情况下

① 参见《行政程序法的立法过程》(Legislative History of the APA)，第 200 页。

规章制定程序做了不当援引，而第七巡回上诉法院没有采信这一主张，法院认为尽管行政部门在解释中缺少对细节的关注，但其已解释清楚为何需要紧急制定规章的核心问题。

（1）紧急性健康或安全标准——法院在适用“与公共利益相违背”的豁免理由时，往往会在公共安全和健康等问题上作出误判。同时，为保护公共利益制定规章也不能作为排除公众参与的理由，尤其是当其影响范围广泛且具有争议时。例如，在美国小儿医学学会诉赫克勒案（*American Academy of Pediatrics v. Heckler*）中，政府声称，由于带有出生缺陷的新生儿出生之时，其生命便处于危险之中，所以卫生部未经通知－评论程序而发布的对其治疗的规章存在“正当理由”，可以适用程序“豁免”。但地区法院驳回了卫生部的主张，认为“不管对于全体人口来说风险有多小或是危害的持续时间有多长”，这种辩解理由“很容易被用来证明任何一部健康或安全类规章都需要立即实施”。

在石棉信息协会诉职业安全和健康管理局（*Asbestos Information Ass'n v. OSHA*）一案中，第五巡回上诉法院撤销了职业安全和健康管理局根据授权制定临时性紧急标准的法律来制定的一项石棉标准。行政部门认为，为保护职工健康免受“严重威胁”，制定该标准时有必要免予适用通知－评论程序。法院一开始认为不管行政部门有没有确切掌握有关“严重威胁”的新数据，其制定“应急性”标准的做法是合法的。但法院得出结论认为：尽管该规章进行的风险评估分析是一项“极其有效的工具”，但这种分析也会导致一些不利后果——即在通知－评论程序后，对于经过评论的分析结论，尤其是该结论广受争议或有不同解读时，公众会更倾向于不加批判地予以接受。

（2）国会的最后期限——另一种常见的“正当理由”豁免情形是：国会规定了规章出台的最后期限，从而使行政部门可以免予适用通知－评论程序。例如，环保署未经通知－评论程序便发布规章，列出了不符合《清洁空气法》规定的联邦空气质量标准的地区清单，这也引发了一系列起诉该规章的案件。其中有五个地区巡回上诉法院驳回了环保署的“正当理由”豁免申请，裁定起诉方胜诉。法庭认为，环保署原本可以发布一项提议性质的清单，并且留出时间以供公众评论。此类案件中经常出现的一个问题是，行政部门是否作出了遵守《行政程序法》的公众参与要求之善意表示。

在一个涉及立法歧义的案件中也出现了类似争议。司法部长曾试图不经通知－评论程序就签署一部规章使其立即生效，以便实施一项要求被定罪的性犯罪者在跨州旅行前进行登记的法律规定。该法律规定:“司法部长有权决定将本条规定适用于在 2006 年 7 月 27 日前已被定罪的性犯罪者。”然而，到底是该规定本身便可自动适用于此日期之前被定罪的性犯罪者，还是要取决于司法部长的决定，这一点在立法中不是很明确。司法部长试图签署一部立法性规章，明确该法律适用于那些在上述日期前就已被定罪的性犯罪者，从而避免这种不确定性，并认为其行为具有“正当理由”，即应“消除任何可能的关于法律适用的不确定性”，以保证不“‘损害’为保护公众免受未登记的性犯罪者之骚扰而即刻实施法律效果。”

在司法部长是否充分证明了该正当理由这个问题上，在数个巡回上诉法院内部以及法院之间存在很大分歧。虽然争议很大，第四巡回上诉法院还是于 2009 年裁定支持司法部长的行为，第十一巡回上诉法院也做了类似裁定。第五、六和九巡回上诉法院则认为司法部长之行为缺乏正当理由。

本案中，支持有“正当理由”的法官通常不认为紧急情况必然会成为正当理由，他们认为，司法部长对于适用法律所需要的确定性，以及对“更多侵害威胁”这一“现实危险”的普遍性判断，就足以构成不适用通知－评论程序的正当理由。相比之下，认为没有“正当理由”的法官则强调“正当理由”应严格适用。他们认为行政部门不可以依赖对潜在危害的宽泛判断。例如第六巡回上诉法院法官约翰·罗杰斯（*John Rogers*）认为，“司法部长在其总结陈述中，没有提供对公众产生实际危害的具体证据”。此外，他还强调，司法部长自该法生效之日起 7 个月后才签署规章，行政部门不能把自身的拖延当作“正当理由”，从而不经通知－评论程序就签署规章；而且，该规章制定的效果是增设了新的刑事法律责任，这属于“典型的立法行为”，必须严格适用《行政程序法》的规定。

如果行政部门为了应对其控制范围之外的情况而采取措施，紧急性规章仅在较小范围和较短时间内适用，且行政部门及时启动后续程序来保证公众参与，法院会更倾向于支持行政部门的决定。第五巡回上诉法院在美国快递和食品储存协会诉州际商业委员会（*American Transfer & Food Storage v. Interstate Commerce Commission*）一案中，支持了商业委员会关于“正当理由”的主张。该委员会称其依据 1980 年《汽车运输法》（Motor Carrier Act）制定并发布的规章不必适用通知－评论程序。法院认为：

> “为了使新制定的法令产生效力，并实现国会设定之目标，州际委员会有必要根据新的法令调整其程序，并根据实际需要，迅速适用新的规章和程序。在发布最终规章之前，该委员会通过发布有公众参与的临时性规章的做法是可行的。”

当然，正如该案所展示的那样，按照《行政程序法》的标准，行政部门发布的所谓“临时性规章”属于最终规章范畴，受其不利影响的相对方可对该规章提起诉讼。①

在大量相关案例中，国会为执行预算削减方案设定了最后期限，法院在判断部门是否未经通知－评论程序便实施有关措施时，都倾向于对遵守这些最后期限的行为予以豁免。在费城公民行动组织诉施维克（*Philadelphia Citizens in Action v. Schweiker*）一案中，为执行 AFDC 项目（受抚养儿童的家庭援助项目）改革方案，卫生和公共服务部制定并发布了一部规章，第三巡回上诉法院

① 参见下文（3）以及第四部分第一章五。

认为该行为存在“正当理由”，因而无需遵守通知－评论程序。法院重点援引了涉及环保署的一个案件的判决结果，即国会规定的最后期限要远远短于《清洁空气法》中规定的期限，因而环保署在实施国会最后期限时可以得到豁免，此外，授益性规章——例如 AFDC 项目——通常也都属于法定的免予遵守通知－评论程序的情形。

在萨克拉门托卫理公会医院诉沙拉拉案（*Methodist Hospital of Sacramento v. Shalala*）中，特区巡回上诉法院认为，“通常来说，国会都会规定严格的期限限制，绝无授权行政部门援引‘正当理由’豁免的意图。然而，在国会规定的期限十分紧迫而法规又极其复杂的情况下，偏离《行政程序法》的要求可以容忍”。法院在该案中指出：

“从 4 月 20 日开始制定起到 9 月 1 日的最后期限，卫生部长需要完成大量工作：制定规章以对整个医疗保险偿付体系进行全面彻底的监控。制定完的临时性规章发布在《联邦登记》上共计 133 页，包括 55 页解释性文本，37 页修订后的规章文本，41 页新数据表格……该案不同于其他一些案件，在那些案件中，行政部门‘有足够多时间来起草规章，并对其必要性和未来确定性有充分了解’……还有一些时候，行政部门为了逃避通知－评论程序，故意等到最后期限临近时才开始制定规章，然后以存在‘正当理由’为由，拒绝遵守《行政程序法》规定的程序，但该案中并不存在这种情况。”

在北马里亚纳群岛诉合众国（*Northern Mariana Islands v. U.S*）一案中，对于法院如何确定一项“紧急情况”是否构成行政部门不履行通知－评论程序之理由的问题，弗里德曼法官做了精彩总结，他认为应考虑下列因素：①行政部门应实施的监管方案的规模及复杂性；②任何由授权法规定的规章制定的最后期限；③行政部门推动规章制定的努力程度；④行政部门无法控制的、阻碍规章制定程序有效实施的障碍；⑤拖延颁布规章可能对公众造成的损害。

（3）“临时性最终”规章（interim-final rules）——如前文所述，在一些案件中，行政部门依据“正当理由”不经通知－评论程序发布的规章，被称为“临时性最终”规章，在对这些规章进行修改时，部门也会遵守颁布后的评论程序。1995年通过的行政会议建议稿对此情况进行了介绍，敦促部门在援引“不切实际”或“与公众利益相违背”之“正当理由”寻求豁免时使用此规章制定程序。国会也不时地在一些特定问题上明确表达对此程序的支持。行政部门是否合理地使用了“临时性最终”规章制定程序，取决于其是否有“正当理由”，从而在规章制定初期免予遵守通知－评论程序。如果没有“正当理由”来支持其颁布前可免予遵守通知－评论程序，那么即使行政部门在颁布后进行了公众评论，也不能使该规章具有“正当性”。“临时性最终”规章也面临终局性和最后期限问题。需要注意的是，除了程序性问题，法院对行政部门的临时性规章也给予越来越多的认可。①

（4）“直接最终”规章制定（direct-final rulemaking）——大量行政部门制定的规章都属于例行公事，不会引发争议。然而，行政部门经常对适用“正当理由”豁免保持警惕，即使有可能不会收到任何一条公众评论，他们也愿意选择遵守《行政程序法》规定的所有程序（即便由此可能导致延迟或重复发布）。为避免这种情况，环保署发明了一种所谓的“直接最终”规章制定程序，②也被称为“流水线程序”（direct-final rulemaking）。

行政会议对该程序作出解释：“行政部门在《联邦登记》发布规章的同时，应作出如下声明：除非在规定期间内收到不利于该规章的评论意见，否则该规章将在特定日期（评论期满后至少30天）作为最终规章生效。然而，即使该规章因提出的反对意见被撤回，行政部门还可通过常规的通知－评论程序再次发布拟制定规章。”

---

① 参见下文第四章。

② 最初是被环保署用来加快审批对各州实施《清洁空气法》方案之修改进度。

通常，当行政部门认为规章无争议且未收到反对意见时，可以使用这种程序。这样行政部门无需经过两次内部评论程序（即在起草阶段和终局阶段的两次评论程序）就可以发布规章，同时该程序也允许公众对行政部门的观点提起诉讼。

尽管针对该程序的诉讼还未见诸报端，已有很多人对这种正被一些部门使用[①]的程序是否符合《行政程序法》规定且经得起司法审查提出了严重质疑。从表面上看，该程序符合第553条规定的通知－评论程序之精神，例如，允许进行公众评论，只要出现"重大反对意见"[②]仍须进行常规的"两步走"程序[③]，等等。但反对者提出了一个有分量的观点：这可能会导致非法规避最终规章30天后生效的规定。莱文教授建议，为避免这种争论，使用此程序的行政部门应在程序进行过程中发布一份确认通知，声明其未收到反对意见并宣布该规章在30天后或更长时间后生效。行政会议也敦促行政部门作出声明，要么适用《行政程序法》规定的程序，要么发布通知告知公众：该规章在特定日期后不少于30天将成为最终规章，除非在此特定日期前该规章被撤回。

对于那些本身没有争议的规章来说，"直接最终"规章制定程序得到了越来越多支持。如能合理实施该程序，将有助于提供一种公正有效的手段，以减少在一些规章制定中存在的拖延不决等问题。但另一方面，如果行政部门用其来发布一些有争议的规章，反而可能会导致延迟发生。

（5）违反"正当理由"条款的救济——关于对错误适用"正当理由"豁免规定进行合理救济的问题，尚存一些争议。《行政程序法》第706条规定："若行政行为未遵守法律规定之程序，法院可以判决该行为非法，并予以撤销。"然而，法院有时并不愿意仅仅因为程序违法而判决规章无效，尤其是裁定规章

① 包括农业部和运输部里的一些部门。

② 行政会议对此下了定义，"是指那些能够说明规章不合理的意见，包括对规章制定基本前提和方法的质疑，或能够证明若不进行修改将导致规章本身无效或不可接受的意见"。

③ 即部门在制定直接最终规章的同时，也发布一份常规的拟制定规章通知。这可以起到"保险箱"的作用，防止一旦收到反对意见后不得不重新启动制定程序的风险，可以减少程序上的不必要成本。

无效将导致行政部门中断正在实施的管理活动的情形。一些法院运用其掌握的衡平权（equitable powers）对此进行救济，在实现程序价值和保障行政部门实施重要的行政计划之间寻求平衡。例如，法院有时会根据《行政程序法》允许紧急性规章在新的行政活动未完成期间内仍然有效。在某个案件中，法院也曾裁定行政部门的规章仅作为临时性措施暂时有效。同时，当发现某项“正当理由”不成立时，法院也会毫不犹豫地撤销规章。

正如前文所述，当行政部门想通过给予公众颁布后评论的机会，来弥补其程序缺陷时，法院通常也不愿意对这种错误适用“正当理由”豁免的行为予以放行。

（6）生效日期中止——“正当理由”豁免的另一个问题是：行政部门是否可以不经通知 - 评论程序，依法中止规章的生效日期。[①] 在规章制定领域，有一种所谓的“半夜规章”（midnight rulemaking）现象——即将卸任的政府部门在离任前发布规章，而继任政府为了重新研究或撤销该规章，会中止实施规章，上述问题便是伴随这一现象诞生的。一项研究表明，在发生上述变化的选举年份里，《联邦登记》的页数在选举结束后的那个季度中会比非选举年份同期平均增加 27%。

1981 年，随着第 12,291 号行政命令的发布，开始出现了大范围中止前任政府所制定规章生效日期的做法。最初是一些行政部门被要求中止已发布规章的生效日期，以便根据新的行政命令对该规章的成本和效益重新进行分析。[②] 这里产生了两个程序性问题：一是中止生效是否属于《行政程序法》规定的规章制定行为；二是，如果属于，是否存在“正当理由”来免除适用通知 - 评论程序。在自然资源保护协会诉环保署（*Natural Resources Defense Council, Inc. v. EPA*）一案中，就环保署无限期推迟一部规章的生效日期是否违反《行

---

① 参见第三部分。

② 参见第 12,291 号行政命令。

政程序法》程序要求的问题，第三巡回上诉法院查明了下列事实：环保署延长通知－评论期间之后，发布了一部最终规章并标明其生效日期，但随后又推迟了该生效日期。法院认为，不经通知－评论程序就随意推迟应按期发布的规章之生效日期，是一种“危险信号”，这种无限期推迟规章生效日期的做法实际上等同于撤销规章，应遵守规章制定程序。正如法院所述，没有确定的生效日期，一部规章“就不存在任何可遵守性，因而也等同于无效”。法院最终判定中止生效的做法不合法，理由是：排除公众参与是不合法的，根据第12,291号总统命令和《行政程序法》规定的义务，行政部门应当提供公众评论的机会。

尽管自然资源保护协会重点关注的是规章生效日期“无限期”推迟问题，其他法院则认为，即使是有限的或短期的推迟也应遵守通知－评论程序。在南部山区协会诉多诺万（*Council of the Southern Mountains v. Donovan*）一案中，特区巡回上诉法院也认为，中止一部矿区安全规章的生效日期长达6个月的做法实际上构成了规章制定行为，因而需要适用通知－评论程序，除非这种情况存在类似先例，行政部门或可获得“正当理由”豁免。因此，不管规章生效日期被推迟多久，它通常都被认为是《行政程序法》规定的规章制定行为，应当遵守通知－评论程序。①

中止规章生效日期的现象在小布什政府上任及卸任之际也出现过，相信这种情况在其他政党主政白宫时还可能再次出现。布什政府在2001年中止克林顿政府所发布规章生效日期的做法也引起了广泛争议。2001年1月20日，布什的首席幕僚安德鲁·卡德（*Andrew H. Card*）发布了一项备忘录，也就是后来有名的“卡德备忘录”。该备忘录指示各行政部门负责人撤回已经发给《联邦登记》办公室但尚未发布的规章，并暂时推迟已经发布但尚未生效的规章的生效日期。随后，很多行政部门执行了这一指示，其中只有少数行政部门

---

① Peter D. Holmes, Paradise Postponed:Suspensions of Agency Rules C 65 N.C.L.REV.645,675-76(1987).

进行了通知 - 评论程序，大部分部门是通过发布通知援引“正当理由”条款或“程序性规章”条款从而免予适用通知 - 评论程序。大多数行政部门根据卡德备忘录中的命令对规章进行了重新审查。这些部门声称，考虑到“生效日期迫近，通过通知 - 评论程序来暂时推迟生效日期的做法难以实施，且与依赖于这些规章有序发布和实施的公共利益相违背”。由于留给公众评论的时间太短，这些行为往往都避开了司法审查，自然也招致了众多批评。

2009 年 1 月 20 日，相同情形再现，时任奥巴马总统办公室主任的伊曼纽尔（*Emanuel*）也发布了类似备忘录。该备忘录要求从联邦登记办公室撤回所有尚未在《联邦登记》上发布的拟制定规章或最终规章，再由新政府进行审查和批准。但该备忘录没有推迟未生效规章的生效日期，而是敦促各行政部门“考虑将已在《联邦登记》发布但尚未生效的规章的生效日期延长 60 天”。

5. 延迟生效日期豁免的情形

第 553（d）条规定：“实体性规章必须在其生效日期前不少于 30 天予以公布或发出通知”，但有三种例外情形，其中两种情形在先前讨论第 553 条通知 - 评论豁免时已讨论过。解释性规章和政策说明[①]不受推迟生效日期条款的约束；行政部门依据“正当理由”条款发布的规章也不受推迟生效日期条款的约束。[②]

第三种推迟生效日期的例外情形是：行政部门制定的规章属于“授予豁免或解除限制的实体性规章”。这里说的豁免与第 553（d）条所规定通知 - 评论程序豁免没有直接可比性。它更近似于一种“特定化”的表述，用来说明第 553（d）(2）条规定的“正当理由”豁免理由何时方可适用。推迟生效日期的主要目的是向公众提供一个熟悉规章或采取其他行动的合理时间。

---

① 参见前文四、2。
② 参见前文四、3。

在某案件中，特区巡回上诉法院认为司法部违反了关于 30 天等候期的规定，裁定其规章在 30 天等候期内不得生效，只有在 30 天期满后方可生效。[①]法庭解释道，这样做可以保护受规章影响各方在 30 天等候期间内不受行政行为的影响，同时对 30 天之后的行政行为也不造成干扰。

有时，《行政程序法》关于推迟生效日期豁免的规定会与通知 - 评论程序相混淆。因此，应特别强调，“授予豁免或解除限制的实体性规章”之豁免不属于第 553 条的通知 - 评论程序豁免范畴。

五、《行政程序法》第 552 条关于“公布”的规定

尽管《行政程序法》第 553 条涵盖了大部分规章制定程序，规章制定者也不能忽略第 552 条之规定，作为《信息自由法》的一部分，该条也含有一些规章制定的程序性要求。第 552（a)(1）条要求行政部门在《联邦登记》上公布相关信息对公众进行指引。这些信息包括“程序性规章”[②]，“法律授权制定的普遍适用的实体性规章，以及一般性政策说明，或是行政部门起草或指定的普遍适用的行政解释”等。第 552 条还要求公布“关于行政组织架构的说明”，“以及关于行政职能实现过程和方式的说明”（根据《美国法典》第 5 编第 551（4）条的定义，这些也可能被视为规章)。最后，第 552 条还规定了行政部门必须公布其修改和废止规章和政策的情况。

尽管第 552 条的措辞不同于第 551 条中规章定义的措辞，但它似乎包含了第 551 条规定的几乎所有的规章种类，甚至包含那些根据第 553 条可免予遵守通知 - 评论程序的规章制定活动。也有一种例外情形，即“具有特定适用范围的规章”不需要在《联邦登记》上公布。对于应在《联邦登记》上公布，却

① *Prows v. Dep't of Justice*, 938 F.2d 274（D.C. Cir 1991）.

② 5 U.S.C. § 552（a)（1)（C）.

没有按照第 552 条规定的公布程序进行公布的规章，管理相对人无需遵守，也不受该规章的不利影响，除非其已经实际或及时知道该规章。也有法院主张，“未公布在《联邦登记》上即意味规章尚未生效……但我们认为，如果一部规章是针对政府自身制定的，那么它无需通知即具有效力”。

第 552（a)(2）条也要求行政部门公布的其他文件——包括最终裁决意见以及其他根据规章定义不需要在《联邦登记》上公布的文件——随时能被公众查阅和复制，否则其不具可遵守性。这里包括具有特定适用范围的规章，其他政策说明和不具有普遍适用性的解释，以及“对公众产生影响的行政官员手册和行政指示”。这些文件均被要求编辑在公众便于获取的索引资料中（自 2000 年起，要求进行电子信息化处理）。

第二章

规章制定和裁决程序在政策制定中的比较

行政部门在法定范围内制定政策的职责来自法律授权。[①]通常认为，行政部门可自由选择是通过规章制定还是通过行政裁决的方式制定政策。[②]这一原则来自《行政程序法》的程序性规定，其“规章制定”和“行政裁决”两章规定了相关内容。除了这两种程序，还有很多非正式方式也可被行政部门用来阐述政策，包括新闻发布、演讲、声明、信函、咨询意见、实施细则、协商和诉讼等，以及其他沟通方式。[③]这些阐述政策的非正式方式对公众的约束程度各不相同，但它们的约束力明显要小于通过规章制定程序制定的“规章”或通过行政裁决程序作出的“裁决”。实践中，绝大多数重要的政策决定要么产生于规章制定，要么产生于行政裁决。本章讨论的主要内容是：行政部门在决定是通过规章制定还是行政裁决来制定政策时，会重点考虑哪些因素，包括法律以及其他方面的考量。

在制定政策时，一些执法部门几乎无一例外会依赖于通过裁决性程序作出的决定，这方面最突出的例子是国家劳动关系委员会（National Labor Relations Board）。由于长期拒绝使用规章制定程序，国家劳动关系委员会曾遭

① 国会授予行政部门政策制定权的合宪性经常受到质疑。然而，在 20 世纪 30 年代最高法院提出所谓的非授权原则（nondelegation doctrine）打击新政立法势力之前，最高法院一直沿用这一原则来审理法定授权无效的案件。

② 确立这一原则的首个重要案例是证券交易委员会诉切诺利公司（*SEC v. Chenery Corp*）案，Russell L. Weaver, Chenery II: *A Forty-Year Retrospective*, 40 Admin. L. Rev. 161（1988）.

③ Andrew P. Morriss, Bruce Yandle & Andrew Dorchak, *Choosing How to Regulate*, 29 Harv. Envtl. L. Rev. 179（2005）.

到法院和评论人士广泛批评。唯有一次例外，即在为保健行业设备采购制定有关合格的集中采购企业政策时，该委员会使用了规章制定程序。这种状态持续了很久，直到20年后的2010年年末，该委员会才又开始使用规章制定程序。

此外，很多部门普遍使用规章制定方式来制定“立法性”政策。对违反部门法规或规章的行为，规章制定部门通常有责任采取行政或司法强制行为，尽管属于裁决性行为，这些执法行为经常也会创设政策，以填补制定法和规章未及之空白。因此，很多部门常常会同时使用规章制定和行政裁决两种方式来制定政策，这也引发在特定情形下哪一种方式更为合适的问题。在此背景下，随着规章制定变得越来越复杂，越来越多的部门选择通过执行性活动而不是通过规章制定方式来制定政策，但外界对此并不看好。

一、对选择规章制定或裁决的法律制约

1. 法定要求

有时，法律会要求行政部门针对特定事务制定规章，这也是对其行政裁量权的一种约束，环境法领域有很多案例[①]。在此情况下，行政部门必须使用规章制定程序，尽管行政部门在规章内容、制定时机和使用程序上仍有很大的自由裁量权。

2. 法定权限

有一点不言自明，即行政部门颁布立法性规章的权力须以国会授权为限。很多法律都明确规定了行政部门拥有颁布“立法性”规章的权限。比如，职业安全和健康管理局被授权发布“职业安全和健康标准”；国家公路交通安全管

① 例如，1976年的《资源保护和回收法》(Resource Couservation and Recovery Act) 要求环保署在该法制定后的18个月内，发布关于某些危险废物处理、储存或处置的执行标准，并提供公众听证以及向有关联邦和州行政部门征求意见之机会。

理局被授权发布机动车安全标准，该标准“须具备可行性，符合机动车安全，以及使用客观的术语说明”。其他法令尽管没有明确授予行政部门“立法性”规章制定权，但从其语义中也可推断出，已授权部门制定执行法律所必需的规章和法规。很明显，这种授权使行政部门能够颁布程序性、组织性或其他内部管理方面的规章，同时也使其能发布无约束力的指导文件或对其法定权限的解释等。如今这些权力被广泛接受，甚至被认为是行政部门的“固有”权限。此外，联邦最高法院和特区巡回上诉法院的一些判决表明，司法部门也认同对“立法性”规章制定权限作出上述解读。

关于这一问题，早期最著名的一个案例是国家石油炼化剂协会诉联邦贸易委员会案（*National Petroleum Refiners Ass'n v. FTC*）。该案中，授权法只是泛泛授权联邦贸易委员会制定“规章和法规”，但特区巡回上诉法院将这一授权解读为授予其制定立法性规章之权限。法院的主要依据是国会对裁决程序中的“司法延迟、低效和不确定性”之关切，认为通过授予该委员会实质的规章制定权力后，那些曾让 1914 年《联邦贸易委员会法》制定者们激动过的“获得广泛认可的政策”将进一步得到完善。

继最高法院对克里斯蒂森诉哈里斯县案（*Christensen v. Harris County*）和合众国诉米德公司案（*United States v. Mead Corp.*）判决后，上述问题的重要性也在不断增加。根据这两份判决结果，只有当国会授权行政部门制定具有法律效力的规章，且行政部门对行使该权力进行解释时，部门所作解释方可适用“雪佛龙尊重原则”。[①] 托马斯·麦瑞尔（*Thomas Merill*）教授和凯瑟琳·瓦茨（*Kathryn Watts*）教授曾对此提出质疑，认为对国会意图最真实的（或更贴切的）理解应是，只有授权行政部门制定含有对违反其规定行为进行制裁内容的规章，才能被视为赋予规章法律效力；授权制定不包含任何制裁措施的规章，

① 雪佛龙尊重原则（Chevron Deference）：当法律模糊不清时，行政部门的解释只要“合理”，就应予以接受，这时应由行政部门而非法院控制法律解释权。——译者注

则应被视为仅授予制定解释性和程序性规章之权力。

3. 司法约束

在证券交易委员会诉切诺利公司案（*SEC v. Chenery Corp.* 也称 *Chenery II*）中，最高法院首次宣布了一项基本原则：主要由行政部门决定选择使用规章制定或行政裁决。该案中，证券交易委员会根据其对相关法律的解释，认为某公用事业公司关于公司重组的申请违反了公平标准，从而未批准这一重组行为。事实上，证券交易委员会曾制定过一部相关规章，并根据该规章做出裁决。尽管最高法院主张“应尽可能通过颁布‘准立法性’规章的方式，来填补法律空白”，但其最终还是将选择权交给了行政部门：“在一般性规章制定程序或个案程序之间的选择，主要取决于行政部门裁量权”。

在合众国诉斯托勒广播公司案（*United States v. Storer Broadcasting Co.*）中，最高法院进一步表明对通过规章制定方式制定政策的支持。该案中，联邦通信委员会发布了一份拟制定规章通知，计划对那些限制单个组织能够拥有或控制的广播电视台最大数量的规章进行修改。当时，斯托勒公司控制的广播电视台已经达到新规章所允许的最大数量，其在通知发布后和修正案最终通过之前，它又申请再增加一家广播电台。该公司也参与到规章制定活动中来，对规章草案表示反对，但联邦通信委员会最终还是通过了新规章，同时以违反新规章为由驳回了斯托勒公司的申请。斯托勒公司随后提请法院进行司法审查，声称根据联邦通信委员会的规章规定，在否决申请前应为申请者提供“充分听证”（full hearing）之机会，但其被剥夺了这一权利。最高法院裁定，联邦通信委员会有权发布这些规章，并且根据这些规章不经听证便可否决该公司申请。然而法院也提醒道，这些规章必须具有充分灵活性以允许申请者进行补正或放弃申请。

斯托勒公司一案虽然没有马上掀起行政部门加入规章制定的热潮，但也渐渐对行政部门和法院产生了影响。例如，联邦电力委员会为此开始运用规章制定程序确定煤气费率，而此前这种情况是通过审判式程序逐项完成的。这一做法在联邦电力委员会诉德克萨克有限公司案（*Federal Power Commission v. Texaco, Inc.*）中得到了最高法院支持。又如，在产生广泛影响的美洲航空公司诉民用航空委员会（*American Airlines, Inc. v. CAB*）一案中，尽管规章事实上是在没有进行裁决性听证的情况下修改了现行许可制度，但该委员会进行规章制定活动的努力仍得到了法院肯定。

随着规章制定活动逐渐普遍化，关于规章制定是不是合适的政策制定机制的问题也不复存在。更确切地说，争议开始转向了另一个问题，即通过裁决程序制定普遍性政策规章是否规避了《行政程序法》第 553 条的通知 - 评论程序。争论的矛头对准了国家劳动关系委员会，众所周知，该委员会一直拒绝使用规章制定程序。然而，在国家劳动关系委员会诉贝尔航空与航天公司（*NLRB v. Bell Aerospace Co.*）一案中，最高法院重申了 Chenery II 案确立的原则——由行政部门决定选择使用规章制定还是行政裁决。最高法院认为："不能限制该委员会通过裁决程序制定新规章的权力……规章制定或行政裁决的选择取决于委员会的自由裁量权。尽管可能存在这样的情况，即委员会对裁决的依赖会导致裁决滥用或者违反法律，但从该案来看，还得不出这样的结论。"

行政部门可自由选择规章制定或行政裁决之原则在许多法院判决中得以重申。然而，各方对此也产生了越来越多异议。

一些管理相对人试图通过提起司法审查"迫使"行政部门适用裁决程序来决定其权利。威斯康星州天然气公司诉联邦能源管理委员会案（*Wisconsin Gas Co. v. FERC*）便是一个典型。该案中，联邦能源管理委员会发布了一些针对经营者收回成本权利的指令，天然气经营者对这些指令提起诉讼，理由之一是它们是基于非正式规章制定程序作出的指令。经营者声称，由于其个人权利受到指令影响，他们更接受"针对每个案例单独逐项作出的裁决结果"。特区巡回上诉法院驳回了这一诉求，认为制定天然气法规，所涉及的"委员会职责极为广泛而且复杂"，同时在实践中也面临"极大困难"。法院重申了 Chenery II

案中的原则——对普遍性规章或个案程序之间的选择主要取决于行政部门“所拥有的裁量权”。但法院也表示，“通过通知－评论程序制定规章，特别适于确定立法性事实和在未来具有普遍适用性的政策，显而易见，它也是解决天然气市场系统性问题的合理方式。”

在法院的一些强制行政部门实施规章制定活动的诉讼中，上述原则也得以体现。在阿肯色州电力照明公司诉州际商业委员会（*Arkansas Power & Light Co. v. ICC*）一案中，法院发现，只有在“极为罕见的情况下”，法院才会强制要求部门使用规章制定程序，法院主张，如果采取规章制定之外的方式不仅可以维持现状，而且能通过个案裁决的形式制定标准，就应对行政部门的决策权给予更大尊重。

但法院有时也会裁定：行政部门使用行政指令而非规章来制定规则的做法属于滥用自由裁量权，比如，行政部门在裁决程序中不可随意推翻其立法性规章。

在其他一些案例中，如果行政部门在裁决中对当事人依法作出的合理行为作出与法律规定相反的裁决结果时，也可能会构成滥用自由裁量权。福特汽车公司诉联邦贸易委员会（*Ford Motor Co. v. FTC*）一案则更具争议性，该案中，第九巡回法院驳回了联邦贸易委员会的一项针对汽车经销商的禁止令（cease-and-desist order），理由是该裁决中所宣布的信用规章本应通过规章制定程序公布，但该委员会未经过该程序便予以公布。法院对此的解释有些宽泛：由于“该裁决改变了现行法律规定，且具有普遍适用性……因此被裁决事项应通过规章制定加以解决”，但这种解释也使其判决结果广受批评，此后该法院未再“以行政部门应当通过规章制定方式实施行政行为为由驳回裁决结果”。

二、选择规章制定或裁决程序的现实考虑

规章制定和裁决程序均可用来制定行政管理相对人遵守的行为标准，它

们都要求充分收集事实信息以作出正确的政策判断，两者各有其独特优势。

1. 规章制定的优势

过去二十年中，很多评论人士都坚信规章制定比裁决更有利于政策制定。其优点包括：

（1）由于可引起广泛关注和广泛的公众参与，通过规章制定程序形成的规章较之于通过裁决程序形成的规章，对受新规章影响的人来说更为公平。对部门来说，广泛的公众参与也使得规章制定成为一种更加高效的信息采集渠道。

（2）作为一种制定新法规的方式，规章制定优于裁决程序。规章制定通常对将来的行为发生效力，而裁决主要涉及过去的行为和当前状态应承担的后果。

（3）普遍适用的规章会明确公布，对受影响方来说更为清晰明了，同时在实施时也更具一致性。

（4）对行政部门来说，和其他方式相比，由于规章制定程序更加灵活，因而更有效率，至少当在《行政程序法》第 553 条的通知 - 评论程序和第 554、556 和 557 条的正式裁决程序之间作出选择时更是如此。这种灵活性有两个好处，一是行政部门可以对发表信息和观点的程序进行广泛控制，二是行政部门可不受职责分工要求之限制[①]，自由地依靠本部门雇员之专业知识作出决策。

（5）由于行政部门能更好地控制规章制定的范围和进度，当其使用规章制定进行决策时，便能更好地控制议程、确定重点、把精力集中在决策问题上，而不至于被个案裁决问题分散注意力或等待问题发生后才作决策。

（6）规章制定的效率还表现在：通过其确立的普遍原则，可在未来适用而无需重新审查，从而消除了对个案逐项裁决的麻烦。

通过规章制定程序制定政策的另一个重大优点是：规章具有广泛约束力。

---

① 参见第三部分第六章五对分权原则的讨论。

有效的立法性规章会对公众产生拘束力和执行力，也就是说，它们具备了法的效力和作用。另一方面，裁决结果和命令仅对所涉及的当事人有约束力，其形成的规则只能作为先例对未来的裁决活动具有参考意义。特区巡回上诉法院在国家石油炼化剂协会诉联邦贸易委员会（*National Petroleum Refiners Ass'n v. FTC*）一案中确立了这一原则，并支持联邦贸易委员会通过制定规章来界定“违反《联邦贸易委员会》的情形”之权力。法院发现，使用规章制定的好处之一是，能使执法案件中的主要问题变得简单化，法院只要确认被告是否在事实上违反规章即可。该案中，联邦贸易委员会公布了一部规章要求相关企业标示石油辛烷值，因此法院只需判断被告的油泵是否适当地标记了辛烷值即可。如果未公布这一规章，联邦贸易委员会就负有证明不标示行为属于不公正的商业行为的举证责任。在此之前，每当一个新案件出现时，就必须重复类似的证明过程，耗费了法院和当事人很大精力。

这一原则的确立建立在最高法院对斯托勒广播公司案的判决结果基础之上，即行政部门根据《行政程序法》的通知－评论程序公布了一部规章，在随后的裁决程序中可根据该规章限定被诉事项的范围，最高法院在赫克勒诉坎贝尔案（*Heckler v. Campbell*）中又重申了这一原则。此案中，卫生和公共服务部部长通过通知－评论程序颁布了一项医疗职业“标准”指南，并将其适用于根据《社会保障法》举行的残疾人听证会。领取救济金者能否工作的资格原来是根据个体不同条件确定的，但该指南提出了新的判断标准，即经济领域中是否存在领取救济金者可承担之工作。最高法院认为，尽管《社会保障法》要求通过个案审理方式逐个确定领取救济金者的残疾程度，卫生和公共服务部仍可通过规章制定——如同在听证会上提供专业人士证言一样——公平地解决“普遍性事实问题”，比如经济领域中的就业机会问题。最高法院最终支持了该部部长制定指南的决定。

2. 裁决程序的优势

与规章制定相比，裁决程序的优点包括：

（1）避免规章制定程序日益增加的复杂性。新的法律和行政命令对规章制定程序提出了很多额外要求，比如“批准”程序（管理和预算办公室审查，文书减负等），影响分析报告（规制影响分析，规制灵活性分析等），要求使用更加繁琐的混合程序的法律规定，以及“严格”司法审查标准等。[①]不管这些要求有多少优点，客观上它们已使一些行政部门的规章制定变成一种艰难而拖沓的“冒险”。如果某领域既可通过裁决程序，也可通过规章制定进行监管，那么通过裁决程序进行决策看起来似乎更为有效。[②]

（2）更易于对法律作出调整。较之一般性的法律规定，专门性规章的内容可能会更快过时。然而，出于政策性或技术性原因对规章进行的修改或废除须再次通过规章制定程序完成，这使得修改和废除变得困难或持久不决。尤其是对受“混合”规章制定法律调整的行政部门来说，或对第 12,866 号行政命令所界定的重要规章来说，修改或废除会变得更加困难。相比之下，改变由裁决程序确立的政策所耗费的时间可能要少得多。

（3）可以把分歧降到最小。有评论观点解释了以前国家劳动关系委员会坚持不愿放弃裁决程序的原因，即该委员会想避免与国会监督委员会和其他监督者的政治分歧。当然，这样做的前提是缓慢、逐步的政策累加不会引人注目，更易于修改，且不会为政治对手的攻击提供借口。

（4）裁决结果只针对个案，因此可以避免对情况的过度概括（overinclusiveness）或概括不足（underinclusiveness）。规章可能不自觉地会过度概括，导致无法预料之情形，从而阻碍了对社会有益行为的发生，或给社会增加不必

① 参见第二部分第三章、第三部分第二章及第四部分第二章对这些要求的讨论。

② 1981 年，斯卡利亚教授（现为大法官）认为，规章制定日益增加的程序负担可能导致部门在政策制定过程中更青睐于使用裁决方式。Antonin Scalia, *Back to Basics: Making Law Without Making Rules*, Regulation Mag., July/Aug. 1981, at 25.

要的成本。另一方面，当规章试图为实施处分而界定一项行为标准时，其所使用的术语本身往往涵盖不了所要处置的全部行为，由此作出的裁定结果可能更容易受到抵制。相比之下，裁决程序的一个好处在于，它会设定一些更具体、更现实的目标。对严重违法行为进行处罚的话，与颁布一项行业性标准相比，裁决程序被认为更划算，麻烦更少，政治上也更受欢迎。

在国家劳动关系委员会诉贝尔航空与航天公司（*NLRB v. Bell Aerospace Co.*）一案中，针对为何一些行政部门愿意使用裁决程序进行某些政策制定活动这一问题，最高法院作了重点研究。最高法院认为，如果为了确定“采购员”在单位内的合适地位，而依据《行政程序法》制定一部明确其身份的普遍适用之规章，对国家劳动关系委员会来说是一项极为艰难或不可完成的任务。最高法院指出：

> “我们有成千上万的从事制造、批发、零售的单位需要雇佣采购员，也有相应数量的人从事这一活动。此外，采购员的义务因公司和行业不同而不同，是否需要建立一种普遍性标准，这一点值得怀疑。委员会必须谨慎行事，尊重实践中每个采购员的权限和责任的差异，并以个案的方式建立标准。”

最后要注意的是，《行政程序法》的确含有一条经常被忽视的条款[①]，该条款允许行政部门“发布宣示性命令（declaratory order）以结束分歧或消除不确定性”。有一些行政部门利用了这一条款，通过类似的通知－评论程序发布政策作为宣示性命令，最终也会得到法院认可。

① S O.S.C. § 554（d）.

3. 小结

显然，根据《行政程序法》之规定，规章制定与裁决程序之间存在互动关系。通过通知－评论程序、由公众参与颁布的规章，能确立普遍性原则并对公众产生约束力，并且在裁决程序中可适用于个体。如果不是明确出于正当程序考虑，规章制定程序通常不得被用来替代个案式裁决。然而，通过非正式程序公布的规章可在随后的裁决程序中对可以裁决的事项范围进行限制，这样会减少行政部门在处置违法行为上的负担。最后要说的一点是，除非法律另有规定，通过何种方式制定政策最终应由行政部门自己决定。

第三章

其他影响规章制定的程序性法律

从前几章讨论可以看到，除《行政程序法》规定程序外，目前规章制定活动要遵守的其他程序性要求也越来越多。在一些法律中，国会会要求某些特定的行政活动或项目采用“混合”式规章制定程序。此外，国会也通过制定一些适用于所有行政部门的法律，对规章制定活动提出更多程序性要求。本章拟对这些程序要求作一些探讨。[①]

一、《联邦登记法》

国会逐渐意识到需要建立一套联邦法规统一发布制度，于是在1935年通过了《联邦登记法》(The Federal Register Act)。该法规定了下列事项：如何向联邦登记办公室提交文件进行备案，如何使文件接受公众监督，如何在《联邦登记》上发布文件，以及如何将规章永久性地编入《联邦法规汇编》(Code of Federal Regulations) 等。在《联邦登记》上发布文件具有特定的法律效力，这意味着对文件的存在和内容向外界作了正式宣告。《行政程序法》还要求行政部门在《联邦登记》上对其组织架构进行说明，发布程序性规章，以及在开展规章制定活动时必须向公众发布通知等等，这使《联邦登记》的地位变得更加重要。

---

① 通过总统发布行政命令提出其他一般性程序要求可参见第三部分第二章。

联邦登记办公室和印刷处（Public Printer）负责《联邦登记》的印刷和发行。根据《联邦登记法》规定，联邦登记管理委员会经总统批准，可以制定实施该法的法规。这些法规被编在《联邦法规汇编》第一章，主要是关于《联邦登记》的格式、发行、特刊，以及文件的准备、传送和处理等。联邦登记办公室网站刊登了大量关于其活动和文件的信息，帮助人们了解其运行过程。该办公室还发布了一份《文件起草手册》（Document Drafting Handbook），详细介绍如何起草在《联邦登记》上发布的文件。办公室还与“简明语言行动和信息网络”（Plain Language Action and Information Network）①进行合作，对用简明语言起草文件的行为提供指导②。

二、《国家环境政策法》

《国家环境政策法》（The National Environmental Policy Act）提出了“影响报告”（impact statement）这一新理念，来引导行政部门在决策过程中对某些价值予以特别关注。根据该法规定，行政部门在进行法规制定等活动时，必须考虑到可能对环境带来的影响。《国家环境政策法》要求，联邦政府所有行政部门在建议进行“会显著影响人类环境质量的重大行政活动”时，必须提交一份详细的环境影响报告（Environmental Impact Statement, EIS），解释行政活动主题，并采用该法规定的实体性标准。

根据《国家环境政策法》规定，有立法性规章制定权的行政部门都应制定法规设立程序对环境影响报告需求进行评估，收集并提交对该报告的意见。环境质量协会（Council on Environmental Quality）也制定了对所有行政部门都

① 一个政府层面的自发性组织。

② 该指南文件名为《联邦简明语言导则》（Federal Plain Language Guidelines），http：//www.plainlanguage.gov/howto/guidelines/FederalPLGuidelines/FederalPLGuidelines.pdf.《2010 年简明写作法》（Plain Writing Act of 2010）也要求联邦行政部门使用“清晰的沟通方式以使公众能够理解和使用”。

有约束力的法规，设定了实施环境审查的统一标准。该协会所有法规都编纂于《联邦法规汇编》第 40 编第 1500—1508 条。

对来源于多种渠道资源的立法建议来说，相关的规章制定活动可能要反复进行多次，需要对多个可选方案进行讨论。通常，这可作为环境影响报告或是环境评估（Environmental Analysis，一般在不需要做出完整的环境影响报告时使用）的一部分内容。该法要求行政部门与有管辖权的，或对某些特定环境影响争议有专业判断能力的行政部门进行协商并征求其意见。对于环境评估中是否征求公众意见，尽管没有明确的法律要求，一些部门仍为此制定法规并建立了一些相关标准。

此外，作为公开的规章制定活动记录的一部分，环境影响报告或环境评估以及所有其他部门意见必须方便公众查看，有一些法规还要求环境影响报告在互联网上发布以供查询。环境影响报告是否充分也要接受司法审查。

根据环境质量协会的规定，当几个行政部门的活动之间相互关联，或这些活动属于递进式开展，其效果逐步显现的，或这些活动性质非常近似的，可以共同制作一份“环境影响报告”。另一方面，如果行政部门确认某些行为对环境没有任何重大影响，可以把这些行为列为明确排除事项。一旦某一行为被列为明确排除事项，行政部门既不需要准备环境影响报告，也不需要准备环境评估。除《国家环境政策法》外，《濒危物种法》（Endangered Species Act）对该领域的规章也有影响。

三、《灵活规制法》

《灵活规制法》（The Regulatory Flexibility Act）也采用了《国家环境政策法》提出的“影响报告”做法，要求行政部门考虑规章对小企业和其他小型实体的潜在影响。该法于 1980 年颁布，为规制活动提供了一些可供选择的替代性方案，这些方案不仅可以帮助实现规章确定之目标，也可将企业可能遭受的经济影响降到最低。紧接着，国会于1996年制定了旨在加强《灵活规制法》的《小企业监管公平法》，要求行政部门制定规制实施指南及相关的指导性文件，[①] 并对一些特定行政部门提出了更多开展协商的要求（目前仅包括环保署，职业安全和健康管理局，以及2010年新增加的隶属于联邦储备系统的消费者金融保护局）。

《灵活规制法》采用了《行政程序法》对“行政部门”所做的广义定义，该定义涵盖了独立监管部门以及其他行政部门。尽管《灵活规制法》的适用范围在《小企业监管公平法》中得到进一步扩大，但仍受到一些重大限制。第一，根据《行政程序法》和其他一些法律规定，该法仅适用于行政部门已发布了拟制定规章通知的规章，同时，它不适用于费率确定事项。第二，只有当行政部门“依据第553条……或任何其他法律规定发布拟制定规章通知时，或发布制定关于合众国国内财政法律的解释性规章通知时……”，《灵活规制法》规定的灵活性分析才适用于相关规章制定活动。因此，从技术上来说，若行政部门自愿遵守通知－评论程序，可以不适用灵活性分析方法。

通过这些通知和分析要求，《灵活规制法》要求行政部门考虑拟制定规章对小型实体（small entities）的影响——包括“小型企业”、“小型组织”（非营利性）和“小型政府辖区”。[②] 该法对规章制定的结果没有任何要求，仅要求对减少小型实体负担的可替代方案进行考虑，以及要求行政部门解释为何选择

① 如果一部规章对大多数小型实体产生重大经济影响，应在其发布时同时发布实施指南，以帮助这些小型实体遵守有关规定。

② 该法对上述定义做了界定，这些定义是开放性的，部门可根据其活动类型作出更详细的界定。5 U.S.C. § 601（3）-（5）. 例如，商务部作了下列定义：“小型企业”是指符合《联邦法规汇编》第13编第121章规定之规模的任何企业；根据“北美工业分类标准”，第121章规定了被认为属于“小型企业”的雇员最大数量或最高年平均收入。“小型组织”是指独立存在、运行，在其所属领域内不处于垄断地位的非营利性企业。“小型政府辖区”是指辖区内人口少于5万人的政府或地区。

某一方案而拒绝其他方案。[①] 该法列出了四项规制方案指标作为规章制定中选择可替代方案的参考:(1)层次结构;(2)明晰性和简要性;(3)注重可操作性而非标准设置;(4)豁免事项。

《灵活规制法》规定，由小企业管理局(Small Business Administration)的总法律顾问(chief counsel for advocacy)监督行政部门实施灵活性分析的有关情况。其主要的执法手段包括公布有关情况(向总统和国会每年至少报告一次行政部门的执行情况)，以及在涉及规章的法庭诉讼程序中提供证言[②]等。例如在一个案例中，某小型企业主张不应适用《灵活规制法》第605条关于例外情形的规定，即当行政部门负责人认为一部规章不会对多数小型实体产生重大经济影响时，可以决定不进行灵活性分析，总法律顾问提交了一份证言来支持这一主张，认为在定义"小型实体"这一概念时，行政部门应使用小企业管理局做出的定义，法院最终采纳了这份证言。

《灵活规制法》主要通过以下方式影响《行政程序法》的规章制定程序[③]:行政部门必须准备一份初始规制灵活性分析(initial regulatory flexibility analysis)，除非行政部门负责人向总法律顾问保证且将该保证在《联邦登记》上公布，以证明某规章不会对多数小型实体产生重大经济影响。初始规制灵活性分析或有关摘要，必须和拟制定规章文本一起在《联邦登记》上公布。目前，法院会定期对这些证明文件进行审查。

---

① 5 U.S.C. § 603(a)(3). "本法之目的就是要为监管性政策之发布建立如下标准：行政部门应与规章或所适用法律之目的保持一致，努力将有关规制措施和信息要求与受规制影响之企业、组织或政府辖区的规模相匹配。为实现此目的，行政部门应听取并考虑灵活性规制建议，解释其行为的合理性，以确保这些建议被给予充分考虑。"应指出的是，如果将来对最终规章实施司法审查，部门在规制灵活性分析中所作出之解释将成为"整个部门活动记录"的一部分。参见第四部分第二章一、5(2)。

② 法院临时法律顾问，该角色也被称为"friend-of-the-court"(法院之友)，作用是对案件中涉及公共利益事项陈述自己的观点。——译者注

③ 此外，《小企业监管公平法》规定，在发布规制灵活性初始分析之前，有关部门应召集成立一个特别审查委员会，包括来自该部门、管理和预算办公室和小企业管理局在内的官员和受到影响的小型实体的代表，5 U.S.C. § 609(b)(5)。委员会须在成立后60天内提交一份关于拟制定规章影响的公开报告。然而，根据该规定之目的，此处的"有关部门"仅包括"环保署、职业安全和健康管理局以及属于联邦储备体系的消费者金融保护局"。根据环保署报告数据，自2012年3月27日起，该署已召集了42个此类委员会。

行政部门不遵守《灵活规制法》会产生实际的负面效果，甚至导致其方案受阻，一个典型案例是美国劳工联合会诉切尔托夫案（*American Federation of Labor v. Chertoff*）。该案中，卫生和公共服务部制定规章要求雇主须执行“90天内将其雇员与社保记录相匹配”的命令，该部认为此规章“不会为小企业增加任何新的或额外的成本”，而本案原告对卫生和公共服务部判断的可信度提出严重质疑。法院最终判定该部不得强制实施该规定。

初始规制灵活性分析或有关证明文件必须提交给总法律顾问。当规章可能产生重大经济影响时，除了在《联邦登记》上公布拟制定规章和初始规制灵活性分析或相关摘要外，行政部门还须确保通过合理技术手段使小型实体获得参与规章制定之机会，比如，提前发布拟制定规章通知，将该通知在指定出版物上公布，直接通知小型实体，举行座谈会或公开听证，简化或修改程序以便小型实体参与等。在拟制定规章评论期结束后，行政部门必须证明该规章不会产生影响，或根据公众对初始规制灵活性分析提出的意见，准备一份最终规制灵活性分析报告（final regulatory flexibility analysis）。行政部门不需把最终规制灵活性分析报告提交给总法律顾问，但必须在公众要求查阅时便于其查阅，并在《联邦登记》上公布该分析报告或其摘要。

此外，2010年《小企业就业法》（Small Business Jobs Act）进一步修订了《灵活规制法》中关于最终规制灵活性分析的内容。例如，原第604（a）（1）条规定：行政部门须提供“关于规章制定必要性及目标的简要陈述”，新法则将“简要”（succinct）一词删除。原第604（a）（2）条规定要求行政部门处理公众对规制灵活性初始分析的评论意见，新法将其中的“总结”（summary）一词换成了“陈述”（statement）。此外，《小企业就业法》第1601条还要求行政部门对总法律顾问就拟制定规章提出的任何意见予以回应，并详细描述因采纳其意见而对规章制定做出的修改情况。

《灵活规制法》同时要求行政部门公布相关实施计划，对最近10年内的现行规章和即将公布之规章进行审查——这些规章将对大多数小型实体产生重大经济影响。行政部门须对现行规章进行审查，以尽可能减少“对大多数小型实体的重大经济影响”。这种审查应考虑各种因素，包括对规章连续施行的需求，关于规章的投诉或评论的性质，规章的复杂性，与其他联邦、州或地方规章之间的重复或冲突程度，以及规章颁布后引发的任何相关的经济或技术上的改变等。

最后，该法要求每个行政部门对于规章的发展情况准备一份规制灵活性审议议程，以便及时披露规章变化对于大多数小型实体带来的重大经济影响。该议程须每半年在《联邦登记》上公布一次，时间为10月或4月，供小型实体及其代理人进行评论，还须送交法律办公室（Office of Advocacy）进行评论。实践中，议程会被纳入《联邦规制和减少规制行动统一议程》（Unified Agenda of Federal Regulatory and Deregulatory Actions），由总务管理局（General Services Administration）中的规制信息服务中心（Regulatory Information Service Center）每半年发布一次。小企业管理局法律办公室也会发布一份内容详尽的指南，以指导各行政部门遵守《灵活规制法》。

尽管规定如此详细，特区巡回上诉法院仍认为，该法从根本上来说属于程序性规定，“虽然它指导行政部门进行陈述、总结和描述，但其本身并没有对行政部门的决策行为施加实质性约束。实际上，该法目的只是要求行政部门发布一些针对某些外界关注的法律问题的分析”。

四、《文书削减法》

《文书削减法》（The Paperwork Reduction Act）规定由管理和预算办公室来协调联邦政府的信息政策。该法的主要目的是减少联邦政府部门给个人、小企业，以及州、地方和部落地区政府带来的文书负担，降低联邦政府收集和发布信息的成本，提高联邦政府收集的信息的利用率。该法曾分别于 1986 年[①]、1995[②] 年对几个重要问题作了修订。根据这些修订，管理和预算办公室也对一些法规进行了修订并重新发布[③]。2000 年，作为对《文书削减法》的修正，国会又制定了《信息质量法》(Information Quality Act)(见本章第八节)。

《文书削减法》的调整范围极其广泛。除了少数几项例外，该法实际上可适用于所有行政部门活动。的确，从为数不多的几项可以免除适用该法的行政部门职能也可看出该法调整范围之广泛。这些特定的豁免情形包括:（1）联邦刑事案件或诉讼;（2）民事诉讼和行政诉讼或调查;（3）发布与反垄断有关的强制程序;（4）根据总统发布的行政命令开展联邦情报活动。可以说,《文书削减法》适用于针对某一类个人或组织（比如某一类被许可人或整个行业）的"一般性调查"(general investigations)(非反垄断调查)。

一般认为，对《文书削减法》的使用也有一个重大限制，即禁止对不遵守该法程序规定的行政部门进行司法审查。

1. 管理和预算办公室的批准

《文书削减法》授予管理和预算办公室负责人诸多职能，其中包括对信息收集的批准（information collection clearance）和控制文书数量之权力。这些职能极大地影响了行政部门的规章制定活动。

该法规定：若没有事先获得管理和预算办公室（实际上是信息与规制事务办公室）的批准，行政部门"不能实施或支持信息收集"。该法将"信息收集"（collecting of information）定义为：

---

① 其中一个重要变化是，进一步明确了管理和预算办公室中的信息与规制事务办公室负责人之职责，该职责在 1980 年的立法中正式确立，规定其负有实施该法的领导责任。44 U.S.C. § 3503（b）.

② 主要是进一步明确其调整对象，包括那些要求企业或个人为第三方或公共利益而保留信息的规章。

③ 参见第三部分第二章二。

“以任何形式或格式，为获取、使他人获取、教唆或要求向第三方或公众公开某种事实或意见，行政部门——

（1）要求不少于十人的非行政部门、机构或国家工作人员对同一问题作出回答，或就同一事项进行报告或进行记录的；或

（2）为实施一般性统计，要求行政部门、机构或国家工作人员对提出之问题作出回答的。”

管理和预算办公室对这一权力做了扩大解释，在其法规中对“信息收集”做了重新定义，对此术语所包含的方法和格式作了详细说明[①]，并规定诸如自愿调查等活动也属于此范畴。此外，这些法规明确把“要求向第三方或公众公开”的信息收集行为也涵盖在内，规定该行为必须由信息与规制事务办公室批准。这一规定与最高法院在都乐诉美国钢铁工人联合会（*Dole v. United Steelworkers of America*）一案中做出的判决截然相反，而该判决过去一直被视为是对 1986 年《文书削减法》所做的解释。

该法规定管理和预算办公室不得批准任何持续三年以上的信息收集活动。对于信息收集未能获得管理和预算办公室批准的情况，该法也设置了公共保护条款来进行救济，规定：“（1）如果信息收集不符合管理和预算办公室负责人指定的合法控制数量，或（2）如果行政部门未通知信息收集对象……除信息收集活动符合上述合法控制数量之情形外，其无需对收集活动做出回应……任何人不得因信息收集不符合该法规定而受到处罚。”

① 管理和预算办公室“信息收集”的定义包括：报告表格；申请表；日程表；调查问卷或表格；报告或记录要求；合同；协议；政策声明；计划；规章或法规；规划要求；通知；指令；指导文件；公告；征求意见函或其他程序性要求；面谈指南；口头交流；张贴公告，通知、标签或其他类似公示要求；电报或电话；自动的、电子的、机械的或其他形式的技术性信息收集要求等。5 C.F.R. § 1320.3（c）（1）.

2. 批准程序

《文书削减法》不仅规定了准予行政部门进行信息收集的一般性许可程序，还针对适用通知－评论程序的规章制定活动中的信息收集，专门规定了批准程序（clearance procedure）。

对于在适用通知－评论程序的规章制定中进行的信息收集，《文书削减法》第3507（d）条规定了下列批准程序：

（1）在拟制定规章通知发布之前，行政部门必须向管理和预算办公室提交拟制定规章文本和前言，以及管理和预算办公室实施审查所需的所有背景资料。

（2）在拟制定规章通知发布后60日内，管理和预算办公室须对信息收集做出批准或提出意见。若未提出意见，管理和预算办公室不得拒绝批准该信息收集。

（3）发布最终规章时，行政部门必须解释该规章对管理和预算办公室意见的采纳情况，不予采纳的要说明理由。

（4）若管理和预算办公室提出意见，未批准信息收集活动，则行政部门必须在规章制定的最后阶段重新提交信息收集申请。自最终规章发布之日起60日内，管理和预算办公室可以不予批准的信息收集活动。不予批准的理由包括：①行政部门没有遵守文件提交规定；②行政部门在最终规章中实质性修改了收集到的信息，但没有为管理和预算办公室提供60天期限以审查这些修改；或③行政部门对管理和预算办公室意见之回应被视为“不合理”。

（5）管理和预算办公室不予批准信息收集之决定及其理由，必须向公众公布，但该决定不受司法审查之约束。

管理和预算办公室在其制定的实施《文书削减法》的法规中，对拟制定规章所包含的信息收集许可程序又增加了一些规定，例如，行政部门必须使用管理和预算办公室规定的表格83-1。其他要求还包括：

（1）必须向公众提供对信息收集申请进行评论之机会。在规章制定中，可通过下列方式实现：在拟制定规章通知中应说明该规章已被提交给管理和预算办公室审查，以及公众评论可送交给管理和预算办公室负责接收人员。规章也要求行政部门在拟制定规章的序言中包含关于信息收集理由的信息，对每一年度中各项信息收集在报告和记录方面带来的总负担进行评估，以及其他信息。在规章制定的最后阶段，尽管管理和预算办公室可能会要求行政部门在《联邦登记》上发布公告，告知公众管理和预算办公室所做之审查，但这不需要额外进行通知－评论程序。

（2）管理和预算办公室对规章制定中信息收集的意见将记录在规章制定记录中。

（3）规章制定中的信息收集必须符合管理和预算办公室的控制数量；即使是信息收集发生在最终规章发布之前，当管理和预算办公室批准该信息收集行为时，也要同时告知其控制数量。

管理和预算办公室在其现行规章中对信息收集还设立了一项独立批准程序。目的是在行政部门经过必要程序撤销或修改含有信息收集内容的规章之前，防止管理和预算办公室对信息收集所作之批准失效。根据该程序，最迟在管理和预算办公室的批准失效 90 日前，行政部门应启动管理和预算办公室审查程序。审查期间，行政部门仍然可以执行该规章，但如果信息与规制事务办公室不批准该信息收集活动，根据《行政程序法》或其他适用之规定，行政部门须在 120 天内启动并完成规章制定以修改或取消信息收集活动。

与一般的行政部门信息收集审查程序相比，《文书削减法》还规定了其他一些程序。首先，该法设立了一项“快速通道”（fast-track）审查程序以应对突发情况。行政部门负责人可以根据该法第 3507（j）条之规定请求实施应急程序[①]。其次，管理和预算办公室规定，即使根据法律规定行政部门之请求不

① 本条要求行政部门将信息收集作为其核心任务，但在下列情况下可以不遵守常规程序：（1）可能导致公共损害的；（2）发生突发事件的；或（3）若遵守常规程序可能阻止或干扰信息收集活动，或导致法定或法庭确定的最后期限失效。但该标准在 1995 的修订中被大大放宽。

符合紧急程序之条件，该部门也可请求加快进行信息收集程序。①

《文书削减法》还授权管理和预算办公室负责人，通过通知－评论程序，将其批准权委托给行政部门的高级官员行使，但该官员需“具有充分行使该职责之独立地位，以便能公正地评估信息收集请求是否应得到批准，且有充分资源去有效履行其责任”。当然，该官员在审查信息收集请求时，须遵守管理和预算办公室的有关规定。

需要注意的是，管理和预算办公室的一般性许可程序须遵守《文书削减法》的规定，即独立的监管部门②可通过其领导成员的多数投票，否决管理和预算办公室不予批准信息收集申请的决定。

3.《文书削减法》和互联网

奥巴马政府已经意识到，随着新媒体（如博客，维基网站，社交网络等）的发展，有必要对实施《文书削减法》的方式做一些调整。其中最重要的是，奥巴马政府发表了一份“社交媒体和网络交互式技术之运用与《文书削减法》”的指导性文件，阐述了《文书削减法》和现代技术之间的关系。这份备忘录解释了行政部门可以（或在某些情况下不可以）使用社交媒体与公众打交道，而无需管理和预算办公室根据《文书削减法》作出批准。后面还附有对行政部门的指导意见，概述了“一般性”信息采集要求的用途和使用方式。这些将被用来简化管理和预算办公室的批准流程（尤其是对自愿的、低成本以及无争议的信息收集进行批准时）。备忘录指出，该流程可用于某些信息收集活动，“包括方法测试，客户满意度调查，分组讨论，比赛活动，网站满意度调查”

① 如果行政部门请求加快审查程序，需要在《联邦登记》上公布审查通知期限，管理和预算办公室需要在此期限内作出批准或不批准信息收集的决定。

②《文书削减法》中包含了关于独立管制机构的定义，并列举了现有的独立管制机构名称。44 U.S.C. § 3502（5）. 该条款在 2010 进行修订，增加了“货币审计长办公室”（Office of the Comptroller of the Currency），和“消费者金融保护局”（Bureau of Consumer Financial Protection）以及“金融研究办公室”（Office of Financial Research）。

等。2011 年 6 月，管理和预算办公室向外界提供了更多关于这种简便获取客户反馈方法的细节，以及一份众多参与该流程的行政部门的详细名单。它还为其“监管渠道”（即 www.reginfo.gov 网站）增加了一项功能——提供关于信息与规制事务办公室根据《文书削减法》审查的所有信息收集请求的数据。

4. 审查标准

行政部门必须提供证明（以及支持此证明的记录），来展示其信息收集申请“对恰当履行行政部门职责是必要的，包括搜集具有实用性之信息”；“而不是对行政部门可以正常获得的信息做不必要的重复”；“把向行政部门提供信息的人的负担减少到恰当、可行之程度”；“要使用平实、清晰、准确的语言，以使信息收集对象易于理解”；“要以与现行报告和记录保存要求相一致的方式实施”；“在可能的最大程度上，使用信息技术以减少负担”。[①]

上述要求的渊源来自于《文书削减法》的规定，该法要求从 1996 年到 2001 年的每一财政年度，行政部门的总体信息收集负担都应按规定比例削减。

该法第 3518（e）条规定内容也与管理和预算办公室的职能相关，即“根据联邦法律之规定，本法之内容不得被视为是加强或削弱总统或管理和预算办公室或其负责人，对于行政部门的实质性政策和项目管辖之权力，包括针对执行民事权利法律的任何联邦部门的实质性权力”。

5.《小企业文书减负法》

2002 年制定的《小企业文书减负法》（The Small Business Paperwork Relief Act）要求行政部门特别关注小企业的文书负担。它要求行政部门建立一个

---

① 管理和预算办公室规定，如果信息收集活动要求收集对象按照高于每季度一次的频率进行汇报的，或要求收集对象在收到通知之日起少于 30 天内作出回应的，或要求收集对象提交超过一份原件或两份复印件以上的文件的，或要求保留记录超过三年以上的（非健康、医疗、政府合同、资助计划或纳税等记录），管理和预算办公室将不予批准。5 C.F.R. § 1320.5（d）（2）.

“联系点”，作为行政部门和小企业之间关于信息收集和文书控制的联络平台，“鼓励行政部门进一步削减拥有 25 名雇员以下的小企业的信息收集负担”，并依法建立工作组，“对小企业关心的关于提高信息收集效率和加强信息传播效果之可行性进行报告”。

五、《联邦咨询委员会法》

《联邦咨询委员会法》(The Federal Advisory Committee Act) 规定了咨询委员会的构成和运转方式。总务管理局的官员有权指导和协调该法的实施及发布关于咨询委员会管理的法规。

《联邦咨询委员会法》对“咨询委员会”所做的定义中包括具有下列目的之委员会或类似组织:(1) 为总统或一个或更多联邦行政部门获取建议而设立或使用,(2) 并非全部由专职的联邦官员或雇员组成。根据《联邦咨询委员会法》规定，只有在公开发布通知和确定设立之目的是出于公共利益后，行政部门才可以设立新的咨询委员会。[①] 每一个咨询委员会必须明确设定其工作目标，在表达观点和履行职责方面，其成员必须公正无偏倚。咨询委员会的会议必须接受公众监督，并遵守《阳光政府法》(Sunshine Act) 规定的例外条款。但要注意的是,《联邦咨询委员会法》也包含了一项关于与州和地方官员进行讨论的例外条款。[②]

联邦咨询委员会在联邦规章制定中发挥着重要作用。这些委员会通常由相关监管领域的专家组成，代表着利益相关团体、联邦和州的行政部门，他们

---

① 克林顿总统为第 12,838 号行政命令增加了另一项要求，指示行政部门撤销其现有三分之一的咨询委员会，并规定只有在理由非常充分时方可设立新的委员会。联邦政府以前对协商式规章制定持支持立场，因此也诞生了大量咨询委员会，但该命令明显与以前立场相反。在该行政命令正式修改前，管理和预算办公室随后又重申了对协商式规章制定的支持，并于 1996 年通过一项备忘录，使得协商式规章制定委员会避免因管理和预算办公室的可以设立咨询委会的法定上限而被撤销。

②《联邦咨询委员会法》第 4 (c) 条规定：本法规定不适用于任何州一级或地方设立的、为州或地方政府官员或部门提供咨询或提出建议的委员会、协会、董事会，或任何其他类似组织。

经常就规章制定的适当性或内容，或规章制定进行中遇到的问题向行政部门提出建议。一些法律明确要求行政部门使用这些委员会，但有的法律则只做出授权而没有要求其使用。在一些情况下，授权法会对特定领域中运行的咨询委员会提出一些程序性和组织性要求。现在有很多联邦部门已发布了本部门关于咨询委员会管理和程序方面的规章。

咨询委员会定义的宽泛性也带来了不确定性，在一段时间内引发了一些诉讼。《联邦咨询委员会法》的问题和协商式规章制定之间的关系将在下文讨论。与《文书削减法》一样，电子通信技术的兴起也为《联邦咨询委员会法》的调整范围带来了新的不确定性。

六、《协商式规章制定法》

1990 年的《协商式规章制定法》(The Negotiated Rulemaking Act) 为行政部门以协商式规章制定的方式制定法规建立了法律框架。该法对《行政程序法》的规章制定条款进行了补充，明确了行政部门实施协商式规章制定的职能。它广泛总结了行政部门使用此程序的实践，并吸收了行政会议的相关建议。该法没有对使用这一技术做出强制要求，而是允许各行政部门自主决定是否使用。

20 世纪 80 年代协商式规章制定作为传统的法规起草程序的替代方案问世。其目的是：在特定情况下，集中行政部门代表和不同利益相关团体来协商规章文本。如果达成一致，最终规章可能更容易实施，同时减少随后的诉讼可能性。即使未达成一致，但作为一种更好的告知监管部门相关问题和利害相关方关注点的方式，该程序也很有价值。

《协商式规章制定法》的目的是要明确行政部门的权限，鼓励其使用协商式程序。尽管该法提出了一些基本的公共通知要求，但其大部分规定仍很宽松。国会的初衷是，该法应保持而不是削弱行政部门或相关方的任何权力，因此在其中明确规定，该法不应“被视为以协商式规章制定程序或其他非法律授权的创新性规章制定程序来限制变革和其他尝试”。尽管《协商式规章制定法》允许行政部门可以发布由协商委员会一致通过的建议，但协商委员会制定规章之建议，并不必然会导致行政部门制定规章。

《协商式规章制定法》列举了大量准则，以便为行政部门在特定情形下考虑是否使用协商式规章制定提供参考。例如，该法授权由一位协商会议召集人报告进行协商式规章制定的可行性，然后发布公告，宣布行政部门将使用协商式规章制定程序，并至少留出 30 天时间，为那些认为委员会不具有充分代表性的公众提供机会，去申请委员会成员资格或选择其他更好的代表，但行政部门对是否批准这些申请有自由裁量权。在考虑公众对公告的反应后，如果决定不再设立协商委员会，行政部门应当公布该决定及相关理由。

在设立和管理协商委员会的过程中，行政部门必须遵守《协商式规章制定法》规定。为避免产生新的诉讼，该法规定行政部门关于设立、改进、终止委员会的程序性活动不受司法审查。然而，对协商式规章制定产生的规章进行的其他司法审查不受该规定影响。

一般认为，委员会是行政部门的代言人，但委员会会议需由一位公正的引导者或居间者主持。如果委员会就一部拟制定规章草案达成合意，它将向行政部门提交一份建议制定规章报告。除非委员会同意作出其他解释，否则“合意”（consensus）一词将被视为在代表的各种利益中达成了全体一致的同意。如果委员会没有就规章达成合意，它也可以向行政部门转交任何它认为合适的信息、建议或其他材料。在最终规章公布之前，行政部门可一直保留委员会的存在，行政部门或委员会自身也可选择在更早时间解散委员会。

行政部门可通过订立合同聘用私人或使用政府雇员作为引导者或居间者，或可让其在会议召集过程中协助行政部门，如在初期阶段确定规章协商可行性。《协商式规章制定法》允许行政部门向某些委员会成员支付报酬，如果不产生利益冲突，行政部门也可接受并使用外部资金，以规划或实施协商规章制定活动。《协商式规章制定法》最初设定其有效期为6年，但该“日落条款”（sunset provision）于1996年被废除。

克林顿总统曾敦促行政部门使用协商式规章制定。他在第12,866号行政命令中指示行政部门“在合适的时候，运用合意机制制定法规，包括协商式规章制定”。他还通过备忘录督促行政部门多使用“协商手段，而非命令”，“实质性地加大……对协商式规章制定的使用”。相比之下，小布什政府和奥巴马政府既未积极促进，也未强行阻止协商式规章制定的使用。

过去十年，尽管行政部门主动使用协商式程序的趋势正在减弱，国会却越来越多地在一些具体项目中授权行政部门使用协商式规章制定。

七、《无资助授权改革法》

《无资助授权改革法》颁布于1995年，得到了民主、共和两党的广泛支持。该法要求国会和行政部门①对向州、地方以及部落团体进行授权②的立法和法规等予以特别关注。它包含了一条特别规定，要求行政部门在制定任何可能导致私营行业超过1亿美元（该数额每年根据通货膨胀进行调整）支出的规章时，须提交一份规制影响分析报告。根据法定授权，该法目前只提出了比较宽泛的规制影响分析要求。然而，由于对行政部门遵守该法情况进行司法审查的条款受到极大限制，在某种程度上也削弱了该法的影响。

实践中，联邦政府会授权州和地方政府在没有充足的联邦资助情况下实施规制活动，《无资助授权改革法》的目的就是要揭示并最终限制这些授权带来的高昂成本（常常是隐性成本）。它也将一些在行政命令中提出的要求以立法形式固定下来。

---

① 该法不适用于独立管制机构。2 U.S.C. § 658（1）.

② 该法对术语“mandates”进行了详细规定。同上，§ 658（5）-（7）.

该法第一章要求国会授权委员会在批准联邦授权议案时，应在其报告中明确该授权类型。接下来，国会预算办公室（Congressional Budget Office, CBO）必须对这些授权的总体影响进行评估，并说明议案是否包含无资助授权——该授权将为州、地方和部落地区政府带来超过 5000 万美元的经济负担，或者为私营实体带来超过 1 亿美元的经济负担。其中，前者是立法要解决的重点。所有这些数额每年将根据社会通货膨胀情况作出调整。①

该法第二章内容涉及对州、地方和部落地区政府以及私营行业进行规制性授权的行政部门法规。其核心要求是"重要的规制活动都要提供相关报告"。对于"任何可能导致州、地方和部落地区政府的总支出，或私营行业支出，在任一年中超过 1 亿美元（随通货膨胀情况而每年调整）的一般性拟制定规章活动"，规章制定部门须制作报告。

该报告必须包含：（1）已发布规章文本的法律依据；（2）对联邦授权的预期成本效益，以及该授权对于健康、安全、自然环境等的影响，进行定性和定量评估；（3）对未来遵守法规成本所作预测，以及对地区、特定政府、私营行业某些部分造成的预算不均衡影响进行预测；（4）对国民经济产生影响的预测；（5）行政部门与所选代表之间的协商活动摘要。该报告之摘要必须发布在拟制定规章通知中，但该法允许行政部门将该报告"连同其他报告或分析一起或作为它们的一部分"进行制作。

在根据上述要求制定的最终规章公布之前，行政部门必须"确定并考虑合理数量的规制替代方案。同时，要从这些替代解决方案中选出成本最小、效率最高或负担最小的可以实现规章制定目标之方案"。

对行政部门遵守《无资助授权改革法》情况进行的司法审查也受到一定限制。该法规定，只有根据《美国法典》第 5 编第 706（1）条规定②，才能对

① 在 1995 年，初始计算标准为 100 万美元，至 2012 年 2 月，该标准因通货膨胀已调整为约 148.72 万美元。
② 该条款允许法院可"强制行政部门实施被非法停止或不合理推迟的行政行为"。

与行政部门重大规制活动有关之报告进行司法审查。这意味着法院可强制行政部门制作报告，但一般不能审查其内容。事实上，该法也明确了一点，即“未准备报告（包括预测、分析、声明或描述）或书面计划，或报告或书面计划准备不充分的，不得作为中止、要求实施或停止、使无效或以其他方式影响规章之基础”。

《无资助授权改革法》还要求管理和预算办公室就行政部门遵守该法第2章规定的情况向国会提交年度报告。

八、《信息质量法》

颁布于2000年的《信息质量法》（The Information Quality Act）是对《文书削减法》的修正，它已迅速成为影响规章制定程序的重要法律之一。该法要求所有联邦行政部门在管理和预算办公室的监督下，发布指南文件以最大限度保证所发布信息的质量、客观性、有用性和完整性；行政部门必须建立管理机制，以保证利害相关人能获取行政部门对其制作和发布的信息的更正。此外，行政部门须将利害相关人有关请求及其所做回应公布在自己网站上。

《信息质量法》规定：

（1）总则：管理和预算办公室负责人应不迟于2001年9月30日，在公众和联邦行政部门参与下，根据《美国法典》第44编第3504（d）（1）条和第3516条发布指南文件，为联邦行政部门提供政策和程序性指导，以最大限度保证联邦部门为实现《文书削减法》目的和要求所发布之信息（包括统计信息）的质量、客观性、有用性和完整性。

（2）指南的内容：根据前条规定发布的指南；

（A）适用于行政部门对所发布之信息的分享和使用；及

（B）要求适用指南的各行政部门：

（a）自管理和预算办公室指南发布之日起1年内，发布本部门指南以最大限度保证其所发布之信息（包括数据信息）的质量、客观性、有用性和完整性；

（b）若行政部门不遵守上述规定，须建立管理机制以允许受影响的当事人寻求并获取由行政部门制作和发布的信息的更正；及

（c）定期向管理和预算办公室负责人报告：

①行政部门收到的与信息准确性有关的投诉的数量和性质；

②行政部门如何处理这些投诉。

管理和预算办公室发布其指南后，其他各行政部门应随之发布本部门拟制定指南文件和最终指南文件，上述文件须由管理和预算办公室进行审查。

从具体规定来看，《信息质量法》的确不是专门为规章制定活动而制定，外界对于其是否应适用于规章制定也存在一些争议。管理和预算办公室所持立场是，《信息质量法》可适用于行政部门在拟制定规章通知中引用的信息，因为行政部门需要保证被引用信息的可信度。

尽管意识到法院可能会采纳管理和预算办公室对“发布”（dissemination）这一模糊术语的解释，夏皮罗教授（*Shapiro*）仍认为国会之本意可能并不想使《信息质量法》适用于规章制定。其理由是，虽然该法规定每个行政部门都要建立一套“管理机制”以听取对信息质量的投诉，但规章制定程序同样也可以实现这一目标，此外，在规章制定中信息受到的审查也远远超过根据《信息质量法》对其进行的审查。

另一个由《信息质量法》引发的关键的规章制定问题是，在规章制定程序中，行政部门是否必须保证他们所依赖的研究成果（包括外部评论人士提交的意见）的质量和客观性。管理和预算办公室的指南已明确了“信息”与“观点”之间的区别，信息由行政部门自己决定采纳与否，或根据《信息质量法》由行政部门对信息的可信度提供保证；而观点，如行政部门所言，是指个人的观点而非事实或行政部门的看法。但赫茨教授认为：

> “根据主流的行政法准则，行政部门必须在发布规章时公布他们所依赖的外部研究成果，然而，他们不需要主动获取、公布或独立地评估那些研究中所包含的基础数据。但如果对《信息质量法》进行深层解读，就会发现实际上该法要求行政部门在发布数据之前，评估这些构成科学研究基础的原始数据，以确保研究的质量和客观性。虽然《信息质量法》仅适用于信息发布行为，而不是对信息的其他使用行为，但根据普遍适用的规章制定原则，行政部门也应发布它所依赖的外部研究成果。这两者的结合可能意味着，如果没有尽可能地去获取、评估和证实构成这些研究基础的数据，规章制定部门就不能依赖外部研究成果。”

奥巴马总统已批准实施《信息质量法》并实现所设定之目标。2009 年 3 月 9 日，他在《关于科学诚信的备忘录》中指出，每个行政部门都需要“制定合适的规章和程序，以确保其内部科学程序的可信度”，从而“使公众能够获得该部门在政策制定中所考虑或依赖的科学或技术成果或结论”。2010 年 12 月 17 日，总统行政办公室的科学和技术政策事务负责人又发布一项备忘录，对此提供进一步指导。

总之，该法虽然篇幅不长，但就其对联邦政府监管活动之影响，已引发大量评论和争议，特别是关于规章制定程序问题。《信息质量法》也为管理和预算办公室发布的“同行评审信息质量公告”（Information Quality Bulletin for Peer Review）提供了法律基础。[①] 目前，对《信息质量法》本身或其影响做出明确判断还为时过早，但联邦政府规章制定者们确实有必要对该法进行认真研究。

---

① 参见第三部分第二章五。

九、《2002年电子政府法》

《2002年电子政府法》（The E-Government Act of 2002）由两党共同制定，目的是进一步改进联邦政府在互联网时代的信息传播方式。它对行政部门提出诸多要求，但对立法程序而言，其影响主要有以下几个方面：

（1）信息公布。在可行的范围内，各部门必须设立网站，以发布根据《美国法典》第5编第552（a）（1）条和第552（a）（2）条规定需要在《联邦登记》上公布的本部门的所有信息。

（2）电子提交。在可行范围内，各部门必须接受根据《美国法典》第5编第553（c）条在规章制定中提交的电子文档。

（3）电子摘要档案。在可行的范围内，各部门必须提供可通过互联网访问的规章制定摘要档案，包括根据部门规章和惯例需包含在部门摘要中的所有公共评论和其他材料，无论其是否提交了电子文档。

（4）隐私影响评估。管理和预算办公室应针对行政部门网站的隐私通告制定指南。在使用信息技术收集、保存和发布信息之前，各部门必须进行隐私影响评估。

本书第三部分第一章三对电子规章制定做了进一步讨论。

十、国会对规章的审查

1996年，规章制定程序中新增了一项重要规定。《1996年小企业监管公平法》为《美国法典》第5编加入了新的一章内容，对国会审查规章提出了新要求。这一章通常被称为《国会审查法》（Congressional Review Act）。根据该程序规定，所有联邦政府部门，包括独立管制机构，在其制定的规章生效之前，应将该规章同时提交给国会两院和政府问责办公室（Government Accountability

Office）[①]。

除少数例外情形，《国会审查法》中的“规章”定义与《美国法典》第5编第551（4）条的基本定义很相似。[②]这意味着大量符合《行政程序法》定义，但却被排除在通知－评论程序之外的规章（如解释性规章，政策声明，属于财产、军事、外交豁免的规章），都应接受国会审查。

对于每一部规章，行政部门都必须：（1）提交一份报告，对规章内容进行简要概括，并建议规章生效日期[③]；（2）根据《灵活规制法》和《无资助授权改革法》，提交一份成本收益分析报告及有关其制定行为的说明；（3）提交相关行政命令要求的其他信息或说明。

《国会审查法》对“重要规章”（major rules）做了严格区分，这些规章受延迟生效日期条款的约束，而其他规章则不受此约束。重要规章的定义类似于第12,866号行政命令中对“具有重大经济意义的规章”（economically significant rules）的定义（“重要”一词来自此前的第12,291号行政命令）；这种区分使得信息与规制事务办公室负责人的决定具有举足轻重的地位。根据该法第801条规定，一部重要规章在接受国会审查期间[④]，其生效日期要自动推

① 因该办公室原先名称为General Accounting Office，故有人也将其译为“联邦总审计署”。——译者注

② 下列规章可免予国会审查：（1）有特定适用目的的规章；（2）与行政部门内部管理、人事管理有关的规章；（3）关于行政部门组织结构、程序的规章，或对行政管理相对人的权利义务不产生实质影响的规章。此外，联邦储备委员会的某些规章也可适用此豁免。5 U.S.C. § 804和 § 807.

③ 对于解释性规章和政策声明来说，生效日期规定可能会引发一些问题，因为行政部门通常更愿意让他们的规章立即生效，有时候还要溯及性生效。Daniel Cohen & Peter L. Strauss, *Congressional Review of Agency Regulations*, at 106-07，49 Admin. L. Rev. 95（1997）.

④ 更具体地说，联邦巡回上诉法院认为《国会审查法》没有改变重要规章的生效日期，而仅是在国会审查期间暂时中止其实施。见第三部分第七章。延迟生效条款也有一些例外情形。与狩猎、捕鱼、野营有关的重要规章可以在公布后立即生效。5 U.S.C. § 808（1）. 5 U.S.C. § 808（2）中也规定了“正当理由”豁免。最后，如果认为公众健康、安全正面临即时威胁或其他紧急情况而必须使某规章立即生效，或为实施刑事法律而必须的，或出于国家安全考虑，或根据实施一项国际贸易协定而发布规章的，总统个人可以通过发布行政命令使其立即生效。同上，§ 801（c）.

迟至少60天[①]。尽管国会也可能会对非重要规章进行审查，但这些规章可不经延迟便立即生效。政府问责办公室需在15日之内，就每一部重要规章向有管辖权的国会委员会提交报告。[②]

国会为加快立法进程会考虑使用联合否决决议，对此，《国会审查法》针对如何计算有关期限问题也设置了一系列复杂规定。例如，只要自收到规章和报告的60天（但国会超过三天的休会时间不计入此期间）内提出否决决议的，国会对该决议的审议就不受时间限制。此外还有一项规定，即允许参议院在规章提交或公布后的60天国会会期[③]内加快审议程序（只在有限范围内辩论，参议员不得阻碍审议进程）。这意味着重要规章只有在会期日快要结束时才可能被否决，一般情况下都可以轻松在60个日历日后生效。

《国会审查法》规定，如果否决决议通过，规章立即失效。如果因为重要规章的延迟生效期限届满或规章属于非重要规章，而导致规章已经生效的，该规章也将被视为自始无效。显然，若行政部门或管制机构在此之前已经依据该规章做出行政行为的话，这将引发一系列问题。因此，该规定可能会导致行政部门直到审查终结后才会选择执行规章。

此外，《国会审查法》规定，如果一项否决决议得以通过，被否决的规章不得以相同的形式再次发布，也不得发布实质上内容相同的新规章，除非后来制定的法律进行特别授权。其他规定还包括：法院不应干预国会在被审查规章上的作为或不作为；如果国会不支持一部规章，也不需作出解释等。

---

① 除非被否决，重要规章可自最近的三个可能日期生效：（1）国会收到在《联邦登记》上公布的规章文本或有关报告后60天内；（2）国会通过对规章的联合否决决议，随后又被总统否决的，自国会收到总统否决决定后的30个国会会期日内，或更早一些，国会任何一院投票表决后未推翻总统否决决定之日起；或（3）如果不需接受审查，规章可以生效之日期。

② 重要规章报告在递交国会有关委员会后24小时内须在网上公布以便公众查阅。

③ 5 U.S.C. § 802（c）-（e）.“国会会期”日（“session day”，有时也称为“立法”日，“legislative day”）是指参议院上一休会期至下一休会期之间的期间。该期间的任何中止（而非休会）不影响立法时间计算。因此，“立法”日可以耗费很长时间——可能是几天、几周，甚至是几个月。Robert B. Dove, *Enactment of a Law*（1997）, http：//thomas.loc.gov/home/enactment/enactlaw.pdf.

尽管每周有大量规章被提交给国会，[①]《国会审查法》对规章制定过程的影响仍微乎其微。很明显，在行政部门完成程序后，国会审查给了利益相关方另一个“翻盘”机会，它也为国会监督功能增添了另一种有力武器。但直到目前为止，仅有一部规章被否决，甚至很少有否决决议可以得到国会两院中哪怕一院的通过。[②]唯一的否决发生在2001年3月，职业安全和健康管理局的一部关于人类环境改造的规章引发争议，得到布什政府支持的国会议员们成功地根据《国会审查法》将该规章废除。该规章由克林顿总统于2000年11月发布，但直到2001年1月16日，即克林顿离任的前四天才得以生效。布什总统就职后，共和党控制的上下两院投票通过了联合否决决议案，并由布什总统签署成为法律。

但这种情况并不常见，因为规章是由前任政府制定，根据法定的权力移交规则才受到另一个党派控制的国会和新总统的审查。一般来讲，规章的出台通常面临两种情况，或是管理和预算办公室已经审查通过该规章，然后由总统签署生效，这是常态；或是被总统否决而导致无效，这种情况比较罕见。因此，通过上述机制被废除的规章的数量将会很少。

国会研究局（Congressional Research Service）于2008年开展了一项权威研究，对《国会审查法》的实施情况作了如下总结：

“很多关键问题仍有待进一步解释，例如规章的适用范围；如果行政部门没有就有关规章进行报告，是否应受到法院审查和惩罚；联合否决决议是否可以用来否决规章的一部分内容，或是仅针对规章整体；规章被否决后，防止行政部门再次发布内容‘实质相同’的规章的限制条件有

① 自2008年3月31日起，总审计长已根据第801（a）（2）（A）条规定对总共731部规章提交报告，政府问责办公室也已根据第801（a）（1）（A）条规定对总共47,540部非重要规章进行了分类汇编。

② 1996年4月至2012年2月，共向国会提交60,031部规章，包括1,085部重要规章。国会共对49部规章提出72项否决决议案，参议院通过3项否决决议案，众议院通过1项，最终只有1项决议案获得两院通过并由总统签署生效。

哪些。1996年4月至今，国会已提出共47项联合否决决议，但只有一项获得通过，也是因为其处于特定阶段才获通过。在此期间，共有47,540部重要和非重要规章在报告后生效。”

其中一个问题已经得到关注，即行政部门没有按《国会审查法》的要求向政府问责办公室报告并提交规章，且数量巨大。但迄今为止，政府已成功为这些行为进行辩解——该法第805条明确规定排除司法审查，因此当其未报告有关规章时，不得对其行为进行司法审查。正如最近特区巡回上诉法院在关于此问题的一项判决中所言，“对第805条规定进行解释的判例法很少，但已有的判例法均支持对该法进行直接适用，即对不报告行为禁止司法审查。”

然而，尽管实践中成功概率微乎其微，《国会审查法》仍为行政部门和国会设定了新的义务，设置了新的延迟生效期间，以及从程序上提供了新的监督压力。

十一、其他影响规章制定的法律

多年来，国会在拨款立法或实体性立法中也对规章制定程序提出了很多要求。除上面讨论的隐私影响评估要求外，还有其他三部法律也值得关注：

1.《贸易协定法》

1979年的《贸易协定法》（The Trade Agreements Act）规定了大量涉及政府标准使用[①]的内容。其核心内容是，禁止行政部门设定不必要标准，以防止

---

① 本法所称“标准”，是指由普遍认可的机构批准的文件，该文件为广泛且反复使用之目的，规定了与产品或工艺、生产方法有关的规章、指南文件或特征等，但不强制有关当事人遵守。当用于产品、工艺或生产方法时，标准可包含或仅包含，术语、符号、包装、标记或标签等要求。Uruguay Round Agreements Act, Pub. L. No. 103-465, § 351（e）（1994）（codified at 19 U.S.C. § 2571）.

阻碍美国对外贸易。该法主要与产品有关，明确规定为实现合法的境内目标而制定的标准不属于不必要的阻碍。[①] 该法还规定，当行政部门制定国内标准时，应参考国际标准；必要时，国际标准应成为制定美国国内标准的基础。

同时，第 12,889 号行政命令《北美自由贸易协定的履行》也值得关注。该命令要求受《行政程序法》调整的行政部门，必须为拟制定的联邦技术法规或涉及联邦公共卫生或植物检疫普遍适用之措施，提供至少 75 天的评论期。

2.《国家技术转让和促进法》

另一部对标准制定产生影响的法律是《国家技术转让和促进法》(The National Technology Transfer and Advancement Act)。根据该法规定，行政部门须使用"由自发组成的统一标准机构制定或采纳的技术标准"来执行其政策目标，除非这些标准与适用法不一致或不切实际。该法也规定了一项弃权条款，允许行政部门放弃遵守此项规定，前提是如果遵守该规定将与适用法不一致或不切实际，或由行政部门负责人向管理和预算办公室书面解释为何不使用这些标准的理由。然而，一般来说，行政部门在运用这些标准时必须和自发性社会组织、私营行业或统一标准机构等进行协商，如果这些标准与行政部门的目标、职能、工作重点和资源相匹配的话，行政部门还必须与上述团体一起制定标准。

该法根据管理和预算办公室第 A-119 号通告规定实施。[②]

3.《关于联邦家庭法规和政策的评估》

在实施可能影响公民家庭福利的政策和法规之前，行政部门需以"一

---

① 被列出的合法目标包括:(1)国家安全;(2)防止欺诈行为;(3)保护人类健康或安全，动植物生命或安全，或环境;(4)出于对重大的气候性或其他地理因素考虑；或(5)重要的技术性问题。

② Federal Participation in the Development and Use of Voluntary Consensus Standards and in Conformity Assessment Activities (《联邦行政部门参与自发性统一标准制定并进行一致性评估》)(revised Feb. 10, 1998), 63 Fed. Reg. 8546 (1998).

揽子拨款法案”为基础，根据法律要求进行所谓的“家庭政策制定评估”(family policymaking assessment)。但关于如何进行评估，大部分法律都给予行政部门极大的自主判断权。①

《关于联邦家庭法规和政策的评估》(Assessment of Federal Regulations and Policies on Families)②要求行政部门负责人向管理和预算办公室以及国会提交书面证明，表示其已完成评估，管理和预算办公室须每年将其收到的书面证明进行汇编、索引，并将这些证明提交给国会。特别是当国会议员提出要求时，行政部门必须按照该法确定的标准进行评估。该法还规定，行政部门根据该法做出的行政作为或不作为可不受司法审查，这也表明其意图不是为了创设任何不利于国家权利或利益之行为。

① 参见第三部分第二章六。

② 又称《一揽子统一与紧急补充拨款法》(Omnibus Consolidated and Emergency Supplemental Appropriations Act), 1999. Pub. L. No. 105-277,(1998), § 654.

第三部分

实践中的非正式规章制定

如前面第二部分所述，非正式或通知－评论式规章制定是联邦行政部门制定规章的主要形式。本部分详细探讨了《行政程序法》第553条关于通知－评论程序的规定，此外，还讨论了非正式规章制定程序与总统行政命令以及政府各部门的程序性法规要求的其他分析方法和程序之间的关系。

第一章介绍了规章制定过程的启动，包括程序性和实体性考量以及“电子”规章制定的出现。第二章讨论了已成为规章制定重要部分的规制性分析以及其他相关分析方法。第三章详细考察了《行政程序法》关于通知的要求以及法院对《行政程序法》进行解释的有关判决。第四章涉及规章制定中的公众参与和听证。第五章分析了“规章制定记录”概念的发展演变。第六章讨论了规章制定中“单方面沟通”的相关原则。第七章讨论了行政部门在起草和颁布最终规章时必须考虑的各种要求。第八章讨论了行政部门对现行规章进行审查的有关问题。

第一章

开始程序

随着法院、国会以及总统越来越多地要求行政部门对其制定的规章的必要性和合理性进行说明，行政部门在规章制定开始前要做的准备工作也变得愈加重要。本章将讨论一些行政部门在按照《行政程序法》的程序要求制定规章之前应该重点考虑的事项。① 当然，讨论的前提是该行政部门拥有规章制定权限，② 并已决定将颁布法规作为其工作目标，而不是发布非正式的且不具约束力的指南性文件，或通过豁免、排除、修改等方式对法规进行“增量调整”（incremental adjustment），③ 同时，行政部门对现有的监管问题已考虑过一些替代性措施，比如，采用基于市场的或者经济刺激措施——当然，其中一些措施也需要进行规章制定。

一、外部因素

就其方式和进展速度来说，规章制定活动之间差异极大，那些“启动”规章制定活动的事件以及外部利益成为影响规章制定模式的一个重要因素。国会、管理和预算办公室、公众以及其他组织在推动行政部门开展规章制定方面

① 关于规章制定具体操作的概述，参见 Cornelius M.Kerwin, The Management of Regulation Development：Out of the Shadows, http：//www.business of government.org/sites/default/files/KerwinReport.pdf.

② 参见第二部分第二章一、2。

③ Robert L. Glicksman & Sidney A. Shapiro, *Improving Regulation Through Incremental Adjustment*, 52 U. Kan. L. Rev. 1179（2004）.

均发挥了很大作用。①

当然，不管是什么引发了行政部门对规章制定的兴趣，在从产生兴趣到发布拟制定规章通知（NPRM）之前的这段时间内，行政部门的活动是不受《行政程序法》或者其他法律约束的，除非是那些要求游说者进行登记的普遍性规定。② 然而，"起草"阶段对于规章制定最终结果的重要性是显而易见的。一些部门会将所有与规章制定有关的会议记录登记造册，哪怕是在发布拟制定规章通知之前就已经召开的会议。

1. 来自国会和司法部门的压力

国会通过各种途径来影响规章制定活动。最直接的是，在行政部门的授权法中要求其在指定的时间段内完成一些具体的规章制定活动。国会在某些情况下，会通过行使其监督功能，如举行听证会或者发布国会报告，来"推荐"或者"敦促"行政部门实施规章制定。③ 行政官员有时也会就特定的规章制定计划与国会议员个人或其工作人员频繁进行一些非正式沟通。上述这些因素经常导致行政部门或多或少会给予某一立法计划优先考虑，或者直接影响到其决策程序。国会直接下达指令的一个明显例子是《21 世纪交通公平法》（Transportation Equity Act for the 21st Century），该法规定："交通部长应发布拟制定规章通知以加强对不同体型乘客的保护不论其系或者不系安全带……同时，将气囊（包括那些技术先进的气囊）对婴幼儿以及其他乘客可能造成的伤

① 例如，一位政治学家发现，环保署的规章制定计划主要根据法律、法庭命令以及当事人双方同意判决制定。仅有一次例外，是当环保署官员发现某公司"标签质量存在问题"后，提出要制定一项关于产品标签的规章。另一方面，国家公路交通安全管理局的规章制定计划属于"技术驱动型"——主要来自于其雇员、公众诉求以及国家交通安全委员会。而在家庭和儿童管理局（隶属于卫生与公共服务部）中，政府雇员与政治官员们都"一直尽量避免规章制定，除非国会有明确要求"。Marissa Martino Golden, *Diverse Paths*: *The Multiple Routes to Federal Agencies' Rulemaking Agendas*, 9-18（Dec. 3-4, 1999）.

② 参见奥巴马总统的第 13,563 号行政命令，要求行政部门在"发布拟制定规章通知之前"征求相关团体的意见。

③ 关于立法期限，参见第一部分 三。

亡风险降到最低。”

司法对规章制定的推动作用也日渐重要。[①]正如我们后面将要讨论的[②]，诉讼当事人请求法院强制实施规章制定的法定最后期限，或起诉行政部门不作为的案例也在不断增多，行政部门必须不断调整其工作重点来执行法院的决定。即使行政部门有上诉机会，当公众对法院要求行政部门实施某行为的决定做出回应，或法院在其决定中对部门提出批评或指责时，都可能导致行政部门启动新的规章制定，甚至在某些时候，仅向法院提起诉讼本身就可能导致行政部门实施规章制定。[③]

2. 公众请求实施规章制定

公众也可以推动规章制定活动。《行政程序法》第 553（e）条规定：“各部门应给予利害相关人要求发布、修改或废除某部规章的权利。”这一要求“不仅适用于实体性（立法性）规章，也适用于一般性政策解释和声明以及有关组织和程序之规章。”同时，它也适用于现行规章以及拟制定规章。对于行政部门如何对外界的规章制定请求进行回应，尽管《行政程序法》本身并没有规定任何具体程序，但一些成文法却作了相关规定。[④]此外，《司法部长行政程序法手册》建议，拥有规章制定权的各行政部门应当制定并公布关于接受、论证和处理规章制定请求的程序性规章。许多部门已经公布了这方面的规则。

---

① 这一点在与环保署有关的案件中尤其明显。一部关于环保署有害气体污染规章（含有非常严格的法定期限要求）的研究表明，73%（66 部规章）的规章制定都是根据法院命令提出的。Wendy Wagner, et al., *Rulemaking in the Shade: An Empirical Study of EPA's Air Toxic Emission Standards*, 63 Admin. L. Rev. 99, 137（2011）.

② 参见第四部分第三章。

③ 例如，为制定一项有关杀虫剂的职业健康标准，某公益团体在联邦地区法院提起诉讼，此后一个月，尽管法院没有发布任何命令，职业安全和健康管理局仍颁布了一项临时性紧急职业健康标准。Benjamin W. Mintz, OSHA：History, Law and Policy, 99 n.5（1984）.

④ 例如，《有毒物质控制法》允许公民可以请求进行规章制定，要求环保署在收到请求之日起 90 天内做出同意或不同意的决定，如果同意，环保署应立即启动规章制定，如果不同意，应在《联邦登记》上公布理由，如果做出不同意决定或在规定期限内未做出回应，请求人有权提请联邦地区法院对此决定重新审查。Envtl. *Def. Fund v. Thomas*, 657 F. Supp. 302（D.D.C. 1987）.

1986 年，美国行政会议完成了一项关于行政部门处理规章制定请求状况的研究。根据研究结果，行政会议指出，虽然大多数部门都建立了一些关于规章制定请求的处理程序，“但却极少有部门在处理以及快速回复请求方面建立起完善的规范体系”。因此，行政会议建议为规章制定请求的接受、论证和及时处理建立一套基本的程序规则，包括请求人的地址、请求内容、请求文件的保管、及时通知请求人处理情况等规定。此外，行政会议还建议行政部门应该“制定一套有效的方法来通知利害相关人某项请求已被提交”，同时建立“内部管理手段以保证请求书可以被及时处理”，这些方法包括确定做出临时行为以及最后决定的截止日期等。行政会议在 1995 年建议，“必要时，总统（通过发布行政命令）或者国会可以命令在规定期限内对请求进行回应”。实践中，行政部门经常直接，或将其作为发布更广泛的拟制定规章通知的一部分，向社会征求对有关规章制定请求的评论意见。

实际上，最高法院在此前已经建议，当对行政部门未制定监管政策提起诉讼时，“《行政程序法》中已明确规定了应适用之程序：请求行政部门制定规章的（第 553（e）条），如果拒绝，必须说明理由（第 555（e）条），并且可以向法院提起诉讼（第 702 条、第 706 条）”。

无论是否已颁布关于规章制定请求的法规，行政部门都应充分告知请求人提供数据、法律和政策依据来支持其启动规章制定的请求，这样的请求更容易获得积极回应。行政部门拒绝规章制定请求，已成为法院推翻其拒绝规章制定决定的一个主要理由。[①]

3. 部门重点方向的确定

大多数情况下，行政部门缺乏足够资源去制定所有规章。正如美国行政会议总结的那样，像职业安全和健康管理局这样的部门每年只能从成千上万个

---

① 例如 *Massachusetts v. EPA,* 549 U.S. 497（2007）。也可参见第四部分第三章。

值得关注的危险因素中选择一小部分进行规章制定。尽管行政部门在设定规章制定重点方面拥有大量裁量权，然而如何选择实施项目，即用何种机制来确定重点，“对于行政部门、被监管行业以及相关从业者（受保护的群体）来说更是重中之重”。

在行政部门确定重点方向时，一些授权法要求其在规定期限内实施行政行为，还有一些法律只是宽泛授予行政部门这方面的自由裁量权。通过指导行政部门的具体规章制定行为，法庭也可以单独作出命令——或与其他命令一起——有效地帮助部门确立其活动重点。[①] 实际上，这种法院主导规章制定活动的做法已招致批评，因为法院可能缺乏足够的专业知识来设定行政部门规章制定的进程。认识到这一不足，法院也已逐渐在确定重点和资源分配上给予行政部门足够的尊重。按照第 12,866 号行政命令确定的规制计划程序，总统与管理和预算办公室在审查规章制定活动重点方向上一直扮演着重要角色。[②] 自 2001 年至 2006 年，信息与规制事务办公室曾采用过一项名为“即时信”（prompt letters）的制度。这些信函不具有法律效力，主要是告知行政部门在某些事项上应考虑制定或修改规章。[③] 该制度终止于 2006 年。

鉴于上述原因，确定重点的任务便主要由行政部门承担。当然，这并非易事。在其第 82-5 项《建议书》中，美国行政会议着重阐述了一部关于致癌化学物质法规的重点设定问题。行政会议认为，目前所估算的致癌物数量超出了“行政部门能够评估和控制的”范围，必须建立一套“优先机制”（prioritization system），确保将来能最大限度地以最经济的手段对最具危险性的化学物质进行控制。[④] 克林顿政府的国家绩效评估委员会也敦促行政部门：（1）对环境、健康或安全风险的严重性进行分级；（2）为有关规制问题制定未

---

① 第四部分第三章将讨论要求行政部门实施规章制定活动的法庭命令。

② 参见第一部分四对第 12,866 号行政命令的讨论。

③ 信息与规制事务办公室曾发放过 13 封此类信函。http：//www.reginfo.gov/public/jsp/EO/promptLetters.jsp.

④ ACUS Recommendation 82-5. 建议重点确定程序应允许利益相关方提交其观点和数据。

来长期计划以及预期实现途径。

此外，行政部门，尤其是从事健康和安全监管的部门，需要意识到还存在这样一种可能性，即非政府组织制定的自发性标准可能会在确定重点中发挥作用。考虑到合理的安全保障因素，行政部门应与这些私营行业的标准制定组织合作，评估其标准是否可以纳入到政府标准体系中来。实际上，1995 年制定的一部法律即要求国家标准和技术局（National Institute of Standards and Technology）"协调联邦政府部门对私营部门标准的使用"。[①] 此外，行政部门还被要求考虑国际贸易立法中的国际标准。[②] 另一个重要的国际性组织是国际标准化组织（International Organization for Standardization, ISO），其发布的标准也越来越多地融入美国法体系中来。当对内容一致的标准进行合并时，行政部门须认真遵守有关"参引合并"（incorporation by reference）的规章和政策之规定。[③]

4. 其他影响行政部门做出规章制定决定的因素

其他一些组织也可以在规章制定活动中发挥一定作用。一些监管性法律要求行政部门进行协商式规章制定[④]或联合规章制定，或在规章制定程序启动之前向咨询委员会或者小组咨询。有的法律会授权其成立但不要求在规章制定中使用咨询委员会。[⑤] 当然，我们也绝不能低估政治因素的影响以及政府执政变化所导致的政策变化，这些更替中既有即将离任政府出台"半夜规章"的情

① National Technology Transfer and Advancement Act of 1995（《1995 年国家技术转化与促进法》）, Pub. L. No. 104-113, § 12（a）（3）. 也可参见第二部分第三章十、2。

② 关于国际标准的讨论，参见下面第七章一、3。

③ 参见第七章三、2。"参引合并"指的是在制定法律时，用参引的方式而非以明示包含或重复的方式将原法律中的章节大部分并入后来的法律。——译者注，引自《元照英美法词典》。

④ 参见本章二、2。

⑤ Occupational Safety and Health Act（《职业安全和健康法》）, 29 U.S.C. § 656. 也可参见第二部分第三章三、5 对《联邦咨询委员会法》的讨论。

形，也有新任政府撤销前任政府规章的努力。[①]

5. 诉讼和解与双方同意判决

诉讼和解（litigation settlement），有时候表现为双方同意判决（consent decree）[②]，对约束行政部门规章制定活动产生了越来越重要的影响。这方面一个重要的例子是 2006 年法院的一项双方同意判决——要求能源部在 30 个月内颁布分别的涉及 22 种电器能源效率的规章。

更大的争议来自于那些约束未来政府发布规章行为的双方同意判决。司法部长密西（*Meese*）在 1986 年的一份政策声明中就此问题指出如果双方同意判决“剥夺了政府官员自由裁量权”或“将政府官员修改、修订或公布法规的裁量权变成一项强制性义务”，则应禁止行政部门接受双方同意判决。该观点也使得双方同意判决与规章制定权之间一直以来处于“无明显争议”状态，但后来发生的一起案件使这一问题又重新浮出水面，而且“可能会引发更大矛盾”。

这就是发生在克林顿总统执政后期的海牛保护组织诉巴拉（*Save the Manatee v. Ballar*）一案。该案中，原告认为政府未能有效保护濒危的佛罗里达海牛，一些商业组织也作为被告被卷入该案，各方最终于 2001 年达成双方同意判决。法院责成美国鱼类与野生动物管理局（Fish and Wildife Service, FWS）制定有关海牛保护的规章，要求该局在 2001 年 4 月之前提出规章制定计划安排，并在 2001 年 9 月之前公布最终规章，将新的海牛避难所和自然保护区设在佛罗里达。2002 年早些时候，鱼类与野生动物管理局公布了最终规章，但只设立了两个避难所，没有设立自然保护区。原告重新向地方法院起

① 参见第一部分 四、4（f）。

② 双方同意判决是指在衡平法诉讼中，经双方当事人同意的判决，它不是严格意义上的判决，而是经法庭核准的和解协议，对双方有约束力且不能复审，除非因欺诈或双方错误而取得。该判决对法庭无约束力。——译者注，引自《元照英美法词典》。

诉，认为被告违反了2002年7月法院裁定的和解协议，但代表该局应诉的司法部律师认为此前相关判决无效。他们主张，如果和解协议要求鱼类与野生动物管理局制定规章——结果会导致保护区遍布全国，这违反了《行政程序法》的规定，将使通知-评论过程形同虚设。地方法院最终驳回该局的申辩，责令其于2002年11月1日前发布最终规章。

当然，大多数民事诉讼都以和解告终，双方同意判决是具体执行这些和解结果的常用手段，但当政府是一方主体且双方同意判决需要解决未来规章制定问题时，则需要进行一些特别考虑。

一些规章制定案件中的双方同意判决，可能会要求行政部门从更广泛的视角来重新考虑一部规章，或者要求行政部门去考虑或提出详细的修改意见，或发布涉及规章适用的特别指引。还有一些双方同意判决，可能会为规章的制定或发布设定时间表以及最后期限，或要求行政部门对规章制定进行某些研究，或列出行政部门在制定监管措施时应遵循的标准，或要求行政部门拓宽政策方向或者采纳新的监管方案。

诉讼和解程序部分取决于审查是由地区法院还是由上诉法院来进行。地区法院可以将和解结果制作成双方同意判决，而在上诉法院，通常在做出和解协议同时，会向法院提出动议，要求其将案件暂时搁置、撤销案件或将规章发回部门（撤销或不撤销规章）。如果法院保留管辖权，暂时中止上诉期间可以包含和解协议的执行时间。

在上诉法院审查中，或者在地方法院没有做出双方同意判决的案件中，撤销或暂时中止诉讼都会产生相似的效果。有学者认为，"如果司法部门中止规章审查，特别是撤销规章，其效果等同于根据私下协商，没有经过公示和评论，便否定了通过通知-评论程序制定的规章"。[①] 这会促使行政部门重新对一

① Russell S. Frye, *The Role of Judicial Settlements in Driving Rulemaking—Overview*, ABA Administrative Law Section Institute, 7th Annual Administrative Law and Regulatory Practice Institute（May 3, 2011）.

部规章进行考虑。

此外，还有一点行政部门不必担心，他们在规章制定中不会因《联邦侵权赔偿法》（Federal Tort Claims Act）规定的过失情形而被起诉。

二、程序性决定

一旦行政部门决定进行规章制定，从长远来看，做一些前期准备可以简化这一过程。首先，必须考虑到信息技术在规章制定和提高公众参与方面日益重要的作用。行政部门还应考虑，在实施一项明确的行政行为之前，如召开听证会、论坛以及发布拟制定规章通知等，是否有必要先征求公众对于这些议题的初步意见。在制定某些类型的规章时，协商式规章制定也是一项可以考虑的技术手段。

1. 拟制定规章预通知

《行政程序法》没有对行政部门发布拟制定规章预通知（advance notice of proposed rulemaking）作出规定。然而，一些监管性法律，如《美国联邦贸易委员会改进法》、《消费者产品安全法》和《能源政策与节约法》等，均要求在进行规章制定之前先发布拟制定规章预通知。发布拟制定规章预通知的目的是告知公众行政部门正在考虑某一领域的规章制定，通常会请求公众对规章制定的合理范围或具体议题提出书面意见。

对行政部门来说，拟制定规章预通知在很多情况下都很有意义。例如，针对规章制定请求或其他“启动规章制定”的情形，行政部门可能会就其应做出何种监管措施征求公众意见。这时候，在《联邦登记》上发布的通知通常会被冠以“对有关规章制定请求征求意见”、“收到请求通知”等类似标题。有时即使行政部门已决定（或者被要求）进行规章制定，也会发布预通知征求公众意见以协助其形成拟制定规章通知（NPRM）。在拟制定规章评论期间，拟制定规章预通知对于缩小规章制定议题范围非常有帮助，显然这对公众和行政部门双方来说都是好事。

尽管从一些行政部门频繁使用拟制定规章预通知的行为来看，这对于规章制定的前期准备有很大价值，但它也面临被过度使用甚至滥用的危险。例如，在一些案件中，职业安全和健康管理局在特殊情况下使用拟制定规章预通知的行为，便被法院认定有拖延履行应尽快启动重要规章制定义务的嫌疑。[①]向美国行政会议提交的一份关于职业安全和健康管理局规章制定的报告指出，“政府雇员与规章制定请求者们都普遍感到，拟制定规章预通知很少能为职业安全和健康管理局提供有用信息，公众根本不愿意在拟制定规章预通知阶段提供自己的信息”，而且，如果提供了信息，各方也都不希望将其公开，以免“导致泄密或对后续工作造成妨碍”。

2. 协商式规章制定

1990 年，美国国会批准行政部门可以采用一种被称为“协商式规章制定”（negotiated rulemaking）的替代性程序。[②]该程序——有时也称为“规制协商”——已被相当多的行政部门采用。通过这一程序可将有关各方纳入规章起草的早期阶段，以促进各方合作，为解决监管问题达成共识。协商式规章制定的成功之处在于，由于其建立在对受影响各方更清晰的理解之上，因而能形成更好的、更具可接受性的规章。通过协商制定的规章可能会更容易被执行，在诉讼中受到挑战的可能性也会更小。

除特殊情况外，《行政程序法》要求，当行政部门计划就某一特定主题制定规章时，要将拟制定规章草案发布在《联邦登记》上，并为公众提供机会发

① United Steelworkers of Am. v. Pendergrass, 819 F.2d 1263, 1268（3d Cir. 1987）.

② Negotiated Rulemaking Act of 1990（《1990 年协商规章制定法》）, Pub. L. No. 101-648, 104 Stat. 4969（codified at 5 U.S.C. § 561-570）。参见第二部分第三章六对该法的讨论。

表意见。[①] 但《行政程序法》并未指定由谁来起草拟制定规章草案，也没有任何特别程序来控制起草过程。通常情况下，行政部门的工作人员有权决定公众参与的程度。当行政部门考虑或者起草拟制定规章草案时，他们与监管相对方或公众的接触通常是非正式的、无组织的。而且，可能受影响的各方之间并没有机会交流观点，即使行政部门举行听证也是如此。

规章制定程序的动力在于，在拟制定规章建议提出前进行沟通时，以及在对公布的拟制定规章草案提出意见时，鼓励利益相关方在其书面和口头陈述中表达各种不同立场。利益相关方可能会选择隐瞒那些他们认为有害的信息。他们可能看上去对每项主张都很重视，这样会导致行政部门搞不清当事人到底更重视哪些问题。通常，评论者很少会愿意承认别人的观点正确。当各方都试图为自己在未来可能出现的诉讼中谋求有利地位时，这种对抗气氛往往会导致监管活动付出更多成本，并造成延误。导致上述困境的原因就是，中间环节缺少各方交换意见的机会，以及形成建设性、创造性解决问题方法的平台。

协商式规章制定中，行政部门会派出一名或多名被称为“会议召集人”的中间协调者，召集受影响各方代表组成一个委员会，共同对拟制定规章进行协商。该过程之目的是达成各方均能接受的规章文本。在委员会中，代表行政部门的官员应有足够的级别以使其有足够权限能代表该部门做出表态。然而，协商会议不是由部门代表主持，而是由一位中立的、有解决多方争议经验的协调人或组织人主持。

显然，协商式规章制定并非适合所有行政部门使用。《协商式规章制定法》为行政部门使用协商式规章制定设定了几项标准[②]，包括：（1）规章是否会对有限的可识别的利益相关方（数量一般不超过25个，包括相关的行政部门）产生重大影响；（2）是否能组成一个人员分布均衡的委员会，该委员会可

① 参见第三部分第三章和第四章。

② 5 U.S.C. § 563.

充分代表各方利益，能够真诚沟通，并就拟制定规章达成共识；（3）在谈判过程中是否会无故延迟发布规章；（4）行政部门是否有足够资源来支持协商委员会；（5）行政部门是否能在最大程度上与其法定职责保持一致，将委员会达成的共识作为制定规章的基础。上述标准主要来源于行政会议建议及行政部门使用这一程序的实践经验。[①]

此外，应该提供各种不同议题以供参与各方根据其自身偏好进行优先排序，从而可以在一些议题上找到妥协空间以最终达成一致意见。然而，有一点很重要，即协商议题并不要求各方在根本的原则性问题上妥协，否则就无法实现有意义的协商。还有一点应当明确，各方必须表明进行诚实协商的意愿，没有任何一个利益方可以单独控制协商进程。

协商委员会的目标是就一部规章草案达成共识。除非委员会全体成员一开始就一致同意对“共识”（consensus）一词进行其他解释，该词通常被理解为一致同意的协商结果中所体现的包括行政部门在内的各方所代表的利益。协商者通过对其自身关注重点进行评估，并作出权衡，在他们认为最重要的议题上得出一项可接受的结论。完成协商的最后期限可以由法律、行政部门或其他情形确定，这可为协商过程带来一定程度的紧迫感，有助于协商者就拟制定规章达成共识。另一方面，当参与各方都感到自己有“达成协商一致的最佳替代方案”（Best Alternative to a Negotiated Agreement）时——比如希望通过政治程序从行政部门或国会获得一个更好结果，此时达成一致意见的机会则会降低。

如果委员会就拟制定规章通知达成共识，行政部门一般会基于这一共识来公布规章草案，行政部门也通常会在事前对此做出承诺。这种承诺并不意味着行政部门放弃履行其法定职责，因为没有行政部门对委员会意见的认可也就

① ACUS Recommendation 82-4, *Procedures for Negotiating Proposed Regulations*, 47 Fed. Reg. 30,708（1982）; 85-5, *Procedures for Negotiating Proposed Regulations*, 50 Fed. Reg. 52,895（1985）.

不会有最终一致成果的实现。① 即使对于一部规章草案没有达成全体一致的协商结果，但对于行政部门缩小问题的争议范围，确定解决问题的必要信息，确定重点问题的优先顺序，找到可接受的解决办法等，也会有很大帮助。

协商式规章制定应被视为是对《行政程序法》规定的规章制定活动的补充，这意味着协商会议通常发生在发布拟制定规章通知征求公众意见之前。在某些情况下，在规章制定开始后也可以进行协商。但应强调的是，协商式规章制定绝不是为了减少行政部门遵守《行政程序法》的义务，也不是要减少其在法定职权范围内制定规章的义务，或充分解释其制定结果的义务。

正如本书第二部分所述，《协商式规章制定法》的目的是要明确行政部门使用该程序的权限。该法规定了基本的公告发布要求，包括向那些认为协商委员会没有充分代表其利益的公众提供申请成为委员或获得更充分代表的机会。该法还明确了《联邦咨询委员会法》是否适用于协商式规章制定的问题。②

对于协商式规章制定各个方面的讨论，读者可参考美国行政会议在 1995 年撰写的《协商式规章制定概览》一书。③ 该书提供了在《联邦登记》上发布必要的通知及其他相关文件的样本，对实施协商式规章制定活动进行分步骤指导。该书还包含了大量分析文章，对已经使用过此程序的一些联邦行政部门，包括环保署、职业安全和健康管理局、交通部等的经验进行了研究。

最后，应当注意的是，虽然看上去协商式规章制定正受到各州热捧，但联邦层面上的政府部门似乎正在减少其使用。笔者在对 2008 年协商式规章制定的开展状况进行研究时发现，“自 1991 年初（也就是《协商式规章制定法》颁布的第二年）到 1999 年年底，共成立了 63 个不同的协商委员会，然而从

① 这种认可不能否定行政部门在最终规章制定阶段作出改变的权力。Nat. Res. Def. *Council v. EPA*, 859 F.2d 156, 194-95（D.C. Cir. 1988）.

② 5 U.S.C. § 565；也可见第二部分第三章五和六。在扩大协商式规章制定的使用问题上，该法对于协商式规章制定适用之规定与克林顿政府减少咨询委员会数量的命令之间也产生了一些冲突。 Steven P. Croley, *Practical Guidance on the Applicability of the Federal Advisory Committee Act*, 10 Admin. L.J. Am. U. 111, 112-14（1996）.

③ Negotiated Rulemaking Sourcebook（David M. Pritzker & Deborah S. Dalton eds., 2d. ed. 1995）.

2000年到2007年底，只成立了22个，成立数量从每年大约7个减少到3个。更令人惊讶的是，拥有法定授权的委员会的比例却从初期的36.5%（23/63），在最近上升到了68%（15/22）”。[①]

笔者曾尝试对协商式规章制定褪色的原因做一探究，发现其原因可能有：

（1）美国行政会议于1995年解散。美国行政会议不仅提出了引导行政部门尝试使用协商式规章制定的建议，也最终促成了《协商式规章制定法》的颁布。国会也赋予美国行政会议一系列与技术有关的官方职责：编辑数据，信息交换服务，向国会提交报告，提供培训，甚至承担行政部门在实施协商式规章制定中的费用（包括向召集人，主持人以及委员会成员支付报酬）等。当1995年美国行政会议失去资金支持后，其职责也不复存在。一年后，《协商式规章制定法》进行修订，要求总统“指定一个部门或……跨部门委员会，以促进和鼓励行政部门使用协商式规章制定”。于是克林顿总统将此前根据第12,866号行政命令成立的规制工作小组，指定为相关工作的领导机构。但现在看来，规制工作小组已不再是一个功能实体，它也不再参与任何对协商式规章制定提供支持的工作。随着2010年美国行政会议的重建，行政会议有望能重新被赋予这方面的职责。

（2）预算原因。

①开展一次协商式规章制定比组织一次通知－评论程序要花费更大成本。当程序进展顺利时，这些前期成本应该会物有所值，因为最后阶段需要考虑的评论意见较少，被起诉到法院的可能性也会降低。但即使这些效果都有，预算人员仍然会倾向于从短期角度来看待问题——“本财政年度中都有哪些项目需要资金支持”？上述成本是现实存在的，而任何所谓的成本节约只是一种预测，下一年度还有可能增加。

---

① Jeffrey S. Lubbers, *Achieving Policymaking Consensus: The（Unfortunate）Waning of Negotiated Rulemaking*, 49. S. Tex. L. Rev. 987, 996（2008）.

②另一个预算问题涉及协商式规章制定对利益相关方的要求：参加一系列协商会议可能需要大量的资金投入。这对环境组织和其他公益团体来讲是一个大问题。原来的《协商式规章制定法》规定要提供资金支持，但这些支持已经逐渐减少。

③被委托执行总统规制审查程序的信息与规制事务办公室的官员们对此开始明显缺乏热情。第 12,866 号行政命令是支持协商式规章制定的官方表态，但信息与规制事务办公室的工作人员却不太积极。笔者认为，协商式规章制定程序业已成熟，通过这一程序受影响各方在拟制定规章协商结果上签字表示同意，而且如果一旦最终规章被更改，正常的审查程序仍然可以发挥作用，该办公室应对此表示欢迎。

④《联邦咨询委员会法》对该程序的适用性。《协商式规章制定法》明确指出,《联邦咨询委员会法》可以广泛适用于协商式规章制定活动。但在 20 世纪 90 年代出现了一个问题，克林顿政府减少咨询委员会数量的命令与它声称的增加使用协商式规章制定的意图产生了一些冲突。当协商式规章制定委员会被允许可以免予遵守《联邦咨询委员会法》规定的委员会数量上限后，冲突才得以解决。但除了单纯的数量要求外,《联邦咨询委员会法》要求的制定章程、保持预算平衡、促进开放性等规定可能也会消磨行政部门实施协商式规章制定的热情。

⑤外界的批评。这些批评主要有两个目的，第一种观点认为，协商式规章制定导致部门过于容易推卸自己的责任而接受协商一致的规章——这样会把监管责任转嫁给被监管方，有时会导致协商结果不属于该部门的法定权限范围。第二种批评认为，协商式规章制定所谓的节省时间和诉讼成本是虚无缥缈的。笔者认为，第一种担忧在很大程度上是理论性的，如果在协商会议召集阶段处理妥当的话，可以把合适的利益相关方和部门的代表都集中到谈判桌前。此外，如果达成的规章在某种程度上偏离了部门的法定权限，受到不利影响的各方还可以向法庭起诉。至于第二种，笔者认为，在一定程度上它忽视了一

点，即使协商式规章制定确实需要比传统规章制定花费更长时间，对这一程序来说一个很大的好处是，可以将利益相关方带入到规章制定乃至最终的规章实施中来。因此，如果协商式规章制定程序可以使最后达成的规章得到更长久、简便的施行，即使这一程序再长也值得尝试。

因此，笔者的观点是，尽管行政部门还有其他推动公开讨论的手段，但弱化协商式规章制定的作用很不明智，这不是因为它是万能的，而是因为当其合理使用时会发挥出非常大的效用。

三、电子规章制定

90 年代初，随着计算机数据库管理技术的兴起，“电子规章制定”（electronic rulemaking）开始变为现实，但直到 1994 年，通过互联网上的“电子公告栏”来推动规章制定仍属于新鲜事物。1998 年本书第三次出版时，也仅对这一问题做了非常简短的介绍。

直到 2005 年，电子规章制定的时代才真正降临。时至今日，随着联邦政府规章制定平台 www.regulations.gov 的日益成熟，大多数规章制定都得以通过电子化完成。[①]1994 年，联邦登记办公室率先使《联邦登记》每日更新的内容以及《联邦法规汇编》在网上免费发布。各部门紧随其后，丰富和完善了它们的网站。一些部门目前仍在向公众发布清单明细表，对其监管活动进行公告。更大的进步在于，联邦政府层面的网络平台已经搭建，允许公众查询政府文件[②]，搜索成千上万个由行政部门提供的数据库[③]，以及对所有未最终制定完成的规章提出建议等[④]。这些工作有些始于克林顿政府，小布什和奥巴马政府

① 参见国家档案和记录管理局（National Archives and Records Administration）制作的行政部门电子规章制定网站链接清单。http：//www.archives.gov/federal-register/public-participation/rulemaking-sites.html.

② http：//www.usa.gov/.

③ http：//www.data.gov/.

④ http：//www.regulations.gov.

则加速了其整体电子政务战略发展的步伐。

正如第二部分第三章（E-Government Act）所讨论的，2002 年《电子政府法》的颁布也刺激了这些发展。该法要求，“在切实可行的范围内”，行政部门应在规章制定中接受电子化文档提交，并且要创建“一个可以通过网络访问的规章制定电子档案，将所有公众意见以及行政部门在制定规章过程中产生的其他材料纳入其中，不论这些材料是否以电子方式提交”。由环保署牵头制定的“电子规章制定行动计划”（E-Rulemaking Initiative）是布什政府提出的 24 个“电子政府”项目之一。该计划的首要任务是完成自 2003 年 1 月以来提出的 www.regulations.gov 网站建设。第二个任务是建立一个名为“联邦档案管理系统”（Federal Docket Management System）的统一电子规章制定档案系统。由于各行政部门自己建立的档案系统差别较大，因此这一任务花费了较长时间才得以完成。

美国律师协会也建议政府更多地运用电子规章制定，并于 2008 年资助了一个特别委员会来专门研究这些建议的落实情况。一些社会团体、组织还就这一问题举办了一些研讨会，这些会议对研究电子规章制定的潜在利益以及该领域面临的政策和技术挑战等提供了很大支持。

1. 潜在利益

电子规章制定的优点很多，众所周知的主要有促进信息传播，扩大公众参与，提高政府运行的透明度，使政府更加高效，增进公众对政府的信任度等。评论者们现在只需敲敲键盘就可将意见通过邮件发给行政部门，行政部门可以把全部评论意见都发布在网上供所有人浏览、回应，这也宣告了那个必须亲自去首都华盛顿的某个灰尘遍布的档案储存室查阅文件的时代已经落幕。同时我们可以发现，自电子规章制定诞生以来，加强通知－评论程序的措施不断涌现。[1]

在电子规章制定时代，“通知”得以进一步改进并更广泛地传播。任何人想要获得通知，只要他提出请求，通知便可自动生成发送。替代性或修订过的通知草案在发布时都带有明显的修改标记，可以通过关键字对其进行检索。此外，相关研究结果，法定的规制分析草案及其他信息都可与通知链接，为公众查阅提供便利。通过使用请求评论表格、将规章草案分段征求意见以及将评论意见归档等方式，可以使评论程序变得更便于使用，更贴近行政部门的需求。在规章制定的最后阶段，也可以运用一些新型发布技术，如为所有相关的规制文件以及最终规制分析提供链接，对公众意见和行政部门回应进行分类等。除此之外，随着透明度的不断扩大，评论者可以借鉴前人意见，完善自己的观点。进行规模不大的规章制定时，参与者可以在某项议题上部分达成一致意见并且纳入到最终规章中来。由于规章制定记录可以帮助我们更深刻地理解一项规制措施实际的实施情况，这种在线交流可进一步使司法部门受益。透明度的增加也可以减少那些对决策者受单方面沟通影响的担心。简要列出规章摘要可以使有关各方更方便地了解相关事项。

此外，如何使用这些电子手段进行更多交互式（interactive）规章制定也备受关注。诸如对规章草案进行“协商对话”，开设“网上谈话室”或进行“电子化协商规章制定”等建议也不断涌现，但到目前为止，这些潜在领域尚未得到充分开发。

电子规章制定是否会彻底改变公众参与方式仍有待观察。正如一位评论人士的总结，“电子规章制定可能会从根本上改变整个进程，但也有可能只是简单地将已经建立起来的纸面程序数字化而已。”如何应对下文将要讨论的话题可能会决定电子规章制定的未来命运。

① 但如果行政部门只在网上发布拟制定规章通知，而不在《联邦登记》上发布，这也不符合《行政程序法》要求。Util. *Solid Waste Activities Group v. EPA*, 236 F.3d 749, 754（D.C. Cir. 2001）.

2. 法律和技术问题

1996年，在一个关于未来十年行政法发展进程的研讨会上，笔者引用了当时出现的“信息革命”概念，提出了如下观点：

“行政部门正开始使其文件信息化。这将引发何种新问题？可能会涉及安全、保密、黑客、身份验证、备份需求以及为不懂互联网的操作者提供纸质文本等。此外，除了《文书削减法》的规定，如何使电子邮件的使用符合《信息自由法》的规定？该领域越来越要求进行一些兼具启迪性、平衡性和技术性的政策制定。众所周知，法学专家和技术人员经常难以很好相处；然而在这个领域中，跨专业的沟通已成为必要。”

经过漫长的发展，政府网站现在已变得非常有效。短短几年，在线《联邦登记》、《联邦法规汇编》、《联邦规制和减少规制行动统一议程》等电子文件已使那些纸质文本黯然失色。1996年的《电子信息自由法修正案》[①]使得行政部门主动提供的信息数量呈现几何倍数增长。

科技正以它一贯速度快速发展，但法律的发展速度却相对较慢，还有大量关于电子规章制定的课题有待法学家、管理者以及专业技术人士去探索研究。未来的目标是，在保持过去60年间成功经验的同时，如何从总体上使规章制定程序得以转型，当然，有些转变已经发生。正如赫兹教授观察到的，在电子规章制定的帮助下，“一种非正式规章制定档案理念已牢固确立”。[②]他指出：《行政程序法》对此没有规定，而且历史上对这一概念的认识也并不统一，因为通知－评论程序并不是一种记录在案（on-the-record）的活动。在上一个

① 对该法的一个重要补充是，要求行政部门将那些以前经常被要求、未来也可能被要求公开的文件公布出来。5 U.S.C. § 552（a）（2）（D）. 大部分部门选择将这些文件放在本单位网站上公布。

② Michael Herz, *Rulemaking Chapter*, in Developments in Administrative Law and Regulatory Practice 2002-2003, at 148.

时代，由于法院以及一些立法（如《清洁空气法》）主要将通知 - 评论程序作为“书面听证”来对待，人们也普遍把非正式规章制定简单视为档案加记录。这种表述和理念也影响了电子规章制定领域很多年。因此，《电子规章制定法》要求行政部门“根据第 553（c）条的要求，确保在网上公开……在规章制定中形成的材料，无论其是否包含在规章制定档案中”。

可以看到，规章制定（以及档案制作）过程的这一转变主要有两个目的。一个是信息目的——为每一次规章制定提供全方位、无缝隙的审查。“全方位”是指“水平”视角——包括规章制定过程的每一个重要步骤，从国会颁布法律授权制定规章到部门进行最初的准备（可能是发布一份“拟制定规章通知”），一直到这个过程的最后一步——是否形成最终规章，司法审查中的一个裁定，或后期行政部门的修订、解释、指南或实施等。实现这一目的，至少需要进行适当的档案范围界定和排序，以便行政部门能为这些活动编制档案目录，并且保证有关各方知晓并查询。理想状态下，这不仅包括草案文本和最终规章文本，还包括公众评论意见、草案说明序言、单方面沟通材料、听证会的录音或者录像资料、管理和预算办公室的审查文件、① SBREFA 审查小组的文件、② 相关的陈述、模型、风险评估、同行评论信息、国会的审查文件、有关法庭程序等。当然，第一步至少应确保那些草案与最终规章联系在一起。

在规章制定中，一项“有意义的程序”的构成最好尽可能由这种程序的使用者来确定。因为许多新的规章制定都脱胎于以前的规章制定，或者与其他并行的规章制定有联系，所以一个真正的“无缝隙”视角应该允许使用者总揽过去和现在的规章制定，找到它们的连接点、相似之处以及一致性（或不一致性）。

---

① 例如，第 12,866 号行政命令的第六部分要求在审查规章制定的过程中，管理和预算办公室和行政部门应公开管理和预算办公室与外界以及与其他行政部门之间的交流信息。参见下文第六章二、2。

② 这里指针对环保署和职业安全和健康管理局的规章制定活动，根据 1996 年《小企业监管公平法》要求成立的特殊的审查小组。5 U.S.C. § 609. 参见下文第四章二。

除横向的时间视角外，也应为公众提供一个了解规章制定的“纵向”视角，即对档案中现有的那些重大规章草案以及最终规章附带的公众评论、外部研究和分析等进行“深度挖掘”——可能的话，再通过链接对上述一手研究资料中被参考的二手研究以及分析成果进行“深度挖掘”。充分实现这一目的的有效途径是行政部门将档案记录在网上进行公布。行政会议也已建议行政部门采取措施以确保能够查阅到已完成的规章制定的相关材料。

第二个是参与目的——让参与者与其他利益相关方实时参与到规章制定程序中来成为可能——这是形成最佳规章文本的一条理想途径，可以使各方更加理性、相互影响、减少对抗。而且随着信息过滤技术的日益成熟以及个性化需求得到更多满足，评论者也能够更集中地关注他们自己的特殊利益并提供更有针对性的评论意见。

无论是信息目的还是参与目的，所引发的问题都需进一步研究和验证。可喜的是，美国行政会议的恢复重建已对这些挑战做出回应，并开始提供一些相关指导。

（1）关于信息化目标的问题。

①如何对现有信息资源进行优化？联邦登记办公室已可以连续更新电子版的《联邦法规汇编》——对所有想知道哪些是现行有效的政府监管措施的人们来说，这本身就是一大福音。而且随着 www.regulations.gov 网站的发展，它应该成为所有规章及相关文档的“一站式服务平台”，包括非立法性规章。几年前，汉密尔顿（*Hamilton*）和斯科罗德（*Schroeder*）两位教授将环保署根据《资源保护和回收法》制定的有关危险废弃物的所有法规进行了分类统计，发现《联邦法规汇编》中共有 697 部此类规章。然后，他们研究了所有相关的行政部门指导性文件（包括办公指令，指导备忘录以及热线反馈等），并将这些指导性文件与相应的规章进行匹配。结果发现，有些规章有许多配套的指导性文件，有些却没有。该项目在 20 世纪 90 年代初由一家咨询公司依靠人工完成，在当时这是一项极为繁琐的工作。但现在如果再做这样一份统计将变得十

分容易——直接点击链接“CFR Annotated”即可完成。

②建立档案的问题。55 名曾参与过规章制定程序的学生联名向管理和预算办公室递交了一封关于建立“联邦档案管理系统”（Federal Docketing Management System）的请求信，阐述了建立档案系统的重要性，并对该系统的设计提出三点建议：

（a）保持数据一致。管理和预算办公室与环保署之间应通过跨部门合作使各种数据长期保持一致。

（b）搜索的灵活性。应重新设计系统，以便用户可使用档案系统中的任何栏目来进行搜索。

（c）易于下载。用户可使用常用格式下载和大批量导出搜索结果。

一直以来，奥巴马政府对这些问题非常关注，并明显提升了 www.regulation.gov 网站的容量。

其他建立档案的问题包括：

扫描问题。扫描问题不再重要，因为行政部门已有能力配备扫描机，提交书面评论已经变得越来越少。

存档问题。关于行政部门是否需要为电子提交的意见保留足够的纸质副件的问题，尽管一开始还存在一些疑问，现在看来已无必要。最近行政会议正在研究一个问题，即如何实现《联邦档案法》与电子规章制定活动的对接？例如，政府官员在推特（Twitter）社交网站上发布关于规章制定的内容，或者公众将对规章的评论意见发布到博客上，这些是否符合《联邦档案法》（Federal Records Act）的要求？该法制定于 1950 年，它将“联邦档案”定义为“文献资料，无论其物质形态或特征，由合众国行政部门制作或者接收的……以及……适当保存的……作为政策、决策、程序、操作或其他活动的证据……或者是因为其在上述行为中的信息价值而保存的”。据此，许多规章制定文件似乎应该被保存起来，这就要求各行政部门对这些文件的处理和维护做出安排——前提是必须得到国家档案和记录管理局（National Archives and Records

Administration, NARA）批准。如果信息是从博客、推特或其他社交媒体获得，上述问题会变得更加棘手。国家档案和记录管理局也意识到这一点，已经提供了一些相关指导。

附件问题。附件带来了病毒以及系统超载等风险，并且电子技术使得评论者们将超大附件或者链接“装”进评论意见变得非常容易。那么，让行政部门筛选所有的信息是否属于其职责范围？如何处理物证、表格、图片以及其他有形物品？行政会议建议，“行政部门应在电子档案中，对评论期间搜集到的所有物品作出描述性记录或者进行拍照登记”。

版权问题。由于公众评论已从联邦政府能轻松掌控的物理文件转化为互联网上人人可以访问的数字文档，版权问题便应运而生——要么是提交者本身便是评论意见的版权所有者，要么是提交的意见中包含未经他人许可的版权成果。相对来说，前者似乎不是问题，因为政府的立场是“提交自己拥有版权的材料当然具有正当性，这些材料可以用于内部审议”，而其他材料的提交则面临难以处理的问题。美国行政会议在2011年的研究表明：“较为妥当的做法是在在线档案中只共享拥有版权的相关材料。例如，某个评论者提交了一本书，行政部门只需要扫描和分享该书的相关页码以及目录，而不是上传整个文本。”如果某人是版权所有者，很在意有多少他或她的成果包含在档案中的话，行政部门应对其尽量少地公布相关材料的请求予以考虑。此外，还有各类进行技术加固的建议，例如通过软件控制对这些文档进行加密，以对下载或者复制行为进行限制。诺维克（*Noveck*）教授也建议：“可以进行简单创新，将评论页面做一修改，允许使用者通过下拉菜单标明某一附件是非公开的（商业秘密）或者是关键的基础性信息。一旦标明，相关数据便会加密，并且传送给相关政府官员，公众便无法获取。”但她也指出，“为保密需要，这一程序中的透明度将受到限制”。此外，“在某一项工作中，用户可以进一步明确版权的处理方法，比如要求验证版权所有者的身份信息，要求转发者必须提供姓名以及邮件地址后方可获得信息等”。

不同级别的用户分类。有些情况下，允许某一类型的参与者（如行政部门的工作人员）可以看到所有内容，而对其他人予以限制，这样做是否合适？是否应当允许行政部门有权要求浏览者进行注册？

身份验证问题。就像诺维克教授指出的那样："《行政程序法》或其他法律既没有规定匿名评论，也没有规定评论人须对评论意见负责。行政部门不可能在所有情况下都对纸质签名进行验证。例如，如果交通部收到一份来自通用汽车公司总法律顾问办公室的评论意见，那么交通部必须根据签名的外在特征来对其进行判断。由于伪造签名属于欺诈行为，这样做可能被指控为欺诈犯罪，因此刑事处罚会对伪造签名产生威慑作用。然而，当评论意见通过网络上类似电子'建议箱'的方式提交时，这些保障真实性的措施效果就会减弱。"

同时，诺维克教授也建议，"评论界面可以设计成同时允许匿名和实名参与，或者把其中一项设定为强制选项。评论者可以选择通过数字证书验证的数字签名来验证发表的意见。或者更简单的方式是，系统设定一个回复地址的验证，即给评论者指定的地址发送确认邮件，要求评论者予以确认"。

关于这一问题，行政部门现在也制定了一些基本标准。按照 2003 年《文书削减法》的要求，管理和预算办公室以及国家标准和技术局发布了大量关于认证问题的指引，包括通过电子通讯方式向政府提交数字签名。①

安全问题。"9・11"事件后，安全问题受到高度关注——要防止未经授权的篡改以及确保潜在的恐怖分子不会获得敏感信息。

隐私问题。在有关调查中，规章制定者们将"确保评论者的隐私保护"列为规章制定的首要关注对象之一。行政部门在允许匿名评论的问题上有不同的政策。但在允许通过姓名对评论者进行识别或搜索问题上，很明显公众对如何保护隐私表示了极大关注。诺维克教授认为："如果我们鼓励对他人的评论

① *OMB, E-Authentication Guidance for Federal Agencies*（M-04-04）, and National Institutes of Standards and Technology（NIST）, Special Publication 800-63-1, Electronic Authentication Guidelines（Draft 3, June 2011）.

进行更有见地的回应，可能引发以下问题：信息发布者可轻松搜索评论意见的新功能将对隐私产生何种影响，并影响到公众参与……当我的名字被‘谷歌’搜索时，我对一项规章制定的公开评论是否可成为全世界都看得到的头条新闻？……强调负责任的评论有助于培养负责任的参与，但互联网上公开评论的公共属性可能会破坏信息自决（informational self-determination）。”

她建议建立“双重认证制度，即把参与者的电子邮件地址注册为用户文档的一部分，而该邮件地址只有行政部门可以看到，公众看不到。”

美国行政会议认为：隐私问题需要更多关注。其研究也表明一个事实，即“由于担心公布评论者的个人信息或在 regulations.gov 网站上的评论中涉及第三方信息是非法的，或是违反个人信息保护政策，行政部门的工作人员可能会对评论意见进行审查”。行政会议也建议，电子规章制定项目管理办公室（eRulemaking Program Management Office）[①] 有必要对《隐私保护法》规定的记录告知制度（system of records notice）在联邦档案管理系统上的应用进行审查，以及对 regulations.gov 网站的隐私警示条款进行审查。行政会议建议：“在使用 regulations.gov 网站时，行政部门应评估联邦档案管理系统的记录告知制度是否遵守了《隐私保护法》规定，其中包括与电子规章制定项目管理办公室合作，评估对联邦档案管理系统的记录告知制度所作的改变是否合理。”

强制提交电子评论。法律上还存在哪些障碍导致行政部门无法只要求接受电子评论而将纸质评论排除在外？原因之一是“数字鸿沟”仍然存在，并非每个人都拥有电脑或者可以便利使用电脑，行政部门仍需继续接受通过邮寄或亲手递交的评论意见。另一方面，“9·11”事件后，鉴于传统邮递方式存在的问题以及对于炭疽病毒的担忧，电子邮件相比之下显得更有效。作为选择之一，除非文件提交者在提交电子文档方面存在困难，行政部门可以要求其以电子方式提交评论意见。

---

① 该办公室设于环保署内，由各参与该项目的联邦行政部门共同资助成立。

（2）关于参与目标的问题。

①如何实现更好、更有针对性的通知目的？如前所述，行政部门正在不断提供更多的网站链接列表（listservs）。

②还能提供更简单、更方便的发表评论的机会吗？诺维克教授建议："行政部门应将一部规章分段，以便对特定部分和文本整体分别进行评论……这样的话，规章制定者可以弄清楚规章的哪些内容更容易引发异议，从而先审查这些规章特定部分的评论意见，将其他评论意见留存备查。同时，公众也可将其关注范围限定在对规章特定部分的评论意见上。如果规章篇幅很长、内容复杂、技术性强且涉及多种问题时，这种分割会非常有效。在浏览规章时，评论者可以选择他们感兴趣的任何部分进行评论。"

有的评论者也建议行政部门对相关问题或主题进行编号，这将有助于组织公众进行评论。

③应制订哪些规则来规范规章制定"聊天室"？布兰登（*Brandon*）和卡利兹（*Carlitz*）教授已经注意到，如果对参与者行为不加约束的话，在线讨论很容易受到匿名参与者干扰。常见的问题包括不文明行为，漫无目的、匿名发言，没有明确程序，缺少行为准则等。许多有丰富在线讨论经验的评论人士认为，只有设立管理员，才能更好地进行在线讨论。

此外，应按照哪些规则将讨论内容存档，应赋予更正、免责声明多大的灵活性，是否应允许参与者在聊天室中发送附件，等等，这些也是潜在的需要讨论解决的问题。

规章制定的互动性也给行政部门的官僚体系带来挑战。正如托马斯·贝尔勒（*Thomas Beierle*）教授指出的，"对话同时也显示了对官僚体系的挑战。参与的公众难以很好区分行政部门各种内设机构的职能、具体政策的界限以及其他官僚体系上的差别。这会产生疑问、抱怨以及其他需求，甚至会超出行政部门的掌控"。

最后，应该怎样看待"电子协商规章制定"也是一大问题。它会成为一种更加正式、更为温和的、常规的电子规章制定形式吗？协商式规章制定需要大量前期投入（如召开会议），对于这些成本的担心也使得协商式规章制定看起来正在倒退，电子协商规章制定能否使这一程序变得更加重要，我们拭目以待。

随着建立在博客、微博、社交网络以及其他被称作网络 2.0 版技术之上的“规章制定 2.0”概念的崛起，[①] 上述参与话题受到了更广泛关注。这些技术发展看起来为电子规章制定提供了完美平台，但事实证明它们与传统规章制定程序的融合并不容易。[②]

在电子参与（e-participation）方面最重要也是最有前途的一个试验是被称为“规制房间”（regulation room）的项目，该项目始于交通部与康奈尔大学电子规章制定行动中心（CeRI）的一项协议。试验中，康奈尔大学的研究者和学生们组织了一次网上论坛来讨论交通部提供的规章建议。[③] 作为整个协议安排的一部分，交通部不希望每个规制房间内所有的评论文件都提交到规章制定记录中来，因此，负责管理规制房间的团队首先对所有评论意见进行了初步整理，然后在评论期后，将一份最终讨论意见摘要提交给交通部。

虽然只对两部规章进行了“规制房间”实验，项目负责人仍得出以下初步结论：

> “在总结该项目前期经验时，我们认为，规章制定实际上对电子政府创新是一个极具挑战性的过程。通过使规章制定的正式文件变得更广泛、更容易获取，regulations.gov 网站的电子档案理念可以提高透明度。但采取下一个步骤——实现更好的公众参与——将面临更大难度。目前这一

---

① Cynthia R. Farina et al., *Rulemaking 2.0*, 65 U. Miami L. Rev. 395（2011）（以下称 Rulemaking 2.0）.

② Rulemaking 2.0，第 395 页 。在初始阶段取得的成果增添了人们对基于网络 2.0 技术推动规章制定、建设公开政府的乐观情绪，但这些努力仍面临重大挑战。更广泛的、更好的公众参与受到下列因素制约：（1）不重视规章制定程序；（2）没有意识到规章制定利益所在；（3）冗长复杂的规章制定材料带来的信息负担。

③ Rulemaking 2.0，第 398 页。

过程缺乏现成的、被普遍使用和理解的网络服务或应用，这和‘规章制定2.0’在减少规章制定中阻碍有效公众参与的因素时所要解决的困难一样，必须要发展新方法、新技术。更深层次上，只有让用户对更有效地将信息放到网上发布产生新的期待，或者对公民参与的成果有了新的希望，才会在规章制定中产生公众有效参与的文化。”

3. 电子规章制定对规章制定程序的影响

当然，不断扩大的公众参与带来的负面影响是，加大了行政部门消化和应对更多评论的责任。在那些有争议的规章制定中，如潮水般的评论已经司空见惯，电子规章制定只是强化了这一趋势。施特劳斯（*Strauss*）教授对这些可能存在的问题提出了警告：

“我们将看到规章制定评论数量的激增，其中一些具有明显的人为操纵色彩。并且，对于接收这些评论的行政部门来说，辨别哪些有效哪些无效将是一个挑战。然而，一旦他们收到成千上万条评论，便会产生强烈冲动将这些评论看作是电子时代民主的反映——即我们正在听取人民的意见，我们应做的是反映人民的意见；而非我们一边在搜集信息，一边将信息结果反映出来。”

赫兹教授也对此表示认同，“有什么理由让我们如此现实地期望一个部门可以处理上百万条意见，这其中还有无数条属于相互抄袭？以前对此逐条进行认真考虑的模式已经不适用了。不可避免地，行政部门应该像国会议员那样——避免纠缠细节，将精力放在最重要的事上，只要表示‘同意’或‘反对’就够了”。

他警告说，电子规章制定不仅可能会导致信息过度泛滥（虽然技术也可使行政部门有效地对众多评论进行排序和分类），也可能会导致规章制定程序的泛政治化——远离规章制定的技术主导模型，在这个模型中，评论的内容比是谁提交的评论、评论重复的次数更为重要——转而走向某一类型的全民公决。[①] 总之，“新技术迫使行政部门去遵守特定的规章制定过程和功能模式，而不是使部门在独立于新技术的模式下更好地发挥作用”。其他研究人员也发现“格式化评论”现象日益严重，这恰恰验证了诺维克教授对使用机器自动程序生成“垃圾评论邮件”的担心。

由于新技术的出现导致规章制定政治化趋势不断增强的另一个方面是，白宫对于整个规章制定程序有了更强的控制手段。施特劳斯教授指出，管理和预算办公室在“创造这一新手段”中起着核心作用，“白宫的目的是要将所有信息都由其把关以增加自己的影响力”。[②]“对于总统和公众来说，行政部门正在变得越来越透明……现在所有想获取档案信息的人都可以迅速、平等、简便地获得相关信息，包括总统在内，出于政治考虑他也会有动力参与其中。”由此可见，这一潜在的深远发展值得我们深入讨论和研究。

最后，笔者拟重申一下在先前一项针对规章制定者调查中的观点：“规章制定者们已普遍接受了电子规章制定，虽然早期他们也认为这一方式可能利于公众而不利于部门。事实上，即便对通过这一方式产生的众多评论之用途仍普遍持怀疑态度，绝大多数受访者认为电子规章制定的应用普遍提升了规章制定的效率，同时也提高了规章制定的质量。”“早期的状况依然不太明朗。虽然大多数规章制定者没有明确表示他们从这些评论中获得了更多有用的信息或观点，但人们都相信新的方式能带来更多的公众参与。此外，规章制定者一方面

① 赫兹教授举出“无路规章”（roadless rule）的例子——由于试图限制森林局管理的土地上的道路建设，克林顿政府在卸任前夕发布的此类规章面临大量诉讼。这些规章引发了大量法律争议，导致布什政府也考虑在阿拉斯加州制定规章以减少对其进行保护，一些地区法官认为规章制定过程中存在缺陷。几百万条关于拟制定规章的评论却压倒性地支持加强保护。新闻报道也一边倒地将这些评论视为一种公众投票。森林管理局最终调整了最初的规章意图，做出了加强管理的回应。这一规章被视为是“一次最有效的公共规章制定活动的产物”。

② Richard G. Stoll & Katherine Lazarski, *Rulemaking Chapter*, Developments in Administrative Law and Regulatory Practice 2003-2004, at 160（Jeffrey S. Lubbers ed., 2004）.

对新技术带来的内部管理和协调上的好处印象深刻，另一方面，他们也对黑客攻击，以及对他们电子档案中某些信息在全球范围内进行不恰当披露等潜在问题表示了担忧。”

其他一些敏锐的观察人士，如“规制房间”项目的负责人，对此则表示谨慎乐观：“基于早期的‘规制房间’的经验，我们认为应帮助那些利益相关人理解为何应在有效参与上投入大量时间和精力，这项任务远比电子规章制定支持者所能想象到的更为艰巨。同时，相关实践也使我们有理由相信，‘规章制定 2.0’确实可以使一部分公众——当然不是所有的，也不可能是大多数——从对社会事务不关心、不参与到理解甚至是支持的阳光大道上来。”

现在，美国行政会议的注意力都集中在解决相关法律问题上。只要奥巴马政府继续致力于提升联邦档案管理系统和 regulation.gov 网站的质量，“电子规章制定革命”真正成为一场革命的梦想就为期不远了。

第二章

规章分析和审查

正如第一和第二部分所讨论的，关于规章分析和审查的要求散见于不同的法律和行政命令。本章的目的是总结规章分析和审查对规章制定者产生的实际影响。

对于第 12,866 号行政命令提到的“重大规章制定行为”、含有信息收集要求的规章、可能对小企业或州和地方政府产生重大经济影响的规章以及隐含某些其他政策利益的规章来说，行政部门在发布拟制定规章通知（NPRM）时，必须作好解释其为何选择某种规制方案来解决问题的准备，并提供相关证据支持。作这种分析时，通常须提交一份初始（或前期）报告连同拟制定规章通知一起发布，此外，要和最终规章一起准备一份对初始报告的评论意见进行回应的最终报告。①

除非法律另有规定，第 12,866 号行政命令要求对“具有重大经济影响的规章”（economically significant rules）潜在的成本效益进行评估，通过评估对拟制定规章的潜在成本和收益进行评价。它还要求对可以低成本、达到实质性相同规制目标的替代性方案进行说明，并对为何不采纳该替代性方案的法律依据进行简要解释。《文书削减法》要求行政部门证明信息收集造成的负担是正当的。《灵活规制法》② 则要求部门在与拟制定规章通知一起提交的初始分析报

① 关于最终规章需要包括哪些文件的讨论见本部分第七章。

② 44 U.S.C. § § 3501-3520. 参见第二部分第三章三。

告中详细说明拟制定规章对小型实体的可能影响，并对那些拟制定规章的重要替代性方案进行评价。《无资助授权改革法》[①] 基本上是融合了第 12,866 号行政命令的分析要求，将其范围延伸到那些对州、地区或部落政府及私营行业有特殊影响的规章中来。此外，那些关于联邦制度、部落政府、私有财产收入、能源利用以及保护儿童免予环境健康风险的行政命令，可能要求对特定领域的规章制定影响进行分析。[②]

结合这些法律和行政命令要求，本章将讨论以下内容：(1) 根据法律要求进行分析的规章；(2) 通常情况下可适用的法律要求；(3) 审查过程。[③]

一、第 12,866 号行政命令

第 12,866 号行政命令意在减少联邦法规中的重复和冲突，并确保行政部门"只颁布法律授权制定的法规、对法律进行解释所必需的法规，或因公众迫切需要必须制定的法规"。该命令列出了某些政策性要求，即"在法律允许的范围内"，联邦行政部门[④] 需要在颁布新法规的同时审查现行法规，并提供立法建议。奥巴马总统在第 13,579 号行政命令中重申了这一要求。[⑤]

1. 根据第 12,866 号行政命令审查的规章

第 12,866 号行政命令要求行政部门定期制作其所有准备实施的规制措施

① 5 U.S.C. § § 601-612. 参见第二部分第三七。

② 参见上文第一章七。

③ 需要注意的是，有些部门的授权法要求在规章制定中开展某些类型的分析，或者要求其规章考虑对公众或某些特定群体的影响。

④ 和之前一些总统颁布的行政命令类似，第 12,866 号行政命令的第六部分"规制集中审查"仅对行政部门适用，不包括独立管制机构。但在一段较短时间内，该命令也曾适用于独立管制机构。关于总统对独立管制机构的管理权限，分歧仍较大。参见第一部分四、2。奥巴马政府的管理和预算办公室曾发布一份备忘录督促独立管制机构按照该行政命令开展活动。

⑤ Exec. Order 13,579, 76 Fed. Reg. 41,587 (July 11, 2011).

清单，并将清单提交给隶属于管理和预算办公室的信息与规制事务办公室，这些规制措施必须是根据该命令被认为是“具有重大意义”的措施。该命令第 3（f）条将“重大规制措施”定义为可能导致规章制定的措施，这些规章可能：

（1）每年对经济产生 1 亿美元或以上的影响，或对经济、某一经济部门、生产力、竞争、就业、环境、公共健康或安全，或对州、地方或部落政府、社区等，产生实质的不利影响；

（2）严重抵触或干扰其他部门已实施或计划实施的行动；

（3）实质性地改变了津贴、补助、使用费或贷款项目对预算的影响，或实质性改变了接受者的权利和义务；或

（4）因法律命令、总统优先考虑事项或本行政命令设定之原则而提出新的、法律上的或政策上的问题。

如果某一事项被行政部门或信息与规制事务办公室负责人认定“具有重大经济影响”（即属于第 3（f）（1）条规定情形）[①]，该部门必须对其进行诸如成本效益分析等评估。虽然部门应在“可行的范围内”遵守行政命令的要求，但对于紧急情况或是那些受“法定或法院设定的最后期限约束”的行政行为来说，可以另行规定。该命令还允许该办公室负责人可以决定对任一法规实行审查豁免。[②]

尽管在决定部门提交的拟制定规章或最终规章是否属于“重大”规章进而接受审查这一点上，信息与规制事务办公室保留了最终话语权，克林顿政府仍有意使该办公室的审查程序比里根和布什政府时期的审查更具有选择性。虽然行政部门被要求遵守该命令第 1（b）条确定的 12 条“规制原则”（principles of regulation），但被认为属于“非重大”的规制行为可以不经该办公室审查而

① 与此相似的“重要规章”（major rule）定义参见《国会审查法》，5 U.S.C. § 804（2）. 参见第二部分第三章十。

② 根据“规章”的定义，下列具有特定适用范围的规章以及适用范围很小的规章可以获得豁免：（1）通过正式规章制定程序发布的规章；（2）与军事和外交职能有关的规章（涉及非国防物品采购和进出口的除外）；（3）仅适用部门组织机构、内部管理和人事管理的规章。

继续实施。当然，部门必须对其提交给该办公室的规章清单的潜在重要性保持清醒认识，如果部门低估其规章的潜在重要性（或可能引发的争论），有可能会受到更加频繁和密集的审查。

第 12,866 号行政命令还要求行政部门将其正在制定或接受审查的法规的所有信息予以公布，以落实《联邦规制和减少规制行动统一议程》① 的要求。它要求各部门制定年度“规制计划”，每年六月份将该计划提交给信息与规制事务办公室，供管理和预算办公室负责人和其他“顾问”进行审查，该计划须包括部门对现行法规的各项审查计划。此外，该命令还要求设立一个规制工作组，由信息与规制事务办公室负责人领导，以协调规制方案和推动创新。

2. 规制分析的内容

30 多年来，第 12,866 号行政命令要求行政部门对“重要的”或“重大的”规章进行某些形式的规制影响分析，并将这种分析称为“评估”（assessment），但本书会更多地使用其通用名称“规制分析”一词。根据第 12,866 号行政命令要求，规制分析须包括：（1）对预期效益的评估（可量化），“例如，但不限于，促进经济和私有市场的有效运转，提高健康和安全，保护自然环境，以及消除歧视或偏见”；（2）对预期成本进行类似的评估，“包括，但不限于，政府实施规制和企业与其他主体遵守规制的直接成本，以及对经济有效运作、私有市场、健康、安全和自然环境产生的不利影响”；（3）对“合理可行”的替代性方案的成本效益评估，以及对为何更倾向于拟实施的行为而非其他可能的替代性方案进行解释。

1996 年，规制工作组对各类规制分析现状进行了研究，并为行政命令要

① 1996 年标题增加了“减少规制”内容，从 1995 年至今的议程可参见 http：//www.reginfo.gov/public/do/eAgendaHistory.

求提供的重大规制经济分析编写了“最佳实践”（best practices）指南。[①] 2003年9月17日，在经过外部同行评审后，管理和预算办公室发布了《A-4通知》（Circular A-4），即“规制分析”通知[②]，对1996年该办公室发布的“最佳实践”文件和2000份指南文件进行改进。2004年3月4日，信息与规制事务办公室主任格雷厄姆（*John Graham*）向总统管理委员会提交了一份备忘录，报告了管理和预算办公室的《A-4通知》对以前的指南文件所做的几项显著改进，包括："(1）更加注重成本效益分析；(2）对产生10亿美元以上经济影响的规章的正式的可能性分析；(3）对成本和效益进行更系统的定性和定量评估。" 2011年，奥巴马政府也发布了一份“问题清单”以帮助各行政部门贯彻通知要求[③]，同时列出了规制影响分析中的一些常见问题。

《A-4通知》的目录阐明了行政部门在进行规制分析时须重点关注的事项：

（1）说明（包括拟开展的规制活动的必要性分析；规制分析的关键因素等）；

（2）联邦规制行为的必要性（包括市场失灵和其他社会因素；说明联邦层面的规制行为是解决问题的最佳方案；经济规制措施假设等）；

（3）可供选择的替代性规制方案（包括法律界定的不同选择；有区别的实施日期、方式、强度；根据企业规模、地理区位而采取的不同要求；非直接控制的以市场为导向的方法等）；

（4）分析方式（包括成本效益分析；成本有效性分析；对公共健康和安全规章制定的有效性分析；效果分布图等）；

（5）对于效益和成本的识别和计算（包括一般事项——分析范围、确定基准、对可选方案评估、透明度和成果的可复制性；制作成本效益评估报告——

---

① *Economic Analysis of Federal Regulations Under Executive Order 12,866*, http：//www.whitehouse.gov/omb/inforeg_riaguide.

② http：//www.whitehouse.gov/omb/circulars_a004_a-4/.

③ http：//www.whitehouse.gov/sites/default/files/omb/inforeg/2011_cb/2011_cba_report.pdf.

通常考虑因素、成本效益评估中的重点概念、对拟采用的方法的说明、利益转移方法等；贴现率——贴现依据、3% 和 7% 的实际贴现率、与健康有关的成本效益的时间偏好等）；

（6）专项分析要求（包括对小企业和其他小型实体的影响；无资助授权分析；信息收集、文书和档案记录负担；信息质量导则；环境影响报告；对儿童的影响；对能源的影响等）；

（7）会计报表（包括成本效益类型；对成本效益的量化和货币化；有质量的成本效益，评估的精确度等）；

（8）生效日期。

该通知还提出下列一般性建议：

为正确评估规制措施及其替代性方案的成本和效益，需要做到以下几点：

第一，解释规章要求实施的规制行为与预期收益之间的相关性，例如，对采用更多的安全设备降低安全风险进行说明。类似分析应体现在每个替代性方案中。 第二，确定一个基本衡量标准。通过与清晰说明的替代性方案进行比较来界定收益和成本。通常是将“不作为”作为基本衡量标准，即如果拟制定规章没有通过，情况将会怎样。此外，与“次优”替代性方案进行比较也会很有帮助。第三，确定拟制定规制措施和替代性方案的可能负面影响和辅助性收益。必要时，应将这些因素添加到直接的成本和收益当中。

关于成本和效益计算的补充指南也十分重要，该通知对此解释道：“只要可能，就应将定量评估货币化。利用正当合理的价值或程序将成本和效益货币化，以确保重要的分析假设具有合理性。如果无法货币化，须解释原因并提供所有可用的量化信息。例如，如果通过水质管理使得水质提升、鱼类种群增加，但对此只能量化而无法货币化的话，可以说明一下水质的改善在为渔民延长航线和为钓鱼者提供更多鱼群数量等方面带来的好处。”

该通知指出，在某些情况下，对规章产生的影响进行量化是很困难的，“如果不能将影响进行量化，也应该提供一些相关的定量信息以及对那些无法量化的影响进行描述，如生态收益、提高生活质量、美学价值的提升等。应当对定性信息的优势和不足进行讨论，包括为何这些信息不能被量化的主要原因等”。

该通知还介绍了一些关于降低死亡风险的评估方法，包括“受益者负担”法（willingness to pay）和“生命统计价值”（value of statistical life）法。[①] 此外，针对如何处理不确定性以及对假设做出清晰解释，通知也为行政部门提供了一些建议，[②] 并为成本效益分析和当前价值在未来成本收益中的折现问题提供了指导性意见。[③]

自 1995 年以来，管理和预算办公室每年会向国会提交一份报告，在其中对规制成本和效益进行全面分析。最近提交的报告主要是落实 2011 年《财政和政府总拨款法》（Treasury and General Government Appropriations Act）第 624 节规定，即我们通常所说的《规制知情权法》（Regulatory Right-to-Know Act）。[④] 这些报告定期对管理和预算办公室所审查的规章的总净收益（aggregate net benefits）进行评估。

相关组织在评估规制分析质量方面做了一些探索，例如乔治 · 梅森大学的莫卡特斯中心对近期有关规制分析报告提出了一些评论意见，信息与规制事务办公室负责人蔡斯 · 桑斯坦（*Cass Sunstein*）也公开对三份他认为优秀的规制分析报告表示赞赏。但目前关于成本效益分析本身的成本和效益讨论仍是争议不断。

---

① Circular A-4.

② 计算与国土安全有关的法规之效益是特别困难的问题。信息与规制事务办公室主任格雷厄姆在美国行政会议的一次演讲中提出下列“难点”：（1）如何确定潜在的恐怖袭击目标，袭击的可能性和相关损失，各种对策的有效性；（2）在讨论上述问题时如何做好保密工作。

③ 美国行政会议在其《建议书 85-2》（Recommendation 85-2）中解决了制作规制分析的程序和管理问题，*Agency Procedures for Performing Regulatory Analysis of Rules*, 50 Fed. Reg. 28,363（July 12, 1985）.《建议书 85-2》提出了关于规制分析使用和限制以及将规制分析纳入部门规章制定程序的建议。它强调规制分析程序必须从一开始便纳入到部门的决策程序中来，而不能用来为已做出的决定寻找事后合理依据。

④ Pub. L. No. 106-554（codified at 31 U.S.C. § 1105 note）.

3. 信息与规制事务办公室审查[①]

除少数情况外，所有由行政部门计划实施的、可能会导致拟制定规章或最终规章出台的规制活动，必须向信息与规制事务办公室报告，如果一项活动被认为“具有重大意义”，可能还需经过审查批准。根据该行政命令规定，独立监管机构发布的规章可免予审查，但必须接受管理和预算办公室对规章的信息收集规定的审查。[②]对行政部门的某些前期活动（如征求意见通知、拟制定规章预通知等），信息与规制事务办公室必须在收到报告后 10 个工作日内完成审查或决定不予审查。自提交拟制定规章或最终规章文本之日起，信息与规制事务办公室须在 90 个日历日内完成审查工作。[③]若行政部门负责人提出请求且经信息与规制事务办公室负责人书面同意，该期限可延长 30 天。当然，事实上信息与规制事务办公室负责人可将规章“发回”该部门重新审议。除非法律另有规定，在规章审查完成前（或法定期间届满前），该部门不得在《联邦登记》上发布或公布正在接受审查的规章。

信息与规制事务办公室建立了一个网站，提供了从 2001 年 7 月至今所有“发回信”（return letter）的具体内容。[④]该网站解释说：“在审查法规草案时，信息与规制事务办公室负责人可以决定以信函形式将规章退回部门重新审议。如果部门的分析质量不够充分，通过分析证明所制定的规章标准不合理，规章与第 12,866 号行政命令提出的监管原则不一致或与总统的政策或重点不一致，或规章与其他行政命令或立法不相容的，都可能导致规章被退回重新审议。当然，这种被退回并不必然意味着信息与规制事务办公室或管理和预算办公室反对规章草案。相反，在某种意义上，发回信的行为表明：信息与规制事务办公室相信部门重新审议规章将有助于规章制定。”

---

① 也可参见第一部分四。

② 参见第三部分第二章二（关于《文书削减法》的讨论）。

③ 如果信息与规制事务办公室此前已审查过提交的报告，且有关事实和情形未发生重大变化的，该期限可缩减为 45 日。

④ OIRA, Reginfo.gov, http：//www.reginfo.gov/public/do/eoReturnLetters.

对于部门与管理和预算办公室之间发生的冲突，该命令第 7 条规定了总统解决冲突的程序。只有管理和预算办公室负责人或行政部门负责人才能启动这一过程，该命令规定副总统可于 60 日内就问题解决提出建议。

该命令还对信息披露提出了非常宽泛的要求，涉及部门的规制分析，信息与规制事务办公室审查后在规章中做出的变动，信息与规制事务办公室和部门之间的沟通，以及信息与规制事务办公室与那些“行政部门聘用”人员的沟通等诸多内容。[①]

总的来说，上述信息与规制事务办公室的审查程序似乎地位非常稳固，无论哪个总统上台都会给予支持，但评论人士对此则颇多微词。

二、《文书削减法》

《文书削减法》制定于 1980 年，后分别于 1986 年和 1995 年进行了重大修改。[②] 该法旨在减少联邦政府对个人、小企业、州、地方和部落政府造成的文书负担，降低联邦政府信息收集和发布成本，使联邦政府收集到的信息得到最大化利用。该法规定在管理和预算办公室内成立信息与规制事务办公室，由其负责审查行政部门信息收集需求，并设定了一项批准程序（clearance procedure），管理和预算办公室发布了详细的规定对其进行细化。后来该法又增加了一项要求，即当有新的信息需要收集、维护或利用信息技术传播时，需要进行“隐私影响评估”（privacy impact assessments）。[③]

1. 范围

该法关于批准的规定适用于包含“信息收集”（collections of information）

① 参见第三部分第六章三（关于公开要求和单方面沟通的讨论）。

② 参见第二部分第三章四对《文书削减法》更深入的分析。

③ 参见《电子政府法》，§ 208, 44 U.S.C.A.

以及其他类型的收集信息要求的规章，[①]要求部门向管理和预算办公室证明其拟实施的信息收集之正当性，并且证明该任务只会带来最小限度的负担，不是对其他联邦政府信息收集工作的重复，以及收集到的信息将具有实用价值。尽管该法几乎涵盖了所有联邦行政部门，但一些独立管制机构可以多数票决方式推翻管理和预算办公室之决定。[②]

2. 分析之内容

最晚不迟于在《联邦登记》上发布拟制定规章通知之日前，部门必须将含有信息收集要求的拟制定规章连同其附件提交给管理和预算办公室进行审查。实践中，除独立管制机构制定的规章外，第 12,866 号行政命令规定的审查程序适用于其他所有规章。除了在信息收集中使用的文件副本，部门还须提交一份证明文件，以证明下列事项：信息收集的必要性、不会造成不必要的重复、在可行范围内将受访者的负担降到最低、受访者可以理解该信息以及使用了有效的数据统计方法。[③]在拟制定规章通知中，部门还须告知公众规章是否已提交管理和预算办公室，公众可以就管理和预算办公室的信息收集规定发表评论。在拟制定规章通知序言中必须包含对特定信息收集需求的简要介绍，对适合受访者的描述，以及对本年度档案和报告工作造成负担的评估。

3. 信息与规制事务办公室审查

根据该法规定，自拟制定规章通知在《联邦登记》上公布之日起，信息与规制事务办公室有 60 天的时间就规章的信息收集条款进行评论。行政部门须向管理和预算办公室提交一系列文件，证明其已采取一切合理的步骤确保信息收集符合必要的最小负担标准，并且没有重复收集已获得信息，所有收集的

① 关于“信息收集”之定义，44 U.S.C. § 3502（3），也可参见第二部分第三章四、1。
② 参见第二部分第三章四对该法调整范围的详细讨论，包括少数几条豁免规定。
③ 5 C.F.R. § 1320.9.

信息都具有实用价值等。[①]

三、《灵活规制法》

1. 范围

《灵活规制法》要求所有行政部门对施加于小企业和其他小型实体的潜在规制影响给予特别关注，并对可降低小型实体负担的替代性规制方案予以考虑。[②] 该法规定，当行政部门根据《行政程序法》的要求公布拟制定规章通知时，必须针对拟制定规章可能给小型实体带来的经济影响制作初始规制灵活性分析。[③] 如果该部门负责人在拟制定规章通知中证明，拟制定规章不会"对大多数小型实体带来重大经济影响"，并已向小企业管理局的总法律顾问提交了证明文件，该规章可以不适用上述要求。此外，1996 年《小企业监管公平法》修正案增加了设立"联合工作机构"（covered agency）的条款，规定在初始规制灵活性分析之前成立一个特别审查小组，由该部门、管理和预算办公室和小企业管理局的官员，以及有利害关系的小型实体代表组成。该小组须在 60 日内就拟制定规章可能产生的影响公开提交一份报告（但根据该条款规定，该机构只涉及环护署、职业安全和健康管理局以及消费者金融保护局三个部门）。[④] 更重要的是，该法规定这些证明文件需接受司法审查。[⑤] 如果需要进行规制灵活性分析，初始分析报告或其摘要必须在拟制定规章通知中公布，而最终分析报告或其摘要必须与最终规章一起在《联邦登记》中公布。

---

① 对于这些证明文件更详细的规定参见 *The Paperwork Reduction Act of 1995: Implementing Guidance*（preliminary draft, February 3, 1997）, http：//www.thecre.com/pdf/THE%20PAPERWORK%20REDUCTION%20ACT%20OF%201995.pdf.

② 参见第二部分第三章对《灵活规制法》的详细分析。

③ 5 U.S.C. § 603（a）. 参见第二部分第三章三列举的案例。

④ 自 2011 年 9 月 22 日至今，环保署共召集成立了 42 个此类小组，职业安全和健康管理局成立了 10 个。

⑤ 参见第二部分第三章三。

2. 分析报告内容

《灵活规制法》规定，规制灵活性分析报告应提交给小企业管理局总法律顾问办公室审查。规制灵活性分析在某些方面类似于第 12,866 号行政命令要求的规制分析。初始分析必须包括对受影响的小型实体数量的描述和评估，对合规性的描述，并在可行范围内，对规章可能导致的重复、交叉或冲突情况进行识别。同时，初始分析还必须讨论那些能减少对小型实体经济影响的重要替代性规章，包括“分层”（tiering）要求（即在考虑小企业的关注时不得“一刀切”），采用业绩标准以及豁免规定等。最终规制灵活性分析必须对评论意见进行回应，并解释各个重要替代性规章被拒绝的理由。[①] 部门提交规制灵活性分析报告时没有任何格式要求，只要求该分析“有意义，易被理解，包含法律所要求的每个必要部分，无论采用何种合理的形式，都能制定出最终的可向公众提供的规章”。此外，对于“法律要求的对其他影响的说明或分析中包含的任何数据或分析”，部门可以将其纳入规制灵活性分析报告。事实上，已有法院作出过裁定——仅包括初始规制分析和部门对评论意见回应的最终规制分析也是充分的。

3. 小企业管理局审查

小企业管理局总法律顾问办公室的权限是在规章制定中审查分析报告以及提出评论意见，尽管后来增加的司法审查条款大幅度增加了总法律顾问的实际权力，但其仍无权阻止规章的颁布。《灵活规制法》也要求每年至少向总统和国会报告一次各行政部门遵守该法的情况，并专门授权总法律顾问以“法庭之友”（amicus curiae）的身份参加对最终规章审查的诉讼活动。

① 5 U.S.C. § 604. 行政部门必须在《联邦登记》上公布最终分析报告副本供公众查阅。

四、《无资助授权改革法》

1. 范围

该法于1995年制定，[①] 要求国会和行政部门[②] 对向州、地方与部落的组织和实体作出授权的拟制定法律法规给予特殊考虑。[③] 该法还包含一项规定，要求行政部门对可能导致州、地方、部落政府总体开支或私营部门开支任一年内超过1亿美元的拟制定规章（根据通货膨胀进行调整），提交一份类似规制分析的书面说明。该法包含的上述规制分析要求也是目前唯一由法律授权的规制分析要求。不过，由于其对部门遵守该法的情况进行司法审查的规定十分有限，该法影响力也在不断被削弱。[④]

2. 分析内容

根据《无资助授权改革法》制作的说明须包括：（1）颁布规章的法律依据；（2）对联邦命令的预期成本和效益的定性和定量评估，联邦命令对健康、安全和自然环境的影响，以及对帮助地方政府承担实施授权成本的联邦资金的可利用性之分析；（3）对各地区或特定政府或私营领域的部分行业未来合规成本和预算分配造成的不均衡影响之评估；（4）对国民经济影响的评估；（5）部门同选举出的代表进行磋商的摘要。[⑤] 该说明的摘要必须包含在拟制定规章通知中。《无资助授权改革法》也允许行政部门连同其他说明或分析一起制作该说明，或将其作为其他说明和分析的一部分。

在发布符合上述要求的最终规章之前，行政部门必须“确定并考虑合理

① 参见第二部分第三章七对该法讨论。
② 该法并不规范独立管制机构。2 U.S.C. § 658（1）.
③ 该法对“授权（mandates）”一词的含义作了详细界定。
④ 参见第二部分第三章七。
⑤ 2 U.S.C. § 658（5）-（7）.

数量的替代性规制方案，从这些方案中，选择成本最低、最具效益或最简洁的替代性方案，以实现规章之目标"；若其未这样做，应作出相应解释。

3. 对分析报告的审查

如何对根据该法撰写的部门说明进行审查，《无资助授权改革法》规定的不甚严格。它只要求管理和预算办公室负责人"从部门那里收集其准备的说明"，并合理、及时、定期地向国会预算办公室负责人提交说明副本。该法还要求管理和预算办公室负责人每年就行政部门遵守该法的情况，向国会提交一份年度"证明报告"。

《无资助授权改革法》通过后的几年间，总审计署的一项研究发现，其在"实施后的前两年，对行政部门规章制定产生的直接影响十分有限"。研究还发现，在此期间内颁布的 110 项重大经济规章中，有 78 项出于各种原因不要求提供书面说明，其余的规章则基本上都包含了符合《无资助授权改革法》要求的信息。

五、管理和预算办公室的同行评审公告

2004 年 12 月 16 日，管理和预算办公室发布同行评审信息质量公告（Information Quality Bulletin for Peer Review），[①]要求行政部门[②]对"科学信息传播"进行同行评审，因为这些信息"所包含的结果或结论代表了一个或多个联邦政府部门的官方立场"。它是"根据《信息质量法》以及管理和预算办公室

① Executive Office of the President, Office of Mgmt. & Budget, Final Information Quality Bulletin for Peer Review, 70 Fed. Reg. 2664（Jan 14, 2005）. 关于该公告公众评论的发展脉络，参见第一部分四、3。

② 公告适用于《文书削减法》所规定之"部门"，包含"任何行政部门，军事部门，政府公司，政府控股公司以及其他在行政系统内部设立的机构（包括总统行政办公室）或者任一独立管制机构（不包括联邦选举委员会）"。

监督行政部门的信息、分析与规制行为质量的一般权限颁布的”。[①] 公告对何时需要对科学信息进行同行评审设定了最低标准，并明确了不同情形下部门应考虑使用的同行评审类型。

公告也为部门实施同行评审提供了广泛裁量权：“本公告之目的是为提高政府发布的科学信息质量与可信度。不同类型的信息应适用不同的同行评审。根据本公告，行政部门被赋予广泛裁量权来衡量对一项具体的信息产品使用特定的同行评审机制的成本和效益。为科学信息选择适当的同行评审机制也属于部门的自由裁量权范围。为确保同行评审不会无故耽搁紧急调查结果的发布，有一些类型的信息可不受本公告要求的约束，如对时效比较敏感的健康和安全决策事务等。”

同行评审公告的要求是专门为行政部门规章制定设计的。事实上，管理和预算办公室明确指出：“同行评审不应与公众意见以及其他利益相关方的参与过程混淆。应基于专业知识来挑选参加同行审查的人员，并充分考虑独立性和利益冲突等因素。此外，规章制定的通知－评论程序不能完全代替同行评审，因为某些专家，特别是那些在某一领域最具权威性的专家，可能不会向行政部门提交其评论意见”。

此外，规章制定部门必须足够早地开展同行评审，以使本部门有时间规划相应的监管方案：“当一项信息产品是规章制定的关键组成部分时，在部门宣布其监管方案之前进行同行评审十分重要，这能保证在部门为一项具体方案投入很大精力之前，或利益集团的立场变得强硬之前，可以做出任何技术上的修正。如果审查过迟，则对规章制定的进程不会产生什么帮助。此外，监管行为在未来可能引发的诉讼，耗时又费力，若在早期的审查过程中采用更严格的同行评审程序，则可能会因减少这些可能性获得正向收益。”

同行评审结果通常以报告形式呈现——主要是规章起草者改进其成果的

① 参见第二部分第三章八对《信息质量法》的分析。

评价或评判意见。同行评审报告通常会评价假设的清晰度、研究方案的效度、数据收集程序的质量、所采用方法的稳定性，以及该方法对检验假设的适当性，结论与分析过程的相关性，以及所有成果的优点和局限性等。

在规章制定中，规章制定部门必须考虑是否有必要向评论者提供这些同行评审报告。“如果使用科学信息支持最终规章，在可行的范围内，应将同行评审报告提供给公众，并使其有足够时间来考虑同行评审报告对规章的影响。”最终规章颁布时，“如果某一部门使用符合本公告要求的具有影响力的科学信息或科学评估，来支持一项监管行为的话，则该行为的行政记录应包括一份证明文件，说明该部门如何按照公告及《信息质量法》的要求开展活动。有关材料将被放入行政记录”。

公告还对行政部门提出了其他一些要求，比如，“为行政部门计划在可预见的未来加以传播的有影响力的科学信息（包括重大影响力科学评估），制定一套系统的同行评审规划程序”等。这里包括“为将要进行的有影响力的科学传播提供一份网站链接列表（即议程），并由部门定期更新”。对于议程中列出的各个项目，部门均应对其同行评审计划进行说明，包括一系列被专门规定的项目，以及在议程中列出根据公告公开的每一份文件的链接。这些同行评审议程必须至少每 6 个月更新一次，行政部门须向信息与规制事务办公室提供这些活动的年度报告。现在，管理和预算办公室也定期就行政部门的同行评审活动发布报告。

公告的草案文本曾招致诸多批评（例如，可能会使规章制定变得更为僵化），但其最终版本对这些问题作了比较妥当的处理。然而，毫无疑问，这些额外的要求也在程序上增加了运用科学信息进行规章制定的复杂性。

六、对联邦家庭法规和政策的评估

《综合拨款法》是开展“家庭政策制定评估”的法律基础。在实施可能影响家庭幸福的政策和法规之前，该评估由行政部门负责实施，但在很大程度上，大多数相关法律要求仍依赖于行政部门自身的主观判断。[①]

该法要求行政部门负责人须向管理和预算办公室和国会提交完成上述评估的书面证明。在评估报告中，对于可能对家庭幸福产生不利影响的行为，部门负责人应为实施该行为提供“充分理由”。管理和预算办公室需要确保有关政策和法规与这些要求相一致，此外，它还必须编辑索引目录，每年向国会提交其接收的书面证明文件。特别是，当国会议员要求评估时，行政部门需要按照本法规定之标准进行评估。该法指出，其目的不是创设任何不符合美国政府利益的权利或利益，因此，行政部门根据该法做出的作为或不作为行为不受司法审查约束。

但该法似乎对规章制定过程的影响不大。笔者于 2011 年 9 月 11 日在 Westlaw 网站上查询后发现，关于家庭影响评估的规章只有三部。

七、隐私评估

另一项综合拨款法案（2005 年联合拨款法）则要求行政部门设立一名首席隐私官（chief privacy officer）来执行“拟制定规章的隐私影响评估”，内容“包括收集到的个人身份信息种类和受到影响的人数”等。[②]

---

① 部门在实施行政行为时应特别考虑：

（1）是否会加强或削弱家庭的稳定性和家庭安全，特别是婚姻的忠诚度；

（2）是否会加强或削弱父母在教育、抚养和管教其子女方面的权威和权利；

（3）是否会帮助家庭发挥其功能或在某些方面代替政府行为发挥作用；

（4）是否会增加或减少家庭可自由支配收入或加重或减轻家庭和子女的贫困状态；

（5）预期效益是否符合家庭的经济利益；

（6）是否可由中央或地方政府或家庭实施；

（7）是否以暗含或清晰的方式对青年人的个人行为、责任与社会准则之关系设定了相关政策。

Omnibus Appropriations Act FY 99, Pub. L. No. 105-277 § 654（c）(1998）.

② Consolidated Appropriations Act of 2005, § 522（a）(5）, Pub. L. No. 108-447.

八、其他行政命令

其他一些行政命令要求对一些特定法规进行分析，往往只与行政部门的某些规制议题相关，但不包括独立管制机构。这些行政命令对管理和预算办公室审查没有规定具体时限。下面按发布时间顺序来作一简要介绍。

（1）第 12,630 号行政命令:《政府行为和对受宪法保护财产权之干预》，要求行政部门限制对受宪法第五修正案保护的私有财产权的干预行为。该命令要求部门在制定收入政策时应考虑一定标准，并在其提交给管理和预算办公室的文件中对涉及财产权利的拟制定法规影响进行分析。总审计署在 2003 年公布的一份关于四部门实施该命令情况的报告显示，该命令对规章制定过程的影响相对较小。通过对 1989 年、1997 年和 2002 年各行政部门在《联邦登记》上发布的提及该行政命令的 375 份通知进行比较发现，只有 50 份通知提到应当对规章对于收入的潜在影响进行评估。其中只有 10 份认为，拟制定规章对收入具有潜在的“重大”影响。①

（2）第 12,898 号行政命令:《解决少数族裔人口和低收入人口面临的环境公平问题的联邦政府活动》②，要求每个部门制定“环境公平计划……对影响少数族裔人口和低收入人群的程序、政策和活动进行识别，以解决那些对人类健康和环境造成的显著失衡之不利影响”。此外，对那些需要进行修改以便与行政命令保持一致的规章进行识别。每个部门必须保证这些“实质上影响人类健康或环境”的程序、政策或活动，不会剥夺个人（包括人群）之受益机会，或不使其遭受歧视。部门发布的关于人类健康和环境之文件和通知或举行的听证会必须“简洁、可以理解且易于获取”。与该行政命令一起发布的还有《环

---

① U.S. Gen. Accounting Office, Regulatory Takings：Implementation of Executive Order on Government Actions Affecting Private Property Use 19（GAO-03-1015）（Sept. 2003）.

② 发布于 1994 年 2 月 11 日，59 Fed. Reg. 7629（Feb. 16, 1994）.

境公平总统备忘录》,“强调现存法律的某些规定可以确保社区拥有安全健康的环境”。

(3)第12,988号行政命令:《民事司法制度改革》[①],要求行政部门在提出立法建议前,对影响民事司法和诉讼的事项进行审查。关于法规本身,该命令要求部门“在合理范围内,尽最大努力确保”法规能以合理方式:①清晰说明其可能产生的影响;②清晰说明对现行联邦法律或规章的影响,包括所有被废除、限制、替换、削弱或修改的规定;③在推动精简化和减负时,应为受影响的行为提供清晰而非宽泛的法律标准;④清晰说明法规可能带来的追溯性影响;⑤说明在当事人向法院起诉前,是否要经过行政处理程序,若需要,应描述这些程序并穷尽行政救济;⑥对重要术语进行定义,或直接使用或参照引用其他法规或法律的定义;⑦解决其他影响法规清晰性和起草思路的问题。

(4)第13,045号行政命令:《保护儿童免受环境健康风险与安全风险》[②],要求行政部门在发布涉及环境健康风险与安全风险等“具有重大经济影响”的规章时,如果其有理由相信这些风险可能会对儿童造成重大影响的话,必须提供规章可能对儿童造成的环境健康或安全影响的评估结果。行政部门还须说明为何拟制定规章优于其他可能有效合理的替代性措施之原因。该命令还对紧急制定规章做出规定,并要求“其他相关法定分析”应包含上述评估分析。该命令撤销了里根时代发布的名为《家庭》的第12,606号行政命令。[③]

(5)第13,132号行政命令:《联邦制度》,[④]要求行政部门对涉及联邦制度的事项进行考虑。其目的在于“保证由制宪者确立的联邦制原则能在政策制定和实施中对行政部门提供指导”。该行政命令规定,每个行政部门都要任命

---

① 发布于1996年2月5日,61 Fed. Reg. 4729(Feb. 7, 1996).

② Environmental Health: High-Level Strategy And Leadership Needed To Continue Progress Toward Protecting Children From Environmental Threats(GAO-10-205)(January 2010), http: //www.gao.gov/new.items/d10205.pdf.

③ 参见前文六对法定的家庭影响分析。

④ 发布于1999年8月4日,64 Fed. Reg. 43,255(Aug. 10, 1999).

一名负责实施该命令的官员。同时，该命令规定，“任何部门都不得颁布针对联邦制度的法规，不得为州和地方政府实质性增加直接合规成本，不得颁布法律没有授权的法规”。除非部门：①在此过程中提前与州和地方政府协商；②向管理和预算办公室提交与这些官员通信的复印件；③在规章序言中公布“联邦制简要影响报告”，对磋商情况进行说明，“对其所关注领域性质以及其支持发布规章的立场进行总结，同时也要说明州和地方政府官员之关切在多大程度上得到满足”。

此外，该命令还向行政部门提供了指导，指出“只有当法律包含明确的优先条款，或有其他明确证据证明国会之目的是赋予其优先权，或根据联邦法律规定，州一级的权力与联邦权力相冲突时”，部门所作的法律解释才会优先于州一级法规。另外，行政部门应“审查州和地方政府在放弃法定监管要求时适用的程序，并采取合理步骤优化这些程序”。管理和预算办公室负责协调和审查行政行为，以使其与行政命令的要求相一致，① 并于1999年发布了有关实施指南。值得一提的是，里根总统于1987年发布的第12,612号行政命令是这一行政命令的早期版本，但在规章制定程序中影响不大。

（6）第13,175号行政命令:《与印第安部落政府之磋商》，其要求实施的磋商与考量与上面“联邦制”行政命令要求类似。

（7）第13,211号行政命令:《对能源供应、分配或使用有重大影响的监管行为》②，要求行政部门在法律允许的范围内，就涉及能源的重大行为，制作并向管理和预算办公室提交“能源影响报告”。该报告必须涵盖行政行为对“能源供应、分配或使用带来的所有负面影响（包括供应短缺、价格上涨以及越来越多的使用国外能源供应等）”，以及其他合理的替代方案及其影响。这些报告必须在相关的拟制定规章通知和最终规章文本中公布（或进行总结）。一项

① 此外，也“鼓励”独立管制机构按照本行政命令有关要求开展活动。

② 发布于2001年5月18日，66 Fed. Reg. 28,355（May 22, 2001）.

“与能源有关的重大行为”要么是第12,866号行政命令所规定的“重大行为”，其很可能对能源带来重大的负面影响，要么是由管理和预算办公室认定的“重大行为”。为此，管理和预算办公室发布了一份名为“第12,311号行政命令实施指南”的备忘录。

（8）第13,272号行政命令：《规章制定中对小型实体的适当考虑》[①]，要求当规章草案提交至信息与规制事务办公室时，或者不需要提交至该办公室的，“在规章公布前的合理时间内”，行政部门应将可能会对大量小型实体产生重大经济影响的规章草案告知小企业管理局总法律顾问办公室。总法律顾问有权就规章草案提出评论意见。行政部门必须对该顾问就规章草案中提出的意见进行“适当考虑”。如果这些意见与法律要求一致，行政部门须在最终规章的序言中体现其对这些意见的回应，除非部门负责人证明其行政行为不是出于公共利益服务之考虑。信息与规制事务办公室和总法律顾问办公室曾就促进双方工作联系以更好遵守《灵活规制法》发布了一项谅解备忘录。[②]然而，应注意的是，该行政命令只是对《灵活规制法》中所规定的行政部门责任进行了强化。总法律顾问办公室也为行政部门实施《灵活规制法》发布过一份篇幅很长的指南文件。[③]

（9）第13,563号行政命令：《改进规制与规制审查》[④]，对第12,866号行政命令提到的初始规章审查进行了详细阐述。[⑤]

（10）第13,609号行政命令：《促进国际规制合作》，要求在制定具有重大国际影响的法规时，如果外国政府实施的规制方案与本国政府根据本命令制定的规划相一致的，行政部门应对其予以考虑。

---

① 发布于2002年8月13日，67 Fed. Reg. 53,461（Aug. 16, 2002）.

② 2002年3月19日签署，http：//www.sba.gov/advo/laws/law_mou02.pdf.

③ A Guide for Government Agencies—How to Comply with the Regulatory Flexibility Act（June 2010）, *available at* http：//www.sba.gov/advo/laws/rfaguide.pdf.

④ 发布于2011年1月18日，76 Fed. Reg. 3821（Jan. 21, 2011）.

⑤ 可参见第一部分四、4。

九、关于分析性规定的协调

初始规制灵活性分析与前期规制分析都涉及对拟制定规章经济影响的具体计算或评估，以及对其他有关替代性规制解决方案的分析。此类分析要求行政部门既要对问题性质有全面了解，又要拥有评估实施行为的各种程序效果之数据。因此，只要出现这些需求，部门就必须投入较多精力来制作拟制定规章通知和各种证明文件。

法律要求的各种规制分析可能会有很多内容相互交叉重叠，可以考虑将这些内容放入同一份文件或进行合并以减少重复。《灵活规制法》和《无资助授权改革法》都专门规定，只要分析符合法律要求，行政部门可在实施其他法定分析的同时开展规制分析，或将后者作为前者的一部分同时实施。环境质量协会（CEQ）关于行政部门制作环境影响报告（EIS）的法规要求：拟实施行政行为中进行的成本效益分析应“在环境影响报告中引用或作为报告附件，以协助其对环境后果进行评估”。[①]

如果一部拟制定规章满足所有上述要求，通常就可以进行规制灵活性分析，以及第 12,866 号行政命令要求的对规制分析内容进行的文书负担分析。然而，由于环境质量协会关于制作和发布环境影响报告的要求非常具体，与规制影响分析差异较大，[②] 因此如果环境影响报告已制作完毕，通常其与规制分析相互独立，或者至少可以从规制分析中分离出来，即使两者内容可能会有重叠。当然，行政部门也可以将环境影响声明作为规制影响分析的附件包含其中。

第 12,866 号行政命令要求的规制议程与《灵活规制法》要求的规制

---

① 参见第二部分第三章二（环境影响报告要求讨论）。

② 40 C.F.R. § § 1502.7, 1502.10, 1502.11；40 C.F.R. pt. 1503.

议程之间也需要协调一致。两个议程均由规制信息服务中心（Regulatory Information Service Center）在《联邦规制和减少规制行动统一议程》中一起发布。①

在进行各种分析时，规章制定人员可以参考一些资料对分析内容和标准提供指导。比如，在进行规制灵活性分析时，可以参考沃奎尔（*Paul Verkuil*）教授②为美国行政会议撰写的《〈灵活规制法〉重点导论》以及由小企业管理局总法律顾问办公室撰写的相关指南。管理和预算办公室也公布了一份《文书削减法》实施指南。③

---

① Regulatory Information Service Center: *Introduction to the Unified Agenda of Federal Regulatory and Deregulatory Actions*（June 1, 2011）, available at http：//www.reginfo.gov/public/jsp/eAgenda/StaticContent/201104/Preamble_8888.html.

② Paul R. Verkuil, *A Critical Guide to the Regulatory Flexibility Act*, 1982 Duke L.J. 213.

③ The Paperwork Reduction Act of 1995：*Implementing Guidance*（Draft, Aug. 16, 1999）, available at http：//www.thecre.com/pdf/PRAguidenew.pdf.

第三章

拟制定规章通知

本章讨论拟制定规章通知（NPRM）[①] 的有关问题。拟制定规章通知的充分性和是否为公众提供有效机会参与规章制定的问题密切相关。关于发布拟制定规章通知所涉及的公众参与规章制定活动的权利问题，我们将在下一章讨论。

一、发布要求[②]

对于不适用《行政程序法》豁免要求的非正式规章制定，该法规定其“应在《联邦登记》上发布拟制定规章通知”[③]。其法律意义在于，在《联邦登记》上发布通知的行为足以使受影响各方知晓拟制定规章通知的内容。未在《联邦登记》上发布拟制定规章通知的，可能会导致法院撤销规章，或发回起草部门重新审议。[④] 但《行政程序法》第 553（b）条还规定：“如果明确列出受规章制定影响的当事人，而且已依法将通知送达本人或当事人事实上已获得通知的，不需在《联邦登记》上发布通知。”[⑤]

然而，对规章制定人员来说，在将“事实上的通知”等同于《联邦登记》

① 一些部门也使用“NPR”或“NOPR”的简称。
② 关于根据《行政程序法》第 552 条公布最终规章的讨论，参见第三部分第七章三。
③ 5 U.S.C. § 553（b）. 行政部门的授权法或授权其制定规章的法律可能会规定其他必须考虑的条件。
④ 即使在《联邦登记》上发布了拟制定规章通知，规章也可能因其内容未向公众提供充分的评论机会被驳回。参见本章四和五。
⑤ 5 U.S.C. § 553（b）.

通知时应保持谨慎。虽然有时其他形式的通知在效果上和《联邦登记》通知一样，甚至会优于后者，但对大多数规章制定来说，如果未能在《联邦登记》上发布拟制定规章通知，后果很严重。如果利益相关方范围明确，且除《联邦登记》外还有其他更有效的途径发布通知的话，许多行政部门会选择既在《联邦登记》上发布，又会利用其他方式发布通知，以更好地通知受影响的当事人。

因此，除《联邦登记》外，规章制定人员也应考虑其他规章制定通知发布方式的优点。发布通知还可通过向公众或某个行业或在其他专业出版物上发布新闻，或向信息交换中心或记者发布通知来完成。规章制定人员也可以“定向”将通知发给那些最可能受规章影响的人，或可能提供制定规章所需信息的人。例如，可将通知发给相关行业协会或其组织，通过媒体付费广告发布通知，或直接向与规章主题有关的个人或团体发送通知。显然，互联网的出现为发布电子通知提供了新机遇。[①] 行政部门也会尝试使用新闻发布会或上网公布通知，来弥补《联邦登记》通知的不足。当行政部门根据法院作出的“重新审议”命令对现有规章进行修改时，也要在《联邦登记》上再次发布规章或拟制定规章通知。

二、拟制定规章通知的内容

《行政程序法》第553条规定，拟制定规章通知必须注明规章制定活动的“时间，地点和性质”。[②] 这项要求也表明：第553条关于通知的规定不仅适用于正式规章制定（要求举行口头审判式听证会），也适用于通知－评论式规章制定。在通知－评论式规章制定中，该规定要求行政部门明确所涉及规章的类

① 参见本部分第一章三、3。
② 5 U.S.C. § 553（b）(1).

型，就拟制定规章向部门提交评论意见的期限，以及提交意见方式的说明。[①]

《行政程序法》没有规定最低评论期限。有一种误解比较常见，即《行政程序法》规定了 30 天的最低评论期，这个观点可能源自《行政程序法》的一项要求，即最终规章应在生效日期前 30 天公布。[②] 实际上，我们应该根据各种规章制定的具体情况提供合理评论期间。第 12,866 号行政命令便规定，大多数规章制定“应包括不少于 60 天的评论期”。此外，为实施北美自由贸易协定发布的第 12,889 号行政命令规定，“普遍适用的联邦技术法规或任何联邦卫生与植物检疫措施”必须提供不低于 75 天的评论期。

实践中，大多数部门都会为那些复杂或有争议的规章提供 60 天或更长评论期。即使部门被允许提供较短的评论期，当收到延长评论期的合法请求时，行政部门也可能延长这一期限。当然，在这种情况下，延期通知应在《联邦登记》上公布，以给所有公民平等的机会发表意见。一些授权法也明确规定了具体的征求公众意见的最低期限。[③]

对于逾期递交的评论意见，行政部门有权决定是否接受。但美国行政会议的一项研究发现，在这方面行政部门的做法不太一致，因此建议：“行政部门应制定并发布关于处理逾期递交的评论意见的政策，并在规章制定中使用这些政策。行政部门应确定其是否会在规章制定中接受逾期递交的意见，同时将该政策公布在可公开访问的平台（如本部门网站，regulations.gov 网站等）和单独的《联邦登记》通知中，包括对评论期限的请求。该行政部门可以明确指出，逾期递交的意见不受欢迎，只会在合理范围内对其进行考虑。”

行政部门也在越来越多地使用“二次评论”（reply comment）期间规定。

---

① 联邦登记管理委员会的规章中含有更多关于《联邦登记》通知“正式”内容的具体要求。参见第三部分第三章三。

② 公布后的 30 天期间并不是为了提供评论机会，这是为规章实施做准备的过渡期间，但往往当规章授予一项豁免或解除一项限制时，宽限期可能会被忽略。参见第二部分第一章四、5。

③ 例如，Safe Water Drinking Act, 42 U.S.C. § 300g-1（b）(2)（B）；42 U.S.C. § 1395hh（b）(1)（要求大多数涉及医保的规章制定提供至少 60 天评论期）。

如果评论者有机会接触到其他人的意见，那么公众意见更可能被关注并发挥更大作用，但把重大意见放在评论期的最后关头提交则会阻碍这种价值的实现。[①]为解决这一问题，一些关于“混合型”规章制定的法律要求行政部门接受反驳意见（rebuttal comments），[②]还有一些行政部门虽然没有要求这样做，但也主动给利益相关方提供机会提交“二次评论”。美国行政会议建议，“在适当情况下，行政部门应在所有评论意见公布后，利用二次评论期间或其他机会再次接受公众意见”。当然，二次评论在目前已非常可行，通过 regulations.gov 网站，公众意见在互联网上可以被广泛知晓。

《行政程序法》第 553 条规定拟制定规章通知中须包含“制定该规章的法律依据”。[③]虽然这一规定已相当清楚，但偶尔也会成为司法审查的对象，法院会以未遵守该规定为由判定规章无效。

《行政程序法》还要求拟制定规章通知包含“拟制定的规章条款和内容，或者所涉及的主题和问题的说明”。[④]《司法部长行政程序法手册》建议，如果“公布规章全文会给《联邦登记》造成过多负担或者实际上对告知公众意义不大的话”，通知中只需包含对规章制定主题和问题的说明，而无需将全部规章条款包括进来。然而，如今大多数行政部门在启动规章制定时便会公布拟制定规章文本，以及授权行政部门制定规章的授权法规定。此外，法院对规章进行的详细审查是导致行政部门提前发布规章具体文本的动因之一。[⑤]事实上，发布的通知越具体越有助于集中公众意见，也有助于审查法院确定利益相关方是

---

① 交通部和动植物卫生检验局在规章制定中提交的一份关于公众评论的研究发现，个人提交的评论有 25%、组织提交的评论有 50% 是在评论期的最后三天提交的。http：//www.acus.gov/wp-content/uploads/downloads/2011/04/COR-Balla-Report-Circulated.pdf.

② 例如，Clean Air Act, 42 U.S.C. § 7607（d）(5)，要求环保署在制定程序完成后公开规章制定记录，并额外提供 30 天的评论期以允许公众提交反驳意见。

③ 5 U.S.C. § 553（b）(2)．事实上，联邦登记办公室要求行政部门在公开提交的每一项规章制定文本中公布授权规定。Document Drafting Handbook, at 1-18, 2-24, & 3-5.

④ 5 U.S.C. § 553（b）(3)．

⑤ 参见第三部分第二章和第四部分第二章。第三部分第一章二、1 所讨论的拟制定规章预通知，可以进一步帮助部门制定供发布用的具体建议稿。

否获得了有效的参与规章制定的机会。

拟制定规章通知中还必须说明其是否遵守了《灵活规制法》、《文书削减法》、《无资助授权改革法》、第 12,866 号行政命令以及其他有关分析性要求。[①] 例如，在法规序言中必须告知公众，该建议通知已送达管理和预算办公室审查，公众可以向管理和预算办公室提交评论意见。[②]

三、《联邦登记》的有关要求和“参引合并”

美国国会于 1934 年制定了《联邦登记法》，目的是通过要求各部门向联邦登记办公室提交文件，将其公布在《联邦登记》上供公众审阅，以及将规章编入《联邦法规汇编》等方式，建立一个统一的体系对联邦行政部门法规进行处理。[③] 联邦登记管理委员会已根据该法发布有关实施细则，其中第五节是关于准备、传输和处理文件的特别规定。[④]

《联邦法规汇编》第 1 编第 18 章第 12 条（1 C.F.R. 18.12）是“关于序言的规定”，专门对发布在《联邦登记》上的拟制定规章和最终规章中的序言设定了最低要求。行政部门工作人员应特别注意这些要求，因为联邦登记办公室负责人有权将准备发布在《联邦登记》上但不符合发布要求的文件退回给发布部门。总的要求是，每一项拟制定规章或最终规章必须包含一份“序言”，“将规章的制定依据和目的告知那些不属于该领域专业人士的读者”。此外，序言必须按照规定格式撰写，否则联邦登记办公室将不予打印。联邦登记办公室的《文件起草手册》[⑤] 对起草规章进行了详细说明，也可向该办公室进行咨询以获得更多帮助。

---

① 参见第三部分第二章对这些要求的描述。

② 44 U.S.C. § 3507（a）.

③ 第二部分第三章也讨论了《联邦登记法》。

④ 1 C.F.R. pts. 15-22. 54 Fed. Reg. 9670（1989）.

⑤ http：//www.archives.gov/federal-register/write/handbook/.

部门通过“参引合并”方式将资料纳入规章必须遵守《联邦登记》的有关要求。一般来说，如果已公布的数据、标准以及类似的资料可以被受规章影响的当事人合理获取和使用，那么它们可以通过参考引用的方式被纳入规章，但以前在《联邦登记》或《美国法典》上发布过的资料不适用参引合并，并且推定同一部门已发布的内容不得再次发布。

互联网时代的参引合并为我们提出了各种复杂的法律和政策问题，这也是美国行政会议最近研究的一个主题。[①] 例如，“合理获取”的规定可能涉及资料的版权保护，如由私人组织开发的技术标准，这些组织经常靠出售这些资料以支持其开展更多活动，外界只有通过购买方式才能获得这些资料。美国行政会议也为行政部门与这些组织的合作设计了一些合作方式，以提供更多获取材料的机会。

另一个难题是，由于不允许进行“动态”的参引合并——被参引的资料更新时法规也要自动更新，我们应如何更新使用了参引合并的法规呢？若法规难以更新，对于部门如何进行更新或在执法中运用自由裁量权，美国行政会议提供了相关策略建议。[②] 当部门将本身已合并了其他文件的文件合并时，他们应当详细说明他们对这些被再次引用的文件的法律效力的判断。

此外，当对文件进行参引合并时，部门应注意其对拟制定规章通知可理解性的影响。在 PPG 工业公司诉科斯特（*PPG Industries, Inc. v. Costle*）一案中，[③] 环保署在拟制定规章通知脚注中，引用了一项关于空气质量测试方法的部门内部准则，但没有表明其打算将该准则进行法律上的参引合并。该准则被认为是改变了被监管行业的监控要求。当环保署准备执行该准则时，审查法院认为其无效，因为环保署没有为公众提供充分通知以及对拟制定规章通知进行评论的机会。此外，环保署未能在修改最终规章时给予充分通知，因为它既

---

① ACUS Recommendation 2011-5, *Incorporation by Reference*, 77 Fed. Reg. 2257（Jan. 17, 2012）.

② 同上，见 6-11。

③ 659 F.2d 1239, 1250（D.C. Cir. 1981）.

没有公布准则也没有正式将其进行参引合并。

四、通知的充分性[①]

《行政程序法》规定了通知－评论程序，目的是鼓励行政过程中的公众参与，帮助部门获得更多信息，以作出更多有充分依据的行政决策。一般认为，要获得“有意义”的公众参与，拟制定规章通知必须充分“告知有利害关系的人”与规章制定有关的各种事项。第七巡回上诉法院曾表示，“在规章制定程序中，如果能足够清楚、具体地发布通知，告知利益相关方规章制定所要解决的问题，让他们以有效和知情的方式参与进来，那么这份通知就称得上足够充分了”。

规章所依据的事实材料经常会受到严格的司法审查。法院在审查规章所依赖的数据时越严密，就越发会关注是否因部门未披露关键信息而将那些有价值的评论意见排除在外。在早期一个著名案例——波特兰水泥协会诉拉克尔肖斯案（*Portland Cement Association v. Ruckelshau*）中，莱文森法官说：“根据不充分的数据或只有部门掌握的关键数据颁布规章，这不符合规章制定程序目的……对于设定标准的规章制定程序来说，为了使其准确、有序进行，关于拟制定规章依据的信息一般应在规章发布时披露。如果这样不可行，也应将已有的对于规章主题具有重要意义的信息先行披露”。若部门未能及时披露拟制定规章的技术细节以供公众进行有效评论时，这意味着部门犯了程序性错误。

这种要求行政部门披露相关信息的趋势将在下一章详细描述，其对拟制定规章通知的内容也产生了显著影响。[②]

---

① 参见第三部分第四章。

② 美国行政会议建议在一些文本中向公众披露相关数据。ACUS Recommendation 76-3, *Procedures in Addition to Notice and the Opportunity for Comment in Informal Rulemaking*, 44 Fed. Reg. 38,826（1979）.

五、需要第二轮通知 - 评论

在一些情况下，可能需要进行第二轮通知 - 评论。① 它能很好避免庭审中出现的行政部门通知是否充分的问题，尤其是规章制定过程中，最终规章可能和拟制定规章文本之间会有很大区别，充分性问题会更为凸显。如果最终规章与部门的草案文本差异巨大，以至于可将其视为未通知公众某些事项的话，法院可以通知不充分为由判定最终规章无效。

这并不意味着部门不可以在最终规章中改变原来的建议。事实上，“当制定记录充分支持这一改变的话”，最终规章“和最初建议相比有所差异 ”也就变得理所当然。第七巡回上诉法院提醒：“法律并不要求对拟制定规章的每一项改变都重新发布通知。规章制定程序的目的也不只是对程序启动前提出的具体建议去投票赞成或反对，而是要根据提交的证据和论点去完善、修改和补充这些具体建议。如果每次修改都需要举行听证会，对会上做出的修改都发布通知，行政部门就不会有动力去修改任何建议，规章制定过程也会难以为继。”

然而，如果只是为了回应那些反对的评论意见才这样做的话，行政部门不具备完整的自由裁量权去彻底改变一项拟制定规章。由此也衍生出另一个问题——该通知是否充分提醒了利益相关人关于修改内容最终会得以通过的可能性。例如，在一个案例中，环保署认为拟制定规章建议中已讨论了法定豁免的问题，因此其将一项行政豁免纳入到最终规章中是合法的。法院驳回了这一主张，认为“如果法院接受了这种推理方法，会让通知 - 评论式规章制定变为一种猜谜游戏，这将意味着规章只要包含了一个主题，那么与这个主题有拐弯抹角关系的另一个主题也要得到解决”。

法院自己提出了判定拟制定规章通知是否充分的通行标准，即最终规

---

① “合乎逻辑”标准，“logical outgrowth” test，有时称为“拟制定规章通知的补充通知”。

章是不是规章制定建议和评论意见的“逻辑结果”。在 1997 年国家采矿（*National Mining*）一案中，法院对这一标准做了进一步阐释：“我们的案件从未提供像‘逻辑结果’这样精确的定义。我们通常关心的是有关通知 - 评论目的是否得到充分实现。当利益相关方不能合理地‘从建议草案中预测到最终规章的制定’，那么该通知就是不充分的。”“我们关心的是，通知是否为发表多元化的公众意见提供了渠道，保证受影响方得到公平对待，以及提供了在记录中寻找证据的机会。”

此后，特区巡回上诉法院在一项裁决中对这一问题又做了判例法总结：“如果最终规章使得利益相关方原本就能预料到可能发生的变化，从而在通知 - 评论期间内提交意见的话，最终规章就符合逻辑结果标准。相反，如果因为最终规章与拟制定规章差异巨大，导致利益相关方不得不预测行政部门的潜在想法的话，最终规章就不符合逻辑结果标准，从而也违反了《行政程序法》的通知要求。”

独立驾驶员协会诉联邦汽车运输安全管理局（*Owner-Operator Independent Drivers Ass'n, Inc. v. Federal Motor Carrier Safety Administration*）[①] 一案的审理直接适用了上述标准。该案中，联邦汽车运输安全管理局的一部规章对原有的 10 小时休息时间规定做了修改，独立驾驶员协会将其诉至法院，要求至少保证有 8 小时普通卧铺的休息时间。原告的一个起诉理由是，由于拟制定规章通知未充分通知利益相关方行政部门正在考虑做出这种改变，联邦汽车运输安全管理局的做法显然违背了《行政程序法》规定，其发布的拟制定规章通知“过于宽泛，没有重点突出地进行充分通知，从而导致有价值的评论意见被排除在外”。但法院将该主张驳回，认为拟制定规章通知已做出说明，即“联邦汽车运输安全管理局将考虑对有关休息时间的条款进行修改，包括但不限于……建立一个最低的时间标准，如 5 个或 8 个小时等”。

---

① 494 F.3d 188（D.C. Cir. 2007）.

经过众多下级法院的长期实践后，最高法院最终在长岛家政公司诉库克（*Long Island Care at Home, Ltd. v. Coke*）[①]一案中，以一种相对宽松的方式接受了这一标准。最高法院把该标准适用的对象定义为“公平通知”，并维持了劳工部的一部规章，该规章同意对非家庭雇佣的雇工服务可以不适用《公平劳动标准法》中关于“陪护服务”的最低工资和最长工时要求。雇工们认为，劳工部最初拟制定的规章本应限制家庭雇工适用这一豁免条件，但其最终规章却改变初衷，这剥夺了他们获得公平通知的权利。法院驳回了这一主张，认为劳工部改变最初建议“说明其一直在对这一问题进行考虑，经过深思熟虑后，它既可能选择接受最初建议也可能将其撤销，我们不理解为何当事人预见不到这种可能性”。

但在全国采矿协会诉矿山安全和健康管理局（*National Mining Ass'n v. Mine Safety and Health Administration*）[②]一案中，法院却没有适用“逻辑结果”标准，强调法院不会简单地将最终规章与拟制定规章进行比较，也会考虑“通知－评论期间内所提出的评论、陈述和建议”。事实上，法院之所以重申这一标准，是认为该问题并不仅仅在于最终规章是不是拟制定规章的逻辑结果，更在于其在通知－评论期间内“是不是听证和相关程序”的逻辑结果。法院也注意到一些利益相关方（虽然不是原告方）已经提交了对于最终可能被选择的替代方案的评论意见，正如一些学者对本案的分析，“在某种程度上，行政部门在提出建议阶段将问题越公开，对‘逻辑结果’标准提出质疑的可能性越小，尤其当参与者对最终规章中存在的问题提交评论意见时”。

现在也有少数法院拒绝将某个问题上的公众意见作为判定通知是否充分的依据。在涉及劳工部根据《服务合同法》修改规章的美国劳联－产联诉多诺万（*AFL-CIO v. Donovan*）[③]一案中，法院认为，“我们不能指望一部分公众

---

① 551 U.S. 158（2007）.

② 512 F.3d 696（D.C. Cir. 2008）.

③ 757 F.2d 330（D.C. Cir. 1985）.

去监督其他人提交的评论意见，从而将通知的充分性寄托在他们身上”。根据其此前“通知的充分性一定来自行政部门自身”的观点，法院裁定一些规章因违背《行政程序法》的通知－评论要求而无效。[1] 在另一个案件中，法院认为，“尽管我们已经意识到，公众提供有远见的评论既是对通知的回应，也可能会佐证其充分性，但我们不会只将预测性的公众评论作为评价通知充分性的参考依据”。

因此，法院是否认定以及在什么情况下认定行政部门通知具有充分性是一个以事实为导向的问题。在一些案件中，法院会尽可能地认定通知具有充分性，但在另一些案件中，法院会因通知“不符合发布通知的要求”而判定规章无效。由于法院严格坚持通知充分性这一标准，同时也由于一些政策考量要求充分、有价值的公共参与，因此，在起草拟制定规章通知和规章制定活动中，对行政部门官员来说，应特别关注最终规章在通知充分性方面可能存在的不足。[2] 特别是，规章制定者必须意识到拟制定规章措辞和序言说明的重要性。

尽管规章制定建议越具体就越有利于评论意见的集中，但他们也会最终将行政部门置于不利地位，因为规章制定建议过于具体的话，可能会限制最终规章做出选择的范围。另一方面，尽管措辞泛泛的建议可能会避免因建议过于具体带来的限制影响，行政部门仍须注意，这种建议并非真的具有概括性，反倒是它很可能没有对特定事项进行充分通知。一般而言，行政部门应尽可能将已“摆在桌面上”的问题弄清楚。

如何使行政部门既能在拟制定规章通知中提出具体建议，又能在修改最终规章文本时保留灵活性？这里有一种方式，即在拟制定规章通知中提出一些

① 法院认为，发布通知时不应依靠评论意见的原则在本案中是“合适的”，依据是有一项发布了“广泛通知”的规章制定只接收到两条评论，而另一项发布通知不太广泛的规章则收到了1600条评论。

② 就像第三部分第七章二所讨论的，最终规章的序言必须详细解释拟制定规章通知中的规章文本与最终规章之间的差别。对于最终规章与拟制定规章通知（或“合乎逻辑的结果”）关系的合理解释，在规章制定诉讼中很有帮助。

正在考虑的替代性方案。例如，国家公路交通安全管理局曾建议制定汽车被动保护装置规章，后被最高法院发回部门重新审议，该局在规章制定通知中重新提供了其他几项可选方案，规章才得以发布。[①] 与之相似，环保署根据《清洁空气法》发布的关于苯接触的拟制定规章通知中也包含了四项可选择的规章建议，每一项建议规定的可允许的苯接触标准都差异很大。[②]

对行政部门来说，除提供具体建议外，还有一种方法可以提出拟制定规章文本范围之外的问题。例如，职业安全和健康管理局在制定环氧乙烷标准时使用过这一方法，该规章制定的主要问题在于是否应制定短期的接触限值标准，但该问题并未在拟制定规章文本中提出，而是在序言中提出。随着行政部门接受"电子评论"的数量越来越庞大，这项技术会变得更加必要。

本章讨论表明，规章制定者在发布通知时，应养成习惯，对于超出法定最低要求范围之外的问题也应进行认真考虑。一个重点突出且解释清楚的拟制定规章通知能够培养公众参与意识，并从利益相关方那里获得更多有帮助的信息。单纯从效果上看，尽早发现对部门建议不利的或对其活动有影响的观点或信息是非常有帮助的。

更普遍的情况是，当评论意见提出的新问题引起行政部门注意，或从开始制定时行政部门就对规章制定的复杂性抱有预期，或第一次建议通知仅包含了对主题和事项的总体描述时，美国行政会议建议行政部门应当考虑提供两轮通知 - 评论程序。其他可能导致第二轮通知 - 评论的情形还包括：在规章制定程序中需要进行新研究或实验；后来出现的法律性文件，如法律、法规或法庭裁决等，对规章制定产生了重大影响；或行政部门对规章制定的分析框架发生重大变化等。出现以上情况时，行政部门通常会进行第二轮通知 - 评论，而且，自愿使用第二轮通知 - 评论的行政部门在该程序中几乎不会承担任何违反

① 通知提出了一些可选方案以及与之相配套的实施方案。之后，该部门在三个城市举行了听证会，收到了6000多份关于拟制定规章通知的评论意见。

② 结果是，最终规章从每个可选方案中都摘取了一部分内容。54 Fed. Reg. 38,044, 38,045（1988）.

程序规定的风险。

然而，可以肯定的是，第二轮通知－评论程序会推迟规章制定的进度，但这种推迟可能是法律上所必需的，或者从政策角度看也很有帮助。不管怎样，在第二轮通知－评论基础上做出的决定可以很好地兼顾公平性和探索新事物的需要。在一项规章制定中，环保署曾试图通过在网站上公布最终规章草案和在《联邦登记》上发布通知，并在最终规章公布前30天接受评论意见的方式，使自己在将来可以避免诉讼，然而，该部门最终还是接受了进行第二轮通知－评论的意见。但如果行政部门在第二轮通知－评论后就直接公布规章，这种方式是否奏效目前尚不清楚。

同时，值得注意的是，未经新的通知－评论式规章制定程序，行政部门不得根据"逻辑结果"理论去改变已经施行的立法性规章。

六、异议

行政部门的领导人员也可能会对拟制定规章提出异议。《行政程序法》未关注这一问题，因此，这些异议如何公布以及公布与否均由行政部门自己决定。通常，行政部门会允许异议者在拟制定规章通知中公布其意见，但很少会在其他地方进行解读或者公布。

第四章

公众参与

《行政程序法》第553条规定："行政部门在非正式规章制定中应向利益相关人提供通过提交书面资料、观点或理由等方式参与规章制定的机会，也可以提供口头陈述的机会。"[①] 根据这一规定，规章制定中应提供书面评论机会，但行政部门有权决定是否对资料和观点进行口头陈述。一些授权法还规定了最低限度评论期限，或强制要求举行公开听证会，以及对公众或组织参与的其他要求。本章主要讨论规章制定过程中的公众参与，特别是对规章制定中书面评论意见的功能做了全面介绍，同时也探讨了规章制定中口头听证的作用。

一、提交书面评论意见的机会[②]

尽管有人批评通知 - 评论程序为公众提供的参与规章制定的机会并不充分，但毫无疑问，行政部门必须认真考虑公众提交的评论意见，而且往往需要根据这些意见来修改最终规章。[③]

1. 最短期限

在上一章讨论拟制定规章通知时，可以看到，《行政程序法》并没有规定

---

① 5 U.S.C. § 553 (c).

② 应当注意的是，在一些情况下，提交评论意见是启动司法审查的前提。参见第四部分第一章五、2。

③ 参见第七章二 对行政部门回应评论义务的讨论。

提交书面评论意见的最短期限，[①] 而且目前几乎没有专门涉及评论期限的判例法。显然，审查法院更关心发表评论的机会总体上是否充分，评论期限的长短仅是一个需考虑的因素。评论机会的充分性往往取决于行政部门是否采取措施将重要数据或信息通知利益相关人。[②]

虽然评论期限并不是审查法院的关注重点，但这并不意味着行政部门的做法总是足够充分到可以允许公众在得到通知之后提交评论。如前所述，有一种观点误认为《行政程序法》规定了 30 日的最短评论期限。但即使假设利益相关人在《联邦登记》发布通知之日就能收到该通知，30 天的期间可能仍不足以使他们对那些复杂性或专业性强的规章制定建议作出回应。[③] “利益相关人”往往是大型组织，可能需要一些时间来协调组织成员进行回应，或获得成员授权使用资金进行必要研究并提出评论意见。

《行政程序法》的制定过程表明，拟制定规章通知“必须充分公平地通知利益相关人，以便其可以提供有效数据或理由”。这不是要求行政部门在非正式规章制定中，向利益相关人提供机会来推翻该部门的事实依据或炮制反驳行政部门的“证据”。通过通知 - 评论程序产生的规章应当是理性的，但行政部门没有义务出示支持其规章制定的“实体证据”，因此，在制定《行政程序法》时，制定者也并未从这样的角度进行思考，即在公开的规章制定程序中必须给予利益相关人足够时间来提供相反的事实证据。相反，第 553 条的通知 - 评论程序为利益相关人提供了一个向行政部门提交可用信息的机会，以增加行政部门对其规章制定内容的了解。

---

① 参见第三章二。

② 参见本章二、2。

③ 第 12,889 号行政命令（北美自由贸易协定的实施）要求适用《行政程序法》的部门对于“任何拟制定的普遍适用的联邦技术法规或联邦卫生或植物检疫措施”必须提供至少 75 天的评论期。第 12,866 号行政命令也规定，每个部门应当为公众评论一项拟制定法规提供有意义的机会，在大多数情况下应包含至少 60 天的评论期。

2. 行政部门对于重要资料或信息的披露

然而，传统上把第553条规定作为指导行政部门程序的看法，已逐渐在实践中被下列观点取代，即非正式规章制定程序应向利益相关人提供机会，以质疑行政部门的事实假设，并论证这些假设存在哪些错误。换句话说，行政部门必须告知公众其规章制定建议所依据的数据和假设。①

这种变化主要来自审查法院对复杂的、技术性强的规章进行的实施前审查②。这方面的一个典型案例是波特兰水泥协会诉拉克尔肖斯案（*Portland Cement Ass'n v. Ruckelshaus*）。③环保署在根据《清洁空气法》对波特兰地区的水泥厂制定新污染源执行标准时，连同最终规章一起发布了一份声明，表示其使用的实验结果未公开征求意见。特区巡回上诉法院认为："环保署的标准制定过程存在重大瑕疵……请求者自始至终无法及时获得用于确定最终标准的实验结果及程序……"法院指出，"依据不充分的数据或在关键环节上仅由行政部门掌握的数据来颁布规章，不符合规章制定程序的目的"。后来涉及环保署规章的案件及其他一些案件也都遵循了该案的推理过程。

1985年，在涉及医疗保险规章的劳埃德诺兰医院诉赫克勒（*Lloyd Noland Hospital and Clinic v. Heckler*）一案中④，第十一巡回上诉法院重申了这一观点，即"当拟制定规章以科学数据为基础时，行政部门应对所依据的数据和方法进行说明"。法院引用了波特兰水泥案的推理过程，认为行政部门在最初通知中仅引用了"一名行政部门顾问进行的研究……"，这在法律上是不充分的，而该具体研究直到进行至最终规章阶段才被说明。但由于研究报告副本后来被送给三个受其影响的医院协会，这些协会的很多成员提交了对该报告的评论意见，法院"基于回复的数量和相对一致性"，认为部门又进行了充分的"实际

① 有一点应当注意，在发布规章制定建议前，规章草案属于《信息自由法》关于信息披露的第五项豁免范围（关于部门内部事务的备忘录规定）。这一观点也遭到公众批评。

② 参见第四部分第一章五、3关于规章实施前司法审查的讨论。

③ 486 F.2d 375（D.C. Cir. 1973）；参见第三部分第三章四。

④ 762 F.2d 1561（11th Cir. 1985）.

通知”来纠正最初通知中的瑕疵。

法院在其判决中指出，如果行政部门发现了和规章制定相关的新的重要事实信息或分析数据的新方法，却不通知利益相关人提出评论意见的话，若该规章被起诉，其将面临被撤销的危险。此外，若行政部门提供了对拟制定规章可能产生的影响的分析，该分析必须明白易懂。例如，在发动机制造商协会诉环保署（*Engine Manufacturers Ass'n v. EPA*）一案中[①]，该协会起诉了环保署制定的一项评估发动机制造商的规章，对环保署根据《清洁空气法》实施的发动机测试项目成本提出质疑。在规章制定中，环保署准备了一份 30 页的成本分析文件，并在对拟制定的收费表公开征求意见期间依申请将该文件公布。但特区巡回上诉法院认为仅这样做仍不充分，因为“相关公众无法理解该文件，或至少公众在公开征求意见期间通过其他合理信息也不能理解该文件”。法院对该分析提出批评并将其发回部门重新审议：“在该案中，环保署的成本分析包含的只是一些准备供行政部门内部使用、看起来令人印象深刻但实际无用的表格。30 页的文件中只有 4 页文本介绍了实质内容，而且其中 1 页只对使用成本做了粗略介绍。”

这些案例提出的问题是，在规章制定过程中，行政部门应在多大程度上定期将其文件中的信息或利益相关人提交的信息公开征求意见。对一项完善的规章制定活动来说，行政部门应考虑在规章制定初期便发布拟制定规章通知收集有关资料，并将收集中产生的所有信息公布给利益相关人征求评论意见，除非其根据《信息自由法》可以免予披露。[②] 同样，利益相关人提出的所有书面评论意见应及时放入规章制定档案，以便后来提交意见者可以参考。当然，该要求也适用于电子档案。管理和预算办公室已告知行政部门，它“希望行政部门能够及时将公众评论和公众向电子档案系统提交的材料公布在 regulations.

---

① 20 F.3d 1177（D.C. Cir. 1994）（R. Ginsburg, J.）.

② 关于《信息自由法》的豁免规定，5 U.S.C. § 552（b）（1）-（9）. 参见第三部分第一章三。

gov 网站上，无论是信函、电子邮件、传真，还是通过 regulations.gov 网站直接提交的网页格式文件”。如前所述，在特定情况下第二轮通知 - 评论可能是受欢迎的或是必要的。但评论机会总有结束之时，对于是否需要重新开放档案系统以接受更多评论意见，行政部门有时可能须做出艰难判断。

在发布应适用通知 - 评论程序的规章前，行政部门未提供评论机会的，通常不能用规章公布后的评论机会来替代。[①] 法院担心，行政部门在规章公布后就不太可能会改变主意，而且公众不太可能参与那些看起来已既成事实的事情。然而，法院在决定是否维持原本应在通知 - 评论后公布的规章时，有时也会考虑行政部门对规章公布后提交的对评论意见的回应。凡是行政部门的回应显示，它在考虑评论意见时一直持开放态度，则“对评论期延迟的推断可以被推翻，该规章可以被维持”。

二、额外磋商要求

根据《灵活规制法》以及 1996 年《小企业监管公平法》[②] 的有关规定，行政部门在建议制定“将对大量小型实体产生重大经济影响”的规章时，都需要遵守额外磋商（additional consultation）要求。[③] 在这种情况下，行政部门被要求通过以下方式“确保给予小型实体参与规章制定的机会”，包括：(1) 使用拟制定规章通知来预先提示可能产生的影响；(2) 在专业出版物上发布通知；(3) 直接通知小型实体；(4) 举行公开会议和公开听证会，使用计算机网络；(5) 其他使小企业以更简便、更经济方式参与的程序。[④] 尽管第 609 条对行政部门负责人如何保证公众参与进行了指导，但这些方法和方式仍取决于行政部门的自

① 参见第二部分第一章四、3 (6) 和四、4 (2)。

②《小企业监管公平法》也促成了“小企业和农业监管调查局”的成立，并规定了国会审查程序。参见第二部分第三章十。

③ 5 U.S.C. § 609 (a).

④ 参见第二部分第三章七。

由裁量权。

对于"联合工作机构"（目前仅包括环保署、职业安全和健康管理局、联邦储备系统的消费者金融保护局），[①] 也增加了额外磋商要求，要求其在发布初始规制灵活性分析报告前，召集由管理和预算办公室以及受影响的小型实体代表组成的特别审查工作组。该工作组必须在 60 天内就拟制定规章的影响提交一份公开报告。行政部门应在接到报告后酌情修改拟制定规章或规制灵活性分析报告。

此外，一些行政命令还规定了与州、地方政府及印第安部落协商的特殊要求。[②]

三、《行政程序法》中的规章制定口头听证

《行政程序法》授权行政部门决定在非正式规章制定中是否进行口头听证。但一些专门领域立法则要求行政部门必须提供对信息或观点进行口头陈述或公开听证的机会，个别立法还要求行政部门在非正式规章制定中提供交叉询问的机会。[③]

1.《行政程序法》

本章开头提及，《行政程序法》第 553 条要求行政部门就拟制定规章向公众提供通知 – 评论机会，"也可以提供口头陈述的机会"。[④]《行政程序法》未强制要求非正式规章制定须举行口头听证会。然而，第 553（3）条规定，对正式规章制定来说，"若法律要求行政部门在听证后根据听证记录制定规章，

① 5 U.S.C. § 609（d）. 参见第三部分第二章三。
② 参见第三部分第二章七讨论的第 13,132 号行政命令（关于联邦制）和第 13,175 号行政命令（关于与印第安部落政府磋商）。
③ 参见本章三 2。
④ 5 U.S.C. § 553（c）.

应适用本法第556条和第557条规定”。第556、557条对“审判式”或为取证而举行的听证会提出了要求，包括利益相关人出示证据、与提出相反证据的证人进行交叉询问以及提出反证的权利等。规章制定记录应成为作出最终决定的唯一依据。[①]

20世纪70年代初，最高法院发布了关于适用上述《行政程序法》规定的两个重要决定。[②]第一个是在合众国诉阿伦格尼路德鲁姆钢铁公司（*United States v. Allegheny-Ludlum Steel Corp*）一案中，最高法院认为，《州际商业法》（Interstate Commerce Act）第1（14）（a）条规定了规章必须在“听证后”才能制定，虽然州际商业委员会在根据该规定颁布货运汽车服务规章时，未按照《行政程序法》的正式规章制定程序举行“审判式”听证，但这并不违反《行政程序法》规定。法院对第553（3）条规定做了狭义解释，认为《州际商业法》并未要求在听证后“根据听证记录”来制定规章，所以此案不适用第556、557条规定。由此可以看到，法律的听证要求本身并不必然导致对《行政程序法》正式规章制定要求的适用。

第二个案例是合众国诉佛罗里达东海岸铁路公司（*United States v. Florida East Coast Railway*）[③]一案，最高法院在此案中做了稍宽泛的解释。该案中，州际商业委员会的一部规章被起诉，理由是其在规章制定程序中未给予受影响的当事人听证机会而存在程序瑕疵。原告认为，即使不适用《行政程序法》的正式规章制定规定，《州际商业法》也已赋予他们获得“审判式”听证机会的权利。最高法院驳回了原告认为其有权口头出示证据、交叉询问相反证据和口头向行政部门决策者提交理由的主张。法院认为，在某些情况下，程序只要达到第553条标准要求，便是满足了进行听证的法定要求。换句话说，通知－评论程序本身就符合“听证”要求。

① 参见第二部分第一章二关于正式规章制定程序的总结。
② 406 U.S. 742（1972）.
③ 410 U.S. 224（1973）.

虽然在佛罗里达东海岸铁路公司案中，原告并没有主张州际商业委员会的程序剥夺了其享有的宪法规定的正当程序权利，最高法院仍明确指出，在立法性规章制定中，通知－评论程序通常应符合正当程序。只有当规章制定针对某个特定对象进行特别考虑时，才必须进行口头听证。

在大多数规章制定中，上述条件并不存在。最高法院曾裁定，在没有其他法定要求时，法院通常应仅限于要求部门遵守《行政程序法》规定的通知－评论程序。同时，法院也谨慎提出："在规章制定活动中，如果行政部门作出一项'准司法性'决定，极少数人可能'因个体自身因素会受到特别影响'时，为保障受侵害人的正当程序权利，在某些情况下部门需要遵守额外程序。"

波斯纳大法官在联合航空公司诉民用航空局（*United Airlines, Inc. v. CAB*）[①]一案中确认了这一原则。该案中，他明确指出："如果行政部门未向受影响方提供'取证式'（evidentiary）听证机会，其不得以非正式规章制定的名义进行事实上的裁决性程序，因为那很容易逃避使用《行政程序法》要求的裁决程序。"

2."混合型"规章制定法律的听证要求

虽然《行政程序法》并不要求非正式规章制定进行口头听证，但一些20世纪70年代制定的法律仍含有此类要求，即行政部门在规章制定中须举行"公开听证会"或向"利益相关人"提供口头陈述资料、观点或理由的机会。由于这些法律将正式和非正式规章制定联系在一起，因此也被称为"混合型"规章制定法律。要求进行"立法式"听证（legislative hearing）的法律包括《职业安全与健康法》（1970），《消费者产品安全法》（1972），《安全饮用水法》（1974），《能源政策与节约法》（1975），《清洁水法》（1977），《联邦矿山安全与健康法修正案》（1977），以及《濒危物种法修正案》（1978）等。

① 766 F.2d 1107（7th Cir. 1985）.

有一些混合型规章制定法律不仅要求提供立法式听证，还要求给予利益相关人质疑或交叉询问对方证人的机会。这些法律包括《马格努森－莫斯担保－联邦贸易委员会改进法》(1975)，《证券法修正案》(1975)以及《有毒物质管制法》(1976)。一些行政部门也在其法规中规定了对证人的质询内容。①

制定这些含有口头听证规定的法律也许反映了下列事实：非正式规章制定涉及的问题越来越复杂，部门也越来越需要更准确地了解公众对这些问题的评论意见，立法者更坚信在监管方和被监管对象之间进行口头沟通的价值。然而，自20世纪70年代起，几乎再也没有制定过类似的法律。②

3. 美国行政会议关于规章制定听证的观点

行政会议在数份建议报告中提出了非正式规章制定的听证问题。其《72-5号建议书》③建议:(1)国会通常不应在第553条的要求之外再提出强制性程序;(2)国会不能为解决政策或一般性事实问题而要求使用审判式程序（相对于“特定”或“裁决性”事实）④;(3)行政部门应根据具体活动的需要，决定是否采用额外程序，包括“针对特定事实举行的会议式听证或审判式听证”。

虽然反对通过法律方式对第553条规定程序进行全面扩张，行政会议也建议行政部门在适当情况下，通过使用一轮以上的通知－评论程序，来扩大非正式规章制定中的公众参与。行政会议提出以下实施机制，如进行第二轮通知－评论；召开公开会议，允许参与者彼此提问，有效澄清或缩小争议问题；对拟

① 如职业安全和健康管理局制定的《听证会原则》(Nature of a Hearing）指出，口头听证在形式上应当是立法式的。但出于公平考虑，也可以就关键问题提供交叉询问的机会。

② 如第一部分所讨论的，在1978年最高法院在佛蒙特·杨基（*Vermont Yankee*）案裁决之后，这种应法庭要求制定规章的趋势便停止了。1981年后，对减少规制行动的重视也极大削减了规制性法律的数量以及混合型规章的应用。20 U.S.C.A. § 1028(2002).

③ ACUS Recommendation 72-5, 38 Fed. Reg. 19,792(July 23, 1973).

④ 通常要对规章制定活动中产生的“事实”问题（即政策，一般性事实或立法性事实）与裁决活动中产生的事实问题（即裁决性事实）进行区分。关于这些区别，参见 Kenneth Culp Davis & Richard J. Pierce, Jr., Administrative Law Treatise § 10.5(3d ed. 1994).

解决的问题提供更详细说明；提供口头辩论或其他口头陈述机会，允许主持者在其中提问等。[①]

在 1982 年的“行政会议对提交国会审议的关于修改《行政程序法》中非正式规章制定之建议的意见”[②]中，行政会议重申，“提供对信息和观点进行口头陈述的机会，不应成为针对第 553 条规章制定程序的强制性要求，即便该要求仅针对‘重大的’规章制定活动”。行政会议重申了其先前立场，即行政部门应在适当情况下使用口头听证，但结论是，“行政部门应自行决定何时进行陈述以及向谁陈述”。最后，行政会议建议国会不要在法律中包含要求规章制定进行交叉询问的规定，尽管这些法律可能只是把交叉询问作为一项“保底”（last resort）程序。

4. 行政部门的口头听证程序

在根据第 553 条决定规章制定中是否以及何时举行立法式听证问题上，行政部门已采取了一些程序性措施。当法律要求行政部门依申请举行听证时，[③]部门可以发布一项通知，请求公众提供书面评论意见，并一直等到其发布的一项或多项请求被公众知晓并进行评估后才对如何举行听证进行引导。如果法律要求进行口头听证，或者有关问题明显需要听证时，行政部门可以在征求听证意见的最初通知中规定听证日期，特别是当时限要求成为必备条件时——如司法部门对最后期限做出要求。行政部门可在其拟制定规章通知中宣布其正在考虑举行听证，然后等待公众回应并最终决定是否举行听证。凡法律未要求听证的，行政部门可自行决定在规章制定程序的任何阶段举行听证。[④]

---

① ACUS Recommendation 76-3，41 Fed. Reg. 29,653, 29,654（July 19, 1976）.

② ACUS Statement 7, 47 Fed. Reg. 30,715（July 15, 1982）.

③ 例如，《职业安全与健康法》规定，任何利益相关人可以就拟制定规章向劳工部部长提交书面反对意见，阐明其立场并请求就该意见举行公开听证。29 U.S.C. § 655（b）(3）.

④ 有时，为了推动全国范围内的公众参与，或是因为相关议题涉及全国某个特定群体的特殊利益，行政部门会举行一系列听证。

举办立法性规章制定听证会的，行政部门必须确定听证会须遵守的具体程序。在某些情形下，授权法也可对必须遵守的程序作出规定，甚至行政部门关于规章制定的法规也可设立一般程序。但不管怎样，行政部门通常会在听证通知中明确听证程序的基本规则。[①] 例如，农业部曾对听证形式作出一项创新。该部拟制定规章对基因生物工程法规进行修订，为此计划举行公开听证会。在听证之前，该部专门召开了一次“调查”（scoping）会议，邀请利益相关人到会，共同讨论举行公开听证会的议程和形式。现在，行政部门也会将这些公开听证会在网上发布，甚至有时还允许远程公众参与。

① 需要解决的程序性事项包括：（1）听证由谁主持；（2）个人希望在听证会上作证的任何要求必须得到满足；（3）是否允许交叉询问；（4）听证中行政部门的作用，包括它们是否可以提出证据支持自己的观点；（5）听证后还有哪些程序等。

第五章

规章制定记录

自《行政程序法》制定以来，规章制定记录或文件概念的发展已成为非正式规章制定程序最显著的变化之一。尽管其功能仍存争议，但有一种共识已逐渐形成，即在非正式规章制定中应制作规章制定记录或文件（现在一般称为“档案”[docket]）。

一、“规章制定记录”概念的发展

在制定《行政程序法》时，很少有人认识到，行政部门需要为立法性规章提供事实依据。[①] 当然，为应对可能遇到的法庭诉讼，行政部门也会为规章提供事实依据，而不仅仅将其作为使行政行为合理化的手段。实际上，《行政程序法》第 553 条关于立法程序的规定也表明，如果因某些特定活动的性质要求提供辅助记录的，《行政程序法》的起草者也希望行政部门使用自由裁量权来准备这些记录。其中的一个主要原因是，在制定《行政程序法》时，规章的有效性通常是在对行政部门执法行为的司法审查中确定的，因此，供司法审查的记录既可以在行政程序中制作，也可以重新在司法审查中制作。

---

① 戴维斯教授对最初的情形作了如下描述：在制定普遍适用的规则时，行政部门通常缺乏法律约束，可以自由决定是否制作事实性材料；除非在司法审查中，受规章影响的当事人对那些证明规章存在合理性的事实假设提出抗辩。在 1946 年制定《行政程序法》时，这种对行政部门权限的理解是可以接受的，《行政程序法》至今仍未改变这种状况。Kenneth Culp Davis, Administrative Law Treatise § 6：1（2d ed. 1978）.

赋予行政部门裁量权为规章制作辅助记录的另一个原因则基于一个假设，即规章成立应有事实依据。这一假设是在 1935 年泛太平洋箱包公司诉怀特（*Pacific States Box & Basket Co. v. White*）[①] 一案中提出的，在判决中，最高法院将该案涉及的法规视为"一般性立法"，并将与法律审查中使用的"理性基础"标准相类似的标准适用于规章制定审查。这一假设的目的在于，使规章起诉者承担反驳规章所依据的事实前提和依据之责任，行政部门不首先承担提供规章事实依据的责任。[②]

1970 年前后，审查法院开始逐渐摒弃泛太平洋箱包公司案关于非正式规章制定的顺从性审查（deferential review）[③] 方式，尤其是在环境领域。在奥弗顿公园案 [④] 中，最高法院指出，虽然首先应作出行政部门行为符合规范的假设，但"该假设不是为了使其行为免予受到深入、彻底的审查"。最高法院驳回了将案件发回行政部门以使其作出正式裁决的诉求，同时指出，没有必要因案件发回部门造成延误，通过行政记录便可对交通部长的行为进行全面、及时的审查。但对于行政部门以诉讼宣誓书形式使其行为事后合理化的做法，法院拒绝将其作为支持该行为成立的记录对待。最后，最高法院将案件发回地方法院，要求后者根据交通部长作出决定时所依赖的充分的行政记录对其进行"全面审查"。

尽管奥弗顿公园案本身并不涉及规章制定，但它对规章制定的司法审查标准以及将记录作为法院审查基础的有关规定都产生了重大影响。在波特兰水

---

① 296 U.S. 176（1935）.

② 必须指出，《行政程序法》规定的正式规章制定程序需要根据第 556 条和第 557 条规定执行，这与 第 553 条规定的非正式规章制定程序正好相反。在正式规章制定程序中，规章制定者负举证责任，并且最终规章需要有大量证据支持。在这些规章制定程序中，"证言、证物和所有的文件以及诉讼请求一起构成了规章制定结果的排他性记录"。正式规章制定程序因为这些要求经常被称作"记录在案"（on-the-record）的规章制定程序。参见 Daniel J. Gifford, *Rulemaking and Rulemaking Review: Struggling Toward a New Paradigm*, 32 Admin. L. Rev. 577, 582-90（1980）.

③ 相对于攻击性审查（aggressive review）而言。顺从性审查主要用于政治经济领域案件，而攻击性审查主要发生在民事案件中。——译者注

④ 参见第一部分二。

泥协会案等案件中，法院也要求行政部门公布其做出最终规章所依据的重要研究结果和其他数据以供公众评论，这进一步促进了非正式程序中“记录”数量的增加。

1977年，特区巡回上诉法院在HBO有线电视公司诉联邦通信委员会（*Home Box Office, Inc. v. FCC*）案①中清楚表明了规章制定记录在审查程序中的重要性，“无论法律以前如何规定，毫无疑问，现在之所以将规章的颁布作为整个行政过程的‘最后’一步，其前提是建立在审判过程是经过合理推理的假设基础之上的。这一假设依赖于有关资料的存在——证明行政部门专业能力或政策的各种形式的文件、评论、文本和说明——法院正是参考这些资料作出判断的”。

国会在制定有关混合型规章制定法律时，特别要求行政部门为最终规章提供记录支持，一些法律明确要求行政部门保存规章制定的记录或文件以备司法审查。《清洁空气法》还特别详细地规定了有关记录要求。②

国会在1982年对全面规制改革法案进行审议时（1995年再次审议），要求行政部门保留规章制定文件并在文件中包含某些特定材料。尽管作为对这些提案的回应，美国行政会议推荐的表述与法案条文略有不同，但其态度仍然是支持《行政程序法》对规章制定文件作出规定。③

非正式规章制定中“规章制定记录”概念的发展也反映在《灵活规制法》中，该法要求审查工作组的报告“作为规章制定记录的一部分对外公开”。

在互联网时代，2002年的《电子政府法》要求，“在切实可行的范围内，行政部门必须提供联网的规章制定档案，并要求档案包括所有的公众评论和行

---

① 567 F.2d 9（D.C. Cir. 1977），*cert. denied*, 434 U.S. 829（1977）.

② 42 U.S.C. § 7607（d）（2）-（4）. 要求环保署在不迟于规章制定通知发布之日建立“档案”。该法明确要求环保署将所有书面评论和文件信息纳入到“档案”中。当拟制定规章草案公布后，环保署须尽快将环保署长认为与规章制定紧密相关的所有文件收入档案中。

③ ACUS Recommendation 93-4, *Improving the Environment for Agency Rulemaking*, 59 Fed. Reg. 4670（Feb. 1, 1994）. 建议国会将《行政程序法》第553条修改如下：“行政部门发布拟制定规章预通知或拟制定规章通知前，应制作并公布有关规章制定文件。”

政部门规章或实践所涉及的其他资料，无论它们是否以电子方式提交”。① 随着联邦档案管理系统（Federal Docket Management System）的发展，这些要求已在很大程度上得以实现。②

二、非正式规章制定中规章制定记录的重要性

若要确定规章制定记录中应包含什么内容以及何时制作记录，需要对记录的功能有深入了解。规章制定记录主要有以下功能：（1）有助于公众参与规章制定；（2）为行政部门决定是否通过规章提供依据，如果通过，规章应包括哪些规定；（3）有助于对最终的规章制定决定结果进行司法审查。

1. 规章制定档案对公众参与的帮助

提供规章制定公共记录是促进规章制定公众参与的关键因素。如果评论者能够获得其他公众的评论意见，则其提出的意见会变得更为直接和有效。获得更多充分评论对行政部门和公众都有好处，并最终使审查法院受益。未在行政部门的规章制定建议中提出的问题可能会在评论中提出。就像前面提到的③，对于公众评论中提出但在拟制定规章通知中未涉及的问题，是否应充分告知其他公众，法院对此仍有不同看法。但无论如何，在行政部门裁量权范围内，行政部门会将新的评论观点和信息的交换作为进行更多规章制定程序的基础，并通过这些程序来解决新的问题。应当指出的是，许多混合型规章制定法律都要求行政部门接收反驳意见。④ 其他未被明确要求的行政部门，也都会

---

① Pub. L. No. 107-347, 116 Stat. 2899（2002）（codified at 44 U.S.C. § 3501 note）. The e-docketing provision is at § 206（d）.

② 参见本部分第一章三。

③ 参见第三部分第三章五。

④ 例如，《清洁空气法》（Clean Air Act），42 U.S.C. § 7607（d）（5）（要求环保署保证规章制定程序记录在程序完成后 30 天内公开，以便公众提交反驳意见）。

主动向利害相关人提供在规章制定中提交“二次评论意见”的机会。这些评论意见的交流也成为规章制定记录的一部分。总的来说，公众对于规章制定记录的参与度在电子档案系统出现后有了极大提升。[①]

2. 规章制定记录是行政部门规章制定决定的基础

规章制定记录的第二个功能是向行政部门决策者提供足够多的信息，以帮助其决定是否批准最终规章，如果被批准，规章应包含哪些规定。在复杂的规章制定程序中，构建同时满足利害相关人和行政部门决策者需求的记录或文件仍有困难。为避免规章制定延迟，行政部门的工作人员编辑和整理记录的方式不仅应有利于他们自己使用规章制定记录，也应同时有利于利害相关人使用。在重大规章制定中，这项任务会变得十分繁重。食品和药品监督管理局的一部烟草销售和广告规章曾引发广泛争议，共收到超过700,000条评论，仅是对其中一条规定提出不同意见的信件就多达250,000份，某行业协会还提交了一份长达2,000页的评论意见，这份意见还附带着45,000页的辅助文件！该部门不得不开发了一项复杂的计算机分类系统，在一年内将这些评论整理完毕并颁布了最终规章。

当然，随着计算机分类技术的发展，行政部门将更有能力处理数量众多的评论意见。[②]

美国行政会议已认识到行政部门对规章制定过程管理的重要性，曾敦促行政部门开发有关技术，管理规章制定文件，以便在评论期内最大限度地实现信息公开，为司法审查形成可用并且可靠的文件。在可行范围内，规章制定文件应包括：(1) 所有与规章制定有关的通知；(2) 行政部门工作人员在形成拟制定规章或最终规章时实质性依赖的或认真考虑的所有书面事实材料、研究和报

---

① 见第三部分第一章三。

② 见本部分第一章三、3。

告的文本或索引（法律禁止披露的除外）等；（3）所有提交给行政部门的书面评论意见；（4）法律、行政命令或规章要求公开的与规章制定有关的任何其他材料。[①]

有时，行政部门在整理规章制定文件时也会因资料不完整、不便获取或缺少索引而被批评。

3. 规章制定记录是司法审查的基础

行政部门应预见到法院可能会对非正式规章制定进行“彻底、深入的审查”，法院也会要求行政部门制作支持其最终规章的行政记录。要求提交记录进行审查是司法审查的天然权力。如果不向审查法院提供支持规章合理性的推理依据和事实理由，在法律没有规定可以重新审查的情况下，法院将别无选择，只能将规章发回行政部门允许其继续进行。

一直以来，法官们对接受审查的某些规章制定记录感到困惑和不满。某法院将这些记录形容为“就像一个杂乱无章的大水坑，当事人把大量材料积压其中，这些材料既未经过证据规则的过滤，也未经过对抗性辩论的锤炼”。在一份 100 多页的规章制定审查决定中，特区巡回上诉法院的陪审团对此也表示出厌倦情绪，“我们在对这些记录进行没完没了的搜索后才作出决定。读了这些记录，也能想象出法官在这数以万页的记录中是如何艰难摸索的”。

笔者认为，以下几个因素导致法院在审查规章制定记录中所面临的困难。规章制定本质上是一个立法过程，包括价值判断、政策判断以及事实材料。行政部门所依据的“事实”还包括行政部门和其他机构专业知识和经验的累积，这些很难被包括在程序记录中。因此，程序本身的性质决定了提交给法院的记录类型。特区巡回上诉法院在其早期的一项混合型规章制定裁决中也指出，“记录与典型的立法委员会听证完全不同”。

① ACUS Recommendation 93-4，“书面”文件也包括以电子形式提交的文件。

关于规章制定司法审查的一个主要问题是，审查的记录是否仅包括行政部门作出最终决定之前的材料，还是行政部门在审查过程中可以提交更多的事实或理由来补充记录。行政会议于 1974 年提出一份建议书，目的是要解决非正式规章制定实施前司法审查中出现的问题。建议书指出，一些基本的规章制定文件应被纳入提交至法院的记录中。[①] 同时，还建议行政部门将“部门提出的与规章有关的事实信息”包含在记录中，这表明审查的范围并不仅限于行政部门做出最终规章时拥有的材料。但有些评论人士对这一观点提出批评，认为应将审查范围限制在“排他性”的规章制定记录上，这将对行政部门产生正面的约束效果，并帮助法院更好履行其审查职能。

在制定含有可供司法审查的“规章制定记录”定义的法律时，国会对上述两种观点都作了考虑。在《消费产品安全法》(Consumer Product Safety Act)和《联邦贸易委员会促进法》(The Federal Trade Commission Improvements Act)中，国会采取了行政会议推荐的“开放式”(open-ended)定义。[②] 在其他一些情况下，国会也规定了供审查的记录应仅包括行政部门在做出最终决定前拥有的信息。[③] 此外，代表大多数行政部门在法庭上为规章进行辩护的司法部也为制作规章制定记录提供了一些指导文件。[④]

无论法律是否要求司法审查仅限于行政部门做出决定时的行政记录，规章制定者都应认识到法院会拒绝规章的“事后合理化”(post-hoc rationalizations),[⑤] 以及法院会对评论阶段后获取的数据使用情况进行严密的司法审查。因此，除

---

① 包括通知、评论意见、证词、咨询委员会报告、依据和目的陈述以及其他有关文件。

②《联邦贸易委员会促进法》规定，“规章制定记录”包括规章、依据和目的陈述、听证记录，书面意见，以及“委员会认为与规章相关的所有信息”。15U.S.C § 57a (e)(1)(B).

③ 例如《清洁空气法》，供司法审查的记录包括在拟制定规章公开征求意见期间接受的、“专门”的“书面评论和文件信息”，公开听证记录，以及拟制定规章公布后可供公众查询的、环保署认为与规章制定紧密相关的信息。

④ 联邦政府部门行政记录汇编指引 (1999) http://environment.transportation.org/pdf/programs/usdoj_guidance_re_admin_record_prep.pdf.

⑤“事后合理化”是指在法庭复审阶段，由律师对事先没有进行充分解释的行政行为之合理化作出的解释。参见下面第七章二、1。

特殊情况外，行政部门应将做出最终决定时依据的所有材料都包含在公开的文件当中，并且在合适时向公众提供评论机会。

虽然法院对行政部门制作规章制定记录的行为存在“规律性推定”（presumption of regularity），[①] 但仍保留了一些要求补充记录的裁量权。另一方面，法院也不愿要求行政部门将其内部备忘录放入记录中。就像法院所指出的，“对行政行为的司法审查应该基于行政部门所陈述的正当理由，而不是导致该决定形成的决策过程。如果要求将行政部门内部评议的文件纳入行政部门记录中，会妨碍对决定和替代方案进行坦诚、创造性的交流。”

提交给法院的非正式规章制定记录必须指明哪些内容还存有不确定性，这与对“无记录”沟通的处理以及非正式规章制定的公众评论要求有关。[②] 在社区营养研究所诉布洛克（*Community Nutrition Institute v. Block*）一案中，[③] 法院的判决也反映了这些复杂关系。该案中，特区巡回上诉法院驳回了一项对农业部法规的程序性诉讼，该法规采用了该部门工作人员完成的两项科研成果，但这些成果是在规章制定记录完成后取得的，且未向公众提供评论机会。法院认为，这些研究结果没有提供“全新的信息”，只是对拟制定规章通知中提及的研究进行了扩充和确认。“如果行政部门对评论的回应总是成为下一轮评论的主题，那么规章制定程序将永远不会结束”，最高法院建议，行政部门对公众评论进行回应时可采取不要求新的公众评论的形式，“除非其回应显失公平”。另一方面，在全国反杀虫剂滥用联盟诉托马斯（*National Coalition Against the Misuse of Pesticides v. Thomas*）一案中[④]，特区巡回上诉法院裁定，环保署应将一项备忘录包含在公开文件中，以解释该部门在核心问题上的立

---

① Ronald Levin, *Rulemaking Under the 2010 Revised Model State Administrative Procedure Act*, 20 Widener L.J. 855, 861（2011）. 该推定被现有的判例法认可。就像任何既定的行政程序一样，制作行政记录可以推定为行政部门的规律性行为。在没有明确相反的证据时，法庭会假定行政部门已进行了合理记录。

② 参见本部分第四章和第六章。

③ 749 F.2d 50（D.C. Cir. 1984）.

④ 809 F.2d 875（D.C. Cir. 1987）.

场，因为该备忘录“清楚地提供了关于环保署建议的评论意见的关键信息”。但法院也认为，该案中公共记录的遗漏对起诉方未造成损害，他们已及时获得备忘录并对此发表了评论。①

如果行政行为不属于一般意义上的“程序”(proceedings)时，法院是否要根据行政记录来审查该行为便成为一个难题。例如，当行政部门以规章属于解释性规章或应适用“正当理由”豁免为由认为其发布的规章可免予通知－评论要求时，可能会产生这一问题。因为通常在这种情况下，既不存在规章制定建议，也没有公共评论意见，可供查阅的行政部门的规章制定档案或文件可能少之又少。在规章制定请求被提交后，甚至没有提交请求时，如果行政部门拒绝启动规章制定，可能也会出现类似情况。②在这些情况下，也可能没有“文件”或“记录”提交给法院审查。

出现这种情况时，曾有行政部门在问题出现后制作文件提交给法院作为审查的依据。这种做法显然也有问题，因为行政部门可能会从对自己有利的角度出发，对记录中应包括哪些文件作出判断，这些判断会受到对方当事人的质疑。这可能会引发对于记录由什么内容组成的争议。

1986年，行政会议在其“规章制定请求”建议书中对这一问题作了间接处理。③针对如何审议和处理规章制定请求，行政会议建议了一些“基本程序”，认为应“使公众能获取这些请求文件”。它还建议，无论规章制定行为是否在通知－评论后做出或最终决定不启动规章制定，行政部门都应保留其在开展活动时考虑过的所有相关文件。下面要讨论的问题是是否要公开全部文件或将某些文件列为保密文件。④

① 管理和预算办公室与各行政部门之间的接触让记录中应包括哪些内容的问题变得复杂。参见第六章三。

② 参见第四部分第三章，讨论有关行政部门不作为的司法审查。

③ ACUS Recommendation 86-6, *Petitions for Rulemaking*, 51 Fed. Reg. 46,988 (Dec. 30, 1986).

④ 一些属于协商过程的内部文件可免予公开披露。Wolfe v. Dep't of Health & Human Servs., 839 F.2d 768 (D.C. Cir. 1988).

4.“保密性”评论意见的处理

在一些规章制定过程中，评论者可能会向行政部门提供他们认为属于商业秘密的信息（confidential business information）。[①] 这些信息对行政部门会有所帮助，但若将其放入规章制定记录、对其进行回应或将其作为最终规章依据时，行政部门可能会面临一些限制。一些行政部门因此也制定了在规章制定中处理保密性评论意见的程序。

虽然《信息自由法》没有直接解决通过规章制定评论提交的商业秘密信息问题，但该法在这些方面仍有影响力。一般来说，如果第三方当事人请求披露被提交的商业秘密信息，行政部门可以该信息属于《信息自由法》规定的第四种免责情形为由拒绝披露，或在确定其不属于上述免责情形后予以公开。第12,600号行政命令[②] 规定了一些预先提交程序，以对这方面的行为进行管理。该命令要求行政部门制定实施《信息自由法》的规章，允许提交者将信息提交至行政部门时，可以标明其中哪些信息需要保密。对于附带条件的信息提交，行政部门必须给予提交者一系列权利，其中最重要的是对请求公开该信息的异议权。然而，由于第12,600号行政命令的限制规定只有在当事方根据《信息自由法》提出请求后方可适用，对于行政部门在此类请求提出之前处理或发布过的信息，这些规定并不适用，例如，在规章制定档案或记录中的信息。

根据《行政法律评论》在2004年进行的一项研究来看，对于非正式规章制定中涉及的商业秘密信息，行政部门有各种各样的处理方式。例如，联邦贸易委员会未把含有商业秘密信息的评论意见包含在公开的规章制定记录中，也未明确是否将其从规章制定记录中排除。但当省略了商业秘密信息部分内容的规章制定记录接受法院或行政法官审查时，联邦贸易委员会允许提交者申请获

① 该术语源自根据《信息自由法》做出的判例法，对根据该法第4项豁免规定免予信息披露的情形进行界定。5 U.S.C. § 552（b）（4）.

② 第12,600号行政命令，52 Fed. Reg. 23,781（June 23, 1987）.

得保护或不公开审理。

核能管理委员会和联邦航空管理局建立了更为透明的程序，以明确这些信息何时可从记录中删除。虽然核能管理委员会也从公开的规章制定文件中删除了商业秘密信息，但其会将删除商业秘密信息这一事实以及删除的信息数量公布于众。与之相似，虽然联邦航空管理局将提交的商业秘密信息放入非公开文件中，但仍在其档案系统中对其收到该信息一事作了提示性说明。

为解决透明度问题，有一些行政部门设立程序要求当事人同时提交文件的公开和非公开两个版本。例如，内政部、联邦海事委员会、国家公路交通安全管理局等都要求提交保密文件的公开和非公开版本。此外，国内税收署（IRS）采取的是不接受任何包含商业秘密信息评论意见的做法。①

另一个问题是，应何时确定提交的商业秘密信息的保密状态——是在该信息第一次提供给行政部门时，还是在其他当事人根据《信息自由法》提出公开请求时？有一些行政部门在收到信息后会立即决定是否对被标明为“秘密”的信息采取保密措施，包括核能管理委员会、劳工部和国家公路交通安全管理局。环保署和联邦航空管理局则直接将提交的标明为“秘密”的信息列入保密状态，而不管该信息是否实际上构成商业秘密信息。②

关于如何退回提交的保密性文件，各个部门的做法有所不同。如果行政部门对提交的文件立即进行保密性审查的，若其拒绝将该文件保密，会把文件退回提交者。有一些行政部门则在收到信息后一概不予退回。

最后，列文教授认为：2010 年的《州行政程序示范法》（Model State APA）有一条规定简明扼要，即第 302 条规定，“如果行政部门认为规章制定记录的

① 26 C.F.R. § 601.601（b）（1）. 也有观点认为该限制性规定违反了《行政程序法》第 553 条关于允许任何人在非正式规章制定中提交评论的规定。

② 有观点认为，“这意味着，除非第三方根据《信息自由法》提出信息披露请求，否则行政部门将不会证明哪些文件属于保密文件。虽然这种方式可以使行政部门无需评估提交的信息的保密性是否充分，该方法还是为被企业标明的秘密信息提供了推定其属于保密文件的一种预设，从而使记录变得更不透明。因此，为了能使行政部门对企业的这种标注进行审查，需要由公众担负起根据《信息自由法》提出披露要求的责任。”

某一部分不适合公开，或不适合在互联网上公开，其应对该部分内容进行描述，并标明该部分内容未被公开”。[①] 如果行政部门在网上公布一些“版权保留的信息或粗俗的、诽谤性的或更糟糕的评论”的话，这一规定很适合作为评判依据。[②]

① Model State APA（2010）§ 302, http：//www.law.upenn.edu/bll/archives/ulc/msapa/2010_final.htm.

② Ronald M. Levin, *Rulemaking Under the 2010 Model State Administrative Procedure Act*, 20 Widener L.J. 855, 861（2011）.

第六章

规章制定中的“非正式”或“单方面”沟通

“规章制定记录”概念的出现，也引发了对非正式规章制定中行政部门决策者与其他当事人之间的“非正式”（off-the-record）或“单方面”（Ex Parte）沟通的批评。虽然法律上关于这一问题的大部分不确定性已在司法判决中得以消除，但在处理非正式规章制定沟通问题上引发的一系列复杂问题和矛盾冲突，应引起规章制定者注意。

一、法律规定概述

《行政程序法》没有限制非正式规章制定中的“单方面”沟通。[①] 实际上，“当事人”和“非正式”接触的概念并不完全适用《行政程序法》第553条关于非正式规章制定的要求，因为非正式规章制定的参与范围并不仅仅局限于登记注册的当事人，而且政府部门的决定也未必只来源于规章制定过程中生成的记录。本章所指的“单方面沟通”仅包括非正式的、与拟制定规章内容有关的、政府部门决策者与其他当事人之间的私下沟通。

早期的一些案例，如桑格蒙河谷电视集团公司诉合众国案（*Sangamon Valley Television Corp. v. United States*），认为在涉及相互冲突的重要利益诉求

① 在正式规章制定以及正式裁决中，《行政程序法》禁止外部人员与决策者之间的单方面接触。5 U.S.C. § 577（d）（1）；参见 § 551（14）（关于单方面接触之定义）。

时，不应在非正式规章制定中进行单方面沟通。1977 年，特区巡回上诉法院在 HBO 有线电视公司诉联邦通信委员会案（*Home Box Office, Inc. v. FCC*）①（以下称 HBO 案）中提出一个观点，建议在更大范围内禁止非正式规章制定中的单方面沟通："一旦拟制定规章通知发布……对于参与或基于合理预期将参与规章制定决策过程的任何政府官员或雇员来说，在该部门作出决定之前，应拒绝与任何有利害关系的私人主体或此类主体的律师或代理人讨论涉及规章制定程序的处置内容。"鉴于在规章制定程序的审议阶段对个别委员进行单方面游说的情况仍比较严重，法院最终撤销了联邦通信委员会对有线电视规章所做修订。

HBO 案裁决结果对单方面沟通如此明显的大范围禁止，也引发了特区巡回上诉法院的内部争论，这项裁决的适用范围很快便被大大限制。此后，有两个案件的判决更是明确拒绝了该裁决结果的广泛适用，这场争论也得以结束。例如，在美国钢铁工人联合会诉马歇尔（*United Steelworkers of America v. Marshall*）②一案中，原告以政府部门决策者与规章制定工作人员之间存在单方面沟通为由，主张职业安全和健康管理局的规章存在程序瑕疵，但法院驳回了这一主张。③ 该案中，赖特（*Wright*）法官的观点是：无论是与此案有关的宪法规定④还是 HBO 案所依据之原则，都不适用于原告所质疑的决策者与工作人员接触之情形。法院认为职业安全和健康管理局的规章制定程序与其他案件程序有很大不同，如"桑格蒙案"和"HBO 案"，前者解决的是"在重要利益上相互冲突的私人诉求"，同时它也不属于"准裁决程序"，后者可能"与涉及竞争性诉求的案件一样"存在"大量的潜在歧视"。

特区巡回上诉法院拒绝将 HBO 案之推理适用于非正式规章制定的做法虽

---

① 567 F.2d 9（D.C. Cir. 1977）.

② 647 F.2d 1189（D.C. Cir. 1980）.

③ 参见本章五关于决策者与规章制定工作人员之间接触的讨论。

④ 法院在钢铁工人联合会案中重申，作为一项普遍原则，正当程序并没有对规章制定施加与法律制定相同的限制。647 F.2d at 1215 n.28.

广受质疑，但塞拉俱乐部诉科斯特（*Sierra Club v. Costle*）一案的判决将这些质疑一一消除。该案涉及环保署根据《清洁空气法》进行的规章制定活动。在审查中，某环保组织声称最终出台的空气污染标准是环保署在评论期结束后“单方面突袭”的产物。该署受到质疑的沟通方式包括：没有及时将评论意见放入记录，以及在行政部门、私人主体、事务官员和政务官员（通过选举产生的官员）之间的会面等。

关于此案中与外界进行口头沟通的问题，法院认为：“根据《行政程序法》，面对面的口头讨论在任何地方、任何时间都不被禁止。这种禁止性规定的缺位可能是由国会所设想的非正式规章制定程序的本质导致的。假如某行政行为与司法活动类似，假如该行为在‘与重要利益有关的相互冲突的个人诉求中’涉及正式规章制定、裁决或准裁决，就当事人各方所具有的基本的正当程序理念而言，应将决策者从单方面接触中隔离开来。但如果行政行为涉及的是与政策制定有关的非正式规章制定的话，单方面接触这一概念的功能就会备受质疑。”

“我们的政府体系中，由未经选举的行政官员制定的普遍适用的政策的合法性，很大程度上取决于其公开性、可获取性，以及这些官员对赋予其最高权力的公众之需求和意见的遵从。作为法官，我们与这些压力隔绝是由于我们所参与的司法程序之性质；但不管面对面的游说发生在什么场合，我们必须避免因轻敌而忽视它们，原因只有一个，在司法程序中不容其存身之处。此外，与被监管行业、其他受监管影响团体和公众的不断接触，从而实现有效监管的重要性也不容小觑。非正式接触可能使部门为其方案赢得所需之支持，通过帮助那些被监管对象预设并制定其未来计划以减少未来实施阻力，并推动外界提供部门所需的信息。”

基于上述观点，无论是《行政程序法》还是判例法，都未在规章制定中广泛禁止“非正式”沟通。

二、处理“单方面”沟通的行政实践

1. 政策考量

虽然此后 HBO 案的立场被做了狭义解读，赖特法官的观点的确提出了行政部门应当而且必须考虑的一些问题。在非正式规章制定中，单方面沟通的批评者的一个主要担心是，决策者可能被私下沟通所影响，这将与实现责任政府之目的背道而驰。另一个担心是，利害相关人可能无法对未公布之信息、建议或观点进行有效回应。这也表明，如果当事人认为其他利益方拥有接近决策者的特殊机会的话，他们可能会没有动力去深入考虑或精心准备要提交的评论意见或数据。保证利害相关人有机会发表意见并对别人的意见作出回应，可以减少“内部人士”的影响，为部门起草规章提供新的信息资源，并提高最终规章的可接受度。此外，也有人担心，单方面沟通可能会增添一种可能性，即影响行政决策的关键信息最终得不到法院审查。

行政部门在制定关于单方面沟通政策时应考虑上述问题。尽管根据现有判例法，除特殊情况外，法院不可能因发生单方面接触的缘故而撤销规章，当行政部门在与外部人员的私下讨论中接受信息时，仍然须对可能引起的外界担忧、对那些不利的公众反应保持格外警惕。另一方面，行政部门与利害相关人之间非公开、坦诚的接触也有助于试探双方可以妥协的底线。

2. 行政会议的建议

HBO 案判决后不久，美国行政会议讨论了这一问题，认为在非正式规章制定中普遍禁止私下接触，或者要求对每一次沟通都进行总结并在公开记录中披露的做法，是不可取的。在《第 77-3 号建议书：非正式规章制定程序中的单方面沟通》中，[①] 行政会议认为，普遍禁止规定“会剥夺行政部门因事制宜地调整规章制定程序的灵活性，并在一定程度上会增加程序的正式性，大多数情况下，这种正式性将导致程序过于复杂、缓慢、成本高昂；同时，可能也不利于获得所有相关信息”。行政会议认为那些针对单方面沟通的批评具有合理性，建议行政部门：（1）在发布拟制定规章通知后，及时在公开文件中公布所有对拟制定规章有价值的书面意见；（2）按照程序（包括使用摘要和召开公开会议），尝试披露那些与拟制定规章价值有关的重要信息或观点的口头沟通内容。这种透明度也可使那些意图秘密会面者从一开始就不会提出此类要求。

3. 行政实践

在规章制定活动中，行政部门采用了各种方法来处理单方面沟通问题，独立管制机构似乎对这种接触行为也采取了最严格的政策。1980 年修订的《联邦贸易委员会法》要求美国联邦贸易委员会在规章制定记录中对单方面接触行为进行逐字记录或制作摘要。[②] 消费者产品安全委员会对部门会议的开放性以及与利害相关人沟通内容的披露也提出了严格要求，规定本部门工作人员与外部人士之间几乎所有的会见都必须发布通知；公众可参与任何会见；部门工作人员和利害相关人之间的所有会议和电话交谈必须制作摘要。独立管制机构的政策也是《阳光政府法》的公开会见要求在实践中的反映，以及对特区巡回上诉法院在 HBO 案中所做判决的回应。单就联邦通信委员会来说，其本身似乎对单方面沟通已制定了最为完善的政策，这使得它的大多数非正式规章制定可以在“同意但须公开”（permit-but-disclose）的基础上得以进行。

对单方面沟通做出正式规定的行政部门包括交通部、环保署和联邦紧急

① ACUS Recommendation 77-3, *Ex Parte Communications in Informal Rulemaking Proceedings*,42 Fed. Reg. 54,253（Oct. 5, 1977）.

② 15 U.S.C. § 57a（j）. 要求联邦贸易委员会发布规章：（1）授权该委员会或其委员和与规章制定活动有关的外界当事方会见；（2）规定将会见通知包含在该委员会每周议程中，应逐字记录会见过程或制作会见摘要或记录与该会见有关的任何沟通内容，将其公之于众，并放入规章制定记录中。

事务管理署[①]。农业部则要求，在拟制定规章通知发布后提交的所有的书面意见均需及时公布以供公众查阅，除非提交者要求保密，且该记录根据《信息自由法》规定已被决定保留。如果记录未能保留，提交者可以撤回其提交的信息。农业部的规定是要在规章制定过程中避免单方面沟通；如果出现单方面沟通，部门官员需起草一份备忘录，对沟通情况进行详细说明，并放入规章制定记录。

三、规章制定中行政部门沟通

随着管理和预算办公室规章审查程序变得越来越普遍，政府系统内部的"非正式"沟通——总统、总统办公室的工作人员、管理和预算办公室或其他部门——已成为必须高度重视的问题。[②]尽管将私人之间的沟通与总统或其他政府内部人士的接触进行类比不太严谨，但"非正式"沟通仍引发了部门对规章制定参与者的公平性和规章制定记录完整性的担忧。人们普遍担心，总统及其顾问们在幕后所造成的干预可能会阻挠国会授权，削弱监管者独立开展活动的动力，破坏《行政程序法》规定的规章制定程序，并成为有利害关系的私人团体提供信息的隐蔽渠道。[③]这些问题也促使一系列政策出台，使得管理和预算办公室的审查程序更加规范透明。

1. 美国行政会议的建议

1980年，美国行政会议首次将行政部门和其他行政分支机构人员之间的沟通纳入考量范围。行政会议提出了一项建议，以使内部政策辩论的需要与公

① 44 C.F.R. § 1.6. 要求就拟制定规章的重要信息和观点与外界进行的沟通制作书面摘要，并放入非正式规章制定档案。

② 关于这一发展趋势的讨论参见第一部分四。

③ 参见第一部分四、2。

众参与的需求以及司法审查的要求相适应。首先，行政部门应当可以自由接受其他部门工作人员提交的书面或口头政策性建议，而无需公开双方接触过程。然而，当行政沟通含有涉及拟制定规章的实质性事实信息时，建议部门要及时将收到的文件副本（或口头沟通摘要）放入公开的规章制定文件 / 案卷中；如果这些事实信息引发了新的重要问题或导致数据之间出现严重冲突，则应同时考虑向利害关系人提供机会作出回应。其次，不管沟通内容是什么，各部门应通过确认并公布每一项含有或反映与政府外部个人沟通过程的做法，缓解公众对于“隐蔽渠道”的担忧。

1988 年，行政会议再次强调非正式规章制定中行政部门沟通问题。在《第 88-9 号建议书》中，① 行政会议提出：

（1）当部门向总统提交建议草案或最终规章进行审查时，所有提交的材料和正式分析应在建议稿或最终规章文本公布或规章制定终止时予以公开。

（2）不应要求部门将从总统或其他部门那里接受的“有关规章制定的政策指导文件”放入公共档案；然而，一旦拟制定规章或最终规章公布或规章制定活动终止，“负责规章制定总统审查事务的官员提供的正式的书面政策指导文件”应放入公共档案。

（3）如果部门在总统审查过程中收到含有新的事实信息的沟通内容，应及时将该内容（或者口头沟通摘要）放入公共档案。

（4）如果部门收到政府外部人员提交的与事实材料有关的沟通内容，或与其观点、立场有关的沟通内容，应及时将该内容（或口头沟通摘要）放入公共档案。

2. 管理和预算办公室在规章审查中的透明度

为缓解外界对规章制定审查中部门沟通问题的担忧，里根政府曾颁布过

① ACUS Recommendation 88-9, *Presidential Review of Agency Rulemaking*, 54 Fed. Reg. 5207（Feb. 2, 1989）. 也可参见第一部分四对该建议书的讨论。

一份备忘录："公众和行政部门应当理解，就拟制定规章有关事实进行沟通的主要平台是规章发布部门，而不是工作小组（放松规制）或管理和预算办公室。在发送给工作小组或管理和预算办公室的、与拟制定规章有关的事实材料中，应注明这些材料也被送往相关部门。"①

该备忘录还指出，如果放松规制工作小组或管理和预算办公室收到或制作准备提交给部门审议的事实材料，那么这些材料"将被认为属于全部规章制定记录的一部分"。该备忘录没有说明这一规定是适用于口头沟通还是书面沟通。

管理和预算办公室在规章制定中的作用一直是争议焦点。1986 年年初，美国国会开始考虑立法限制管理和预算办公室的监督职能。同年 6 月，为回应来自国会的压力，管理和预算办公室先是重申了若干先前既定的程序，接着又为信息与规制事务办公室的审查程序设立了更多促进透明度的措施。这些努力后来成为行政会议《第 88-9 号建议书》的基础，而该建议书又促使克林顿政府在第 12,866 号总统行政命令中规定了更严格的公开条款。

该行政命令规定，部门完成规章制定后，应该公开其提交给信息与规制事务办公室的所有材料，注明规章所做的所有实质性改变，并说明这些改变源自信息与规制事务办公室授意。②此外，对信息与规制事务办公室来说，它必须对其接收与被审查的规章有关的外部沟通进行规范。只有信息与规制事务办公室负责人或其指派的人员才能接收这些沟通信息，该办公室须在 10 天内将这些信息转交有关部门，邀请部门官员与公众见面，并制作所有这些接触过程的公开记录。程序结束时，信息与规制事务办公室还必须公开已转交给部门的

① 参见管理和预算办公室主任大卫·斯托克曼（*David Stockman*）发给各部门负责人的备忘录，June 11, 1981, *reprinted in* Office of Mgmt. & Budget, Regulatory Program of the United States Government 618（1990-1991）.

② Gov't Accountability Office, Federal Rulemaking：Improvements Needed to Monitoring and Evaluation of Rules Development as Well as to the Transparency of OMB Regulatory Reviews 39（GAO-09-205）（April 2009）, www.gao.gov/new.items/d09205.pdf.

所有文件。[①]

3. 司法部门的观点

虽然在一些案例中，关于管理和预算办公室参与非正式规章制定以及在规章制定过程与行政部门进行非正式接触的问题被提及，但迄今为止，法院的态度一直是拒绝明确处理任何由对管理和预算办公室审查持批评立场的人士提出的法律或宪法问题。[②]

特区巡回上诉法院在塞拉俱乐部一案中，对导致法院不愿干预政府内部沟通的政策原因做了解释："总统控制和监督行政决策的权力来源于宪法；这种控制的优点在规章制定的实践中得以验证。法规需要对成本、环境和能源等方面因素进行仔细权衡，这些因素将对国家经济政策产生广泛影响。如果重要的政策制定者彼此孤立或与行政首长产生隔阂，我们的政府根本无法有效或理性地发挥作用。单个部门行动经常难以完全应对复杂的监管问题。"[③]

法院认为，环保署在评论期后从规章制定文件中删去涉及总统和环保署官员的政策会议的摘要是违法的，因为环保署没有根据这次会议的"信息或数据"来制定其规章。在判决结论中，法院主动引用了美国行政会议的建议，将包含实质性事实信息的沟通与政策性建议区分开来。法院指出，在规章制定记录中，规章必须有事实依据支持。

1988 年，在全国粮食饲料协会诉职业安全和健康管理局（*National Grain & Feed Ass'n v. OSHA*）[④]一案中，该协会主张，管理和预算办公室认为职业安全和健康管理局制定的谷物处理标准属于"缺乏记录的强制行为"，这意味着管理和预算办公室已"取代了国会授予部长之权力"，因而应将该规章发回职

---

① Exec. Order 12,866 § § 6（a）（3）（E），6（b）（4），58 Fed. Reg. 51,735（Oct. 4, 1993）.

② 参见第一部分四、3。

③ 657 F.2d 298, 404-08（D.C. Cir. 1981）.

④ 866 F.2d 717（5th Cir. 1989）.

业安全和健康管理局规章重新审议，但第五巡回上诉法院驳回了这一诉求。法院认为，已有证据并不支持协会的观点，判断最终规章成立与否必须“基于行政部门所拥有之记录，而不是基于管理和预算办公室的某些‘秘密记录’”。然而，有一点对行政部门也很重要，即在评论期后应向公众提供机会，以对其他部门提供的重要数据或信息进行评论。正如特区巡回上诉法院在支持一部环保署规章时所称：“当事人主要关心的是那些记录环保署在公众评论期结束后与能源部以及管理和预算办公室会见的备忘录。环保署已将这些备忘录放入公共档案。如果这些记录显示出能源部向环保署提供了额外数据，后者依靠这些数据制定了最终规章，但其他人没有机会发表评论意见的话，他们有理由表示担心。”①

四、规章制定中与国会沟通

规章的质疑者有时也会主张，国会议员和行政部门决策者之间进行的单方面交流属于程序性错误，这足以导致规章无效。尽管法院一直也认为，在行政裁决中，国会或总统的干预属于违反正当程序之情形，但到目前为止，还未出现过法院裁定非正式规章制定中与国会的接触不适当的案例。

在塞拉俱乐部一案中，尽管行政部门工作人员和一位国会参议员进行了一些非正式会见，但特区巡回上诉法院拒绝以此为由裁定环保署的规章无效。虽然根据《清洁空气法》的要求，应就此次会见提供专门记录供司法审查，但法院认为即使没有记录这次会见也并无不妥，“会见行为表明参议员对环保署的活动非常关注，但没有证据显示他试图使用‘外部’压力来强化其立场。美国人民理应期待他们选出的代表能够代表他们发表对立法的不满或支持。我们相信，对国会议员来说，在行政部门进行非正式的、普遍的政策制定之前，积

① New Mexico v. EPA, 114 F.3d 290, 295 (D.C. Cir. 1997) .

极代表选民的利益是完全正确的，前提是国会议员不会曲解国会在立法中作为一个整体之表达目的，也不会破坏所适用之程序规则”。

法院认为，若要以单方面接触为由去阻止一项规章制定，反对者必须证明：根据可适用的法律规定，该单方面接触与最终决定无相关性，但该决定却是基于这种单方面接触所产生的因素做出的。

随着国会开始对行政部门法规进行审查，[①]沟通问题在两方面变得更为困难。一方面，因为国会议员本身可能，或被行政官员认为可能，具有更多潜在的影响力，审查可能使这种沟通变得更为麻烦。另一方面，由于国会议员也可以选择在部门做出行为之前不采取任何行动，审查可能使得那些实质性沟通减少甚至变得不相关。

五、规章制定中的部门内部沟通

《行政程序法》没有禁止行政部门工作人员在非正式规章制定中为决策者提供建议。这与行政裁决不同，后者禁止行政法法官与任何人进行非正式磋商，调查人员或检察官在裁决中不得就事实内容向部门负责人提出建议。[②]《司法部长行政程序法手册》解释了这种不同：“该法起草者和支持者不仅认识到了规章制定和裁决程序之间的这种现实区别，也围绕这一区别着手制定了整部法律。甚至在第556条和第557条所规定的正式规章制定程序中，允许听证官员可与本部门其他工作人员进行完全自由沟通。实际上，规章制定听证的中间决定（intermediate decision）可以由部门自己做出或由非听证的部门负责官员做出。这反映了一个事实，即规章制定程序的目的是为了制定政策。政策不

① 参见第二部分第三章十；第三部分第七章一、5（2）。

② 5 U.S.C. § 554（d）；§ 557（d）；§ 556（e）. 尽管《行政程序法》禁止在正式规章制定中与部门之外人员的单方面接触，但并没有禁止决策者与本部门工作人员之间的接触。然而，就像其他正式程序一样，裁决中的证词、物证展示以及其他文书构成了裁决决定的排他性记录，除此之外，正式裁决以及正式规章制定不得接受其他记录信息。

是由行政部门中的听证官员个人做出的；相反，它是由部门负责人主要依据所聘请的专家的意见决定的。因此，本法认为，如果规章制定中的中间决定能够反映行政部门负责人的观点并被其用于政策制定的话，这些决定可为各方了解真正的事实提供更大帮助。”①

正是鉴于裁决程序和规章制定之间的这些区别，特区巡回上诉法院在钢铁工人联合会一案中，没有因为职业安全和健康管理局负责人与律师之间进行了单方面沟通，就判定该局规章无效。由于没有限制此类沟通的法定依据，法院驳回了申诉人关于程序错误的主张：“规章制定本质上是制度性的而非单个具体的程序，因此，部门内部沟通与否都不会使其受到质疑。更何况是像职业安全和健康管理局标准设定这样极其复杂的程序中，大量的甚至尚未确定的记录都是由行政官员和记录人员共同完成的，想把两者完全分离开显然很不现实。”

在全国小型航运交通会议公司诉州际商业委员会案（*National Small Shipments Traffic Conference, Inc. v. ICC*）②中，特区巡回上诉法院再次面临规章制定工作人员与部门决策者之间的沟通问题。该案中，原告认为根据有关规定，工作人员不应参与决策程序，但一些工作人员的基础性研究对规章提供了支持，便可视为主动参与到决策程序中来，法院最终拒绝以此为由判决规章无效。法院强调，无论是联邦法律还是正当程序都未“对行政部门的非正式规章制定提出分权要求”。因此，州际商业委员会可以自主决定解除对工作人员参与决策程序之限制。

同时，为保证规章制定工作人员观点的准确性或完整性，同时提高公众对程序公平的信心，行政部门应考虑将由工作人员总结或整理的规章制定记录文件放入档案中。该程序可以发挥制衡作用，减少工作人员在记录中对公众评

① Attorney General's Manual on the Administrative Procedure Act（1947）, *reprinted in* William F. Funk, Jeffrey S. Lubbers & Charles Pou, Jr., Federal Administrative Sourcebook 33, 70（3d ed. 2000）.

② 725 F.2d 1442（D.C. Cir. 1984）.

论和其他信息的曲解，也可防止工作人员过度关注某一特定观点。

六、与咨询专家沟通

在制定规章或进行辅助性分析时，行政部门有时会聘请外部专家提供帮助，特别是对规章制定涉及的科学或技术问题。部门委托专家的任务各种各样，主要包括作为目击证人、开展研究、记录汇总和数据评估、帮助起草最终规章以及撰写立法依据等。

在钢铁工人联合会一案中，原告对部门决策者使用的但未放入规章制定记录的专家报告和分析提出质疑。特区巡回上诉法院认为，既然专家已公开支持拟制定规章，并为部门决策者分析了公共记录，他们也应被视为和部门工作人员“具有同等功能的人员”，因此可不受单方面沟通或分权规定限制。然而这一观点也暗示着，假如咨询专家在其报告中提供了新的重大信息的话，可能会为法院做出维持规章判决带来更大困难。

在全国小型航运案中，法院再次沿用了“钢铁工人联合会案”的立场，认为“在非正式规章制定中，私人技术顾问可以协助部门进行记录分析，这与单方面接触的禁止性规定并不冲突”。上述案件中，虽然在个人与部门的接触中存在一些“偏离正轨”的情形，但法院认为双方的确属于咨询关系，这也使得提供咨询的个人成为单方面接触规则所界定的“内部人士”。

第七章

最终规章

评论期结束后和在《联邦登记》上公布最终规章之前，行政部门不仅要考虑如何决定规章的最终内容，还有其他一些问题也需要解决。本章首先对下列问题进行讨论：期限的重要性；部门之间必要的协调；规章的生效日期；取消决策者资格等。其次，对《行政程序法》规定的最终规章应提供的依据和目的说明（通常称为“序言”）作一介绍。法院一直强调在说明中充分展示行政部门决策依据之必要性。最后，对一些技术性程序进行讨论，包括联邦登记办公室要求在公布规章时应遵守的程序等。

一、部门需要考虑的问题

1. 行政行为期限

《行政程序法》没有具体规定部门应在公开程序结束后多长时间内启动规章制定。[①] 但规章制定通常须在某个最终期限前完成。国会授权法越来越频繁地为发布规章规定最终期限，甚至在实施一些具体程序时，也规定须在最终期限前完成。[②] 此外，法院也会根据授权法规定，或基于部门未在“合理时间”

---

① 行政部门应“在合理时间内”完成行政行为，5 U.S.C. § 555（b）；同时，授权法院可强制部门履行其“不合理拖延”的行政行为，5 U.S.C. § 706（1）. 参见第四部分第三章。

② 参见第一部分三关于授权法的讨论。

内完成规章制定之事实，法院也会发布一些含有规章制定最终期限的命令。[①]因此，无论是为有效管理还是出于所面临的法律限制考虑，行政部门都应深刻认识到迅速完成规章制定的重要性。

大量的延迟情形发生在规章制定后期。工作人员往往必须对那些冗长的记录进行评估、总结，以供决策使用，很多时候还需对此提出相关建议。这个过程可能涉及不同学科、不同部门之间的协调，还要受到管理和预算办公室的审查。有时，在审议阶段，部门内部还会出现政策上的争议等。所有这些情形以及其他一些因素均有可能导致最终规章发布延迟。

如果授权法已对行政行为期限做了规定，行政部门必须尽量在该期限之前完成行为。[②]但很多部门也发现，即使没有法定期限，为完成包括审议程序在内的规章制定的各项程序确定一份进度表会很有帮助。进度表不仅可为部门提供明确的时间标准，以判断规章制定进度是否符合自己的时间安排；在某些情况下，法院也可将进度表作为判断行政部门是否在“合理”时间内完成规章制定承诺的标尺。为加快其裁决程序，一些联邦政府部门还建立了正式的“案例跟踪”（case-tracking）制度，为其裁决程序设定时限，现在，类似的跟踪制度在规章制定中也得以运用。

2. 部门之间的协调与审查

有一种情况比较普遍，即数个部门对某一特定问题或领域均有管辖权，或数个部门对几个不同但相关的领域均有管辖权，其中，联邦贸易委员会是一个很好的例子。它和司法部反垄断局（antitrust division）都有权起诉某些反垄断违法行为。[③]在食品药品领域，联邦贸易委员会负责查处发布不公平或虚假

① 参见第四部分第三章关于法院强制行政部门履行行为的讨论。

② 如果部门没有遵守法定期限规定，会导致最终规章无效（除非法律另有规定）。Newton County Wildlife Ass’n v. U.S. Forest Serv., 113 F.3d 110, 112（8th Cir. 1997）.

③ 联邦贸易委员会和司法部均有权处理与价格歧视、排他性交易、股票或资产收购诉讼有关事项，以及《克雷顿法》（Clayton Act）所禁止的联合董事会（interlocking directorates）情形。

产品广告的销售者，而食品和药品管理局负责制定产品的标示标准。联邦贸易委员会的广告法规与联邦商业委员会的广播媒体法规之间也存在类似的管辖权重叠情况。另一个例子是，有几个联邦政府部门在农药监管领域存在管辖权重叠的问题。[①] 环保署和农业部对农药使用有管辖权，而职业安全和健康管理局负责管理农药生产中存在的危害问题。类似的，还有很多部门都有权对石棉危害进行监管，[②] 对消费者金融信息的隐私保护进行监管，环保署和交通部最近联合颁布了含有机动车燃油经济性标示要求的一项规章等等。

当出现管辖权重叠或存在相关管辖权时，部门之间在规章制定早期阶段进行磋商显得十分重要。某些情况下，法律也会强制要求实施此类磋商。例如，《联邦杀虫剂、杀真菌剂和灭鼠剂法》要求环保署将其拟制定规章提交给农业部进行评论。《有毒物质管理法》规定了环保署与其他潜在的拥有有害物质管辖权的部门进行协调的具体程序。还有一些时候，行政部门会设立非正式机构以协调实施相互之间类似的（有时是重叠的）监管职责。例如，1980 年初，职业安全和健康管理局、环保署、消费品安全委员会、食品和药品管理局和农业部共同成立了一个跨部门监管联络小组，来协调处理某些危险化学品的监管活动。此外，克林顿政府也设立过类似监管工作小组，由信息与规制事务办公室主任负责，协调并创新行政部门监管方式。

行政部门官员在规章制定过程中应注意涉及部门间相互协调的法律规定。不论部门间的协调属于法定要求还是属于部门自由裁量权范围，如果在规章制定中较早进行这种跨部门协调，规章制定部门同其他部门、法院或公众之间的关系会变得更融洽。

---

① 管辖权重合或者管辖权的“灰色”地带有时会导致争议或诉讼。

② 根据《有毒物质管理法》、《清洁水法》和《清洁空气法》等规定，环保署对石棉管理具有管辖权。职业安全和健康管理局对工作场所的石棉危害进行监管，消费者产品安全委员会负有防止石棉对消费者产品产生危害的职责。

3. 国际监管合作

除了部门间协调，一些部门的规章制定者还需注意与国外（包括区域性和国际性）监管部门进行协调的监管活动，如信息收集、规章制定和实施等。美国行政会议在1991年指出，很多部门面临的问题或多或少都有相似之处，这些问题外国同行也会遇到。外国政府制定的政策和程序可能也会符合美国监管者的利益，反过来亦是如此。

实践证明，国际合作可以实现互惠互利，在金融服务、航空、食品药品或农药等监管领域，尤其需要建立一套统一的国际监管程序。此外，像欧洲联盟这样的国际性监管组织的崛起使得这种合作更为必要。

美国行政会议建议行政部门应考虑与对口的国际监管同行就监管事项进行各种形式的合作，包括：

（1）建立共同监管议程；

（2）交流当前和未来的监管信息；

（3）共同努力减少本部门规章与外国政府监管部门规章之间不合理的差异；

（4）定期举行双边或多边会议（面谈或通过电话或视频会议），评估过去的合作成效，谋划未来合作方向；

（5）与外国政府部门相互认可对方的检验、检查、临床试验和认证结果。

为更有效调配有限资源，行政部门应以适当可行之方式认可那些拥有高质、高效标准和实践的外国政府部门，并确认本部门和外国监管部门之间在检验、检查或认证等方面存在交叉的领域。为此，部门应：

（1）考虑对必要的检验、检查和认证职责进行区分，并相互承认其结果；

（2）建立联合技术工作组开展联合研发，确定解决监管问题的共同方案；

（3）建立联合管理团队共同起草实施程序和争议解决方案；

（4）对于相互支持产生的监管效益和成本节约，建立档案并予以公布。

为评估外国政府部门是否拥有高质、高效的标准和实践，各部门应在条件允许范围内通过向外国政府提供培训和技术援助、发展员工交流项目等来建立和保持与外国同行的关系。条件允许时，应当审查外国或国际实践在美国是否适用。

部门应通过与外国政府的信息交流作出更好、更有说服力的决策，既可采取正式信息交换协议形式，也可通过部门工作人员之间的非正式对话。在可行范围内，信息交流应本着互利互惠原则进行。在交流信息之前，部门必须与外国同行达成一致，对机密信息、商业秘密或其他敏感信息进行保护。

在同外国政府进行监管对话时，部门应以适当方式寻求利害关系各方的参与，可通过正式途径（如在《联邦登记》上发布通知）请求公众评论，或通过非正式途径（如和被监管行业、消费者和其他利益相关方进行接触）实现。当私人和相关公共利益团体认为拟制定规章与外国政府部门所制定之规章之间存在差异应予消除时，如果该事项符合部门的法定权限、任务和公共利益，部门应考虑采纳此类建议。尽管国际磋商很少会偏离行政部门根据相关程序性法律开展的实践活动，部门仍应在其拟规章制定通知、规章制定记录和立法依据与目的说明中，对磋商情况予以说明。如果对外国政府规章所做之考虑对规章制定产生了重要影响，也应对该事实做出明确说明。

各部门应向外国政府推介美国政府实施管理和监管程序所依据之原则，内容包括：

（1）透明度、公开性和公众参与；

（2）基于证据和风险通报的监管措施；

（3）成本效益分析；

（4）以合意为基础的标准制定；

（5）法定问责制；

（6）界定清晰的权限及其边界；

（7）公平且积极回应的争端解决程序；

（8）公正性。

参与国际监管合作的部门应清醒地认识到，外国政府监管部门可能会有不同的监管目标，特别是当涉及国有或控股企业时。①

当然，这些国际合作最终并不一定会形成目标一致的监管行动。美国行政会议在其 1991 年的建议书中提出，当行政部门最终“要提出一项与外国同行想法不同的规章时，应在拟制定规章通知中说明两者差异所在，并在向外国有关方面发布的通知中阐明这一点”。商务部所属的国家科学与技术研究院（National Institute of Science and Technology）已建立了一个数据库——“通知美国”（Notify U.S.），通过该数据库来实施建议书所提要求。② 正如美国行政会议的一项研究所述：“该数据库包含了其他国家拟制定的可能严重影响贸易的强制性产品标准和合规评价程序。‘通知美国’数据库对外国监管措施信息进行编辑并制作摘要，允许用户申请获得全文，指导本国组织提出评论意见，并将这些意见转发给外国监管部门。国家科学与技术研究院还负责向外国政府通报那些可能产生重要贸易影响的美国联邦和州的政策措施。”

另一方面，如果在国际谈判中达成一项协议，行政部门有时会希望通过规章制定来实施协议。当然，这种实施必须经过正常的规章制定程序，美国行政会议明确提出，如果因国际谈判导致规章制定，行政部门应保证向受影响的利害相关方进行通报。

值得关注的是，负责提供统一规制议程和规制审查程序信息和状态更新的政府在线系统又增加了关于国际影响的信息服务。对提交给信息与规制事务办公室审查的拟制定规章，可根据其是否具有国际影响来分类和搜索。此外，各部门应当清楚，“协调美国政府与外国政府之讨论和谈判，建立与标准有关活动之共同协作安排”是白宫任命的美国贸易代表的法定职责。美国国务院也要求，在签署涉及重大监管活动的国际协议时，各行政部门应提前咨询信息

---

① 2012 年 5 月 1 日，奥巴马总统在第 13,609 号行政命令中提出要“促进国际监管合作”，77 Fed. Reg. 26,413.

② Notify U.S., https：//tsapps.nist.gov/notifyus/data/index/index.cfm.

与规制事务办公室。

最后要指出的是，《贸易协定法》禁止行政部门创设可能对“美国对外贸易造成不必要障碍”的标准，并要求行政部门在制定全国范围内适用之标准时，应对相关国际标准予以考虑，必要时可将其作为制定本国标准的依据。①

4. 最终规制分析和管理和预算办公室审查

根据第 12,866 号行政命令，实施规章制定的联邦政府部门也必须向信息与规制事务办公室报告其拟发布的最终规章，如果规章被认为“具有重大意义”，则可能须接受审查并获得批准。如果规章符合该命令所规定的经济或其他重大标准，还应提交最终规制分析报告。② 规章提交后，管理和预算办公室须在 90 天内完成审查，最长可以延长 30 天。③ 但是，如果此前信息与规制事务办公室已审查过规章所依据的相关信息，且规章涉及之情形或事实没有任何变化，审查应在 45 天内完成。④ 在最终规制分析中，部门通常会结合之前的分析，根据初始分析发布后征求到的公众意见作出适当调整。虽然法律没有规定最终期限，但根据第 12,866 号行政命令要求，只有当信息与规制事务办公室已完成或决定放弃审查或是超过审查期限时，行政部门方可发布最终分析结果或最终规章。⑤

根据《文书削减法》有关规定，规章制定部门还必须从管理和预算办公室获得进行信息收集的相应许可。⑥ 尤其在发布最终规章时，部门必须对管理和预算办公室的审查意见进行回应，或对不采纳该办公室之意见的原因进行

① 19 U.S.C. § 2532.

② 参见第二部分第二章对这些要求的讨论。

③ 参见第一部分四、2。

④ Exec. Order. 12,866 § 6（b）（2）（B）.

⑤ Exec. Order. 12,866 § 8. 如果信息与规制事务办公室将规章发回部门重新审议，部门不得公布或者发布最终规章。

⑥ 参见第二部分第三章四和第三部分第二章二。

解释。[1] 此外，该部门还须根据法律要求，制作环境影响分析报告、最终规制灵活性分析报告、根据《无资助授权改革法》制作最终声明文件，以及根据有关联邦制度的行政命令、宪法的征收条款、民事司法制度改革和保护儿童免受环境健康风险等要求制作相关分析报告。

此外，在规章生效前，行政部门必须依据有关国会审查的法律规定将最终规章提交给国会两院和总审计长进行审查。[2]

5. 法律和司法管辖事务

对于一些有争议的规章，评论者可能会对行政部门的一个或多个法定解释提起诉讼，甚至对该部门发布规章的权限起诉。当然，这些诉讼经常在规章发布之后才向法院提出。[3] 这些诉讼风险也让行政部门认识到在序言中，有时是在名为“法律权限”的章节中，为其法律解释进行辩护之必要性。关于部门具体如何做出法律解释的问题，目前几乎没有相关规定，部门之间的实践也各不相同。

6. 确定最终规章的生效日期和实施日期

在某些情况下，确定最终规章的生效日期（effective date）（或实施日期，compliance date）[4] 可能十分重要。监管方或那些受规章影响者需要确切知道规章何时实施。在这方面，《行政程序法》的要求很明确，但管理和预算办公室和国会的审查引发了一些不确定性。

（1）《行政程序法》的要求；信息与规制事务办公室审查——除少数重大

① 44 U.S.C. § 3507（d）（2）. 如果部门实质性改变了拟制定规章通知中的信息收集要求，必须在《联邦登记》上发布规章文本前至少 60 天，将最终规章提交至管理和预算办公室审查。5 C.F.R. § 1320.13（g）（2）.

② 参见第三部分第七章一、5。

③ 参见第四部分第二章一、4。

④ 联邦登记办公室对生效日期、规章编入《联邦法规汇编》的日期、实施日期和被监管方必须遵守的日期作了区分。Document Drafting Handbook, at 2-11, 2-12.

例外，[1]《行政程序法》规定规章自在《联邦登记》上公布之日起 30 天内不得生效。这种延迟生效的规定，是为了给受影响的相关方合理时间去适应规章或采取其他行动，包括申请对规章适用豁免或请求对规章进行司法审查。延迟生效日期规定也为行政部门提供了修改规章的机会，以避免出现无法预料的不利后果。

《行政程序法》为规章设置了最短可延迟生效日期，同时，行政部门在其裁量权范围内可以为规章部分或全部内容设置更长的延迟生效日期，甚至也可为其设置更长的延迟实施日期。例如，当规章施加的义务过于繁重，需要投入大量时间和金钱成本时，或有其他合理原因时，通常需要延长期限。在某些情况下，部门提供了一定长度的延迟生效期限，这也促进了监管行为的实施，法院正是基于这一事实才认定监管行为具有可行性。当然，部门延长生效日期的裁量权有时要受到公共政策考量的限制，例如涉及公众健康保护问题时。一些授权法也对行政部门在延长生效日期上的裁量权进行限制。

确定规章的生效日期，尤其是重要规章的生效日期，会因管理和预算办公室的审查要求变得复杂。第 12,866 号行政命令为信息与规制事务办公室规定了 90 天的审查期限（加上 30 天的延长期限），显然，必须要等该审查过程完毕，行政部门才能确定规章生效日期。此外，《文书削减法》允许管理和预算办公室在最终规章公布后 60 天内可以否决部门在规章制定中所做的信息收集，[2] 由此可能会出现有些拟制定规章的关键内容，至少要等到规章公布后 60 天才会生效的情形。

（2）国会审查对重要规章的特殊影响。1996 年增加的国会审查程序[3] 为重要规章的生效日期增添了一些不确定性。本书第二部分对该程序进行了详细

① 参见第二部分的第一章四、4 对于这些例外情形的讨论。

② 44 U.S.C. § 3507（d）（4）.

③ Pub. L. No. 104-121, 110 Stat. 857, Title II, subtitle E, codified at 5 U.S.C. § § 801-808.

描述，[①]但值得注意的是，根据这一规定，重要规章[②]生效前至少允许国会有60天的审查期间，而非重要规章的生效日期不受审查影响。对重要规章来说，除非被否决，规章可于下列三个日期中最近的那一个日期生效：①国会收到报告或规章在《联邦登记》上发布后60天；②国会否决规章的联合决议又被总统否决，在国会收到总统否决后的30个会期日，或更早一些，国会两院中任何一院投票但未能推翻总统否决之日；或③不属于国会审查范围的规章，自其应当生效之日起生效。[③] 如果众议院投票推翻否决规章的联合决议，规章自此时生效。

联邦巡回上诉法院认为《国会审查法》并没有改变重要规章的生效日期，只是使其生效日期暂停以等候国会审查结果。"《国会审查法》不会改变法规的生效日期，它只是对法规实施日期产生影响。换句话说，该法只是在行政部门实施重要规章前为其提供了60天的等待期，以便国会有机会对规章进行审查。"

该法规定审查期限的目的是，在规章通过参议院的快速立法程序（不阻碍议事程序，anti-filibuster）被提交或发布后的60个公历日内（不含超过三天的休会期），给国会议员一个提出否决联合决议的机会。即使在快速立法程序结束后，国会仍可采用正常程序来制定一项决议。鉴于此，行政部门只有在立法会议结束之后才能真正确定规章是否被否决。

该法规定，如果国会通过了否决规章的联合决议（需要总统签字批准或行使否决权），规章立即失效。如果因为重要规章的最终等待期已超过或因为该规章不属于重要规章，在此之前规章已经生效的，也应将其视为"自始无效"。[④] 如果利害相关人已对规章之生效产生信赖利益，这显然可能会导致

---

① 参见第二部分第三章十。

② "重要规章" 的定义与第12,866号行政命令的定义类似，这使得信息与规制事务办公室负责人所做决定具备了约束力。5 U.S.C. § 804（2）.

③ 5 U.S.C. § 801（a）（3）.

④ 5 U.S.C. § 801（f）.

很多问题。对行政部门来说，避免这种不确定性的方法是尽可能将规章实施日期规定的更长一些。

（3）对溯及既往的考虑——另一个问题是含有追溯生效日期的规章的有效性。《行政程序法》将“规章”定义为“具有普遍或特定适用范围及未来效力”的行政政策。当在审判过程中对行政政策进行解释时，法院通常会认为，“只要获得的法定利益重大到足以抵消追溯适用范围产生的不公平性”，那么追溯适用范围有效。然而，如果涉及立法性规章，其考虑则完全不同。在鲍恩诉乔治城大学医院（*Bowen v. Georgetown University Hospital*）① 一案中，最高法院认为卫生和公共服务部制定的含有追溯生效日期的医保收费规章无效。本案中法官根据有关医保法律规定作出这一裁定，认为该法排除了规章的可追溯效力。法院认为，除非有明确授权，否则规章制定的法定权限不包括颁布具有追溯效力的规章。因此，大多数人认为，尽管《行政程序法》定义不承认规章的追溯效力，但若有国会的明确授权，可以允许规章具有追溯效力。

7. 取消决策者的资格

如果决定规章内容的行政官员之判断被认为受到规章所调整利益的影响，或被有关事实偏见左右，或对特定权益表现出不友好态度，那么规章的可接受程度，进一步说，是行政程序之声誉，可能会受到严重损害。在少数案件中，某些行政官员参与规章制定的适当性一直受到质疑。这些案件无一例外地声称行政官员带有偏见或只按照自己的预判来作出决定，要求法院取消其进一步参与资格，或宣布行政部门的最终规章无效。这些案件的判决结果也牢固地确立了一项原则，即适用于正式裁决的资格取消标准并不适用于非正式规章制定活动，不但如此，主张在规章制定中取消资格者必须能提供清晰且令人信服的证据。

---

① 488 U.S. 204（1988）.

全国广告商协会诉联邦贸易委员会案（*Association of National Advertisers v. FTC*）第一次对该标准进行了阐述。该案中，特区巡回上诉法院对联邦贸易委员会主席的某些陈述是否会导致其被取消参与规章制定的资格问题进行了讨论，并最终驳回了原告取消该主席参与规章制定资格的主张。法院拒绝将该规章制定活动作为“准裁决行为”对待，认为这两种程序得出的事实结论性质迥异，因此不应将适用于正式裁决的资格取消标准适用于规章制定活动。①

法院还强调了规章制定者和裁决者在身份上的区别，“裁决者的观点必须中立、超脱，这和规章制定者完全不一样，后者必须将抽象的法律命令转化为具体的社会管理政策。行政官员要想有效履行职责，必然需要对其所面临的政策问题进行辩论和探讨”。显然，这一观点使得取消行政官员参与规章制定资格、甚至获得法庭同意来证明官员具有偏见的努力变得更加困难。但这也并非完全没有可能，有一个例子可以佐证。住房和城市发展部部长曾对新闻界表示，无论在评论期内是否收到负面意见，住房和城市发展部都将批准该规章，最后该部长因上述言论被取消参与规章制定资格。

美国行政会议在研究了全国广告协会案判决结果后，认为特定的法律框架、行政程序的选择或行政部门基于行政记录作出决策的其他情形均可导致这种偏见的产生，建议将因规章制定中存在偏见而取消资格之情形限制在对特定的“裁决性”或“具体”事实的预判上。②

另一方面，行政会议认为，在规章制定程序中，应当首先尊重和理解相关各方的利益，行政官员应避免过激表达或对规章制定结果作出无法撤回的承诺等行为。但这并不意味着行政官员不能根据已有经验或根据程序中收集的信

① 根据戴维斯教授所作的“立法性”和“裁决性”事实之区分，法院指出：规章制定的事实认定与行政裁决的事实认定在本质上和实践中都不相同。裁决的事实认定依赖于“与当事人直接相关的事实判断——由谁实施，何时，何地，如何做以及动机或意图”。相反，立法性事实认定的性质具有普遍性，通常与具体当事人无关。627 F.2d at 1161（citation omitted）.

② ACUS Recommendation 80-4, *Decisional Officials' Participation in Rulemaking Proceedings*, 45 Fed. Reg. 46,776（July 11, 1980）.

息对事实问题作出判断，或不能与国会、其他行政部门、公众和被监管对象交换意见，这些做法对管理者来说是正当的，而不是需要回避的违规行为。

也许对规章制定者来说，取消资格的更大意义在于调和他们所涉及的利益冲突。根据第12,674号行政命令和政府道德办公室[①]（Office of Government Ethics）的规定，联邦政府部门必须规范其工作人员涉及利益冲突之行为。此外，对行政官员来说，“如果其明知某特定事项与其本人、配偶、未成年子女、伴侣或其所供职之组织或任何与其正在磋商或在未来有雇佣之安排的个人或组织，有经济利益关系的，其本人实质性地参与了该事项，那么该行为属于犯罪行为”。[②]

通常，关于行政雇员报告事项的法律规定和要求主要涉及商业或金融领域的经济或组织利益。规章一般不涉及由于就业或参与政治、宗教、公民或其他组织活动可能产生的利益冲突。此外，行政会议还建议，如果行政官员重要的非经济利益有可能受到规章制定活动实质影响的话，行政部门也应要求该官员回避（即退出程序）。[③]但行政部门应明确，这些规定是为了帮助行政部门自我管理，而非扩大规章制定的司法审查范围。虽然行政会议不主张扩大行政部门取消官员参与规章制定资格之条件范围，它仍建议行政部门针对官员行为制订比法定最低标准更严格的标准。

二、立法依据和目的说明

《行政程序法》第553（c）条规定，在对规章制定的相关材料进行审议后，“行政部门应在通过的规章中包含有关规章制定依据和目的的概要性说

① 5 C.F.R. pt. 2634（financial disclosure）, pt. 2635（standards of ethical conduct）, pt. 2636（outside income）, pts. 2637, 2641（post-employment conflicts）, pt. 2638（agency ethics programs）, pt. 2640（waivers）.

② 18 U.S.C. § 208. 根据司法部的解释，“特定事项”包括规章制定活动。Memorandum Opinion for the Chief Counsel Food and Drug Administration, 2 Op. Off. Legal Counsel 151, 155（1978）.

③ ACUS Recommendation 80-4.

明”。目前，对这一规定的解释是：“该规定目的不是为了对规章本身或其具体制定依据进行详细分析，而是为了让公众能够对规章的制定目的有总体了解，向公众提供关于规章制定合理性的说明。”显然，声明最主要的目的就是为了让公众知晓最终规章得以成立的理由和目的，这一部分内容构成了我们通常所说的“序言”。行政部门经常会在声明中为利害相关人如何使用规章提供一些建议，同时也对评论意见提出的问题进行回应，并将其作为规章未来适用时可供参考的“立法背景”（legislative history）。

1. 司法审查的影响

《行政程序法》有关依据和目的声明要求的初衷不仅是为了告知公众，同时也为法官决定规章是否有效提供了重要依据。也有人认为，依据和目的声明对于行政部门有着重要的自我审查作用，在准备规章的依据和目的声明时，行政部门将有机会重新审视全部制定过程，并对该制定过程是不是其所希望采用的过程做出判断。

1983 年，最高法院在机动车制造商协会诉州农场共同汽车保险公司（*Motor Vehicle Manufacturers Ass'n v. State Farm Mutual Automobile Insurance Co*）[①] 一案中，强调了依据和目的声明的重要性。该案中，国家公路交通安全管理局制定了一项规章，取消其先前制订的一项要求在汽车中配备被动式安全防护装置的规章，而最高法院将前者予以撤销。最高法院首先明确要根据“任意和武断”标准对规章进行审查，即法院不得用自己的判断代替行政部门的判断，同时也详细说明了行政部门为避免在事实认定上的“任意和武断”应遵循的程序。法院认为，“行政部门必须检查相关数据，为自己的行为做出合理解释”，包括“事实和抉择之间的理性联系”。如果行政部门依据国会并不认可之事实作出决定，或者完全没有考虑到问题的关键点，或者为其决定提供与证据相反

① 463 U.S. 29（1983）.

之解释，或所提供之解释“令人难以置信”以至于无法将其归结为不同观点或行政部门专业知识的结果，那么其决定就是任意或者武断的。最高法院之所以驳回行政部门取消先前规章的决定，是因为其根本没有考虑过可以对先前标准进行修改这一选择。最高法院认为，“至少应对这种可以实现立法目的的替代性方案（安全气囊的运用）予以说明，并给出充分理由解释为何不选择这一方案”。

国营农场案的判决也涉及撤销规章的问题，但最高法院认为，应对撤销规章和颁布规章适用同样的审查标准。自 1983 年以来，最高法院和各个上诉法院也都一直在遵循这一判决结果。例如，1986 年最高法院在审理鲍恩诉美国医院协会（*Bowen v. American Hospital Ass'n*）① 一案时，撤销了卫生和公共服务部制定的关于残疾婴幼儿紧急医疗护理的规章，认为“到目前为止，未能看到行政部门对‘任意和武断’标准所表现出的遵从，但无论何时只要能为行政行为提供合理基础，我们都会对其予以支持”。“国会应授予行政部门充分权力，来帮助其解决在管理庞大而复杂的工业国家中出现的难题”，法院认为，“与此相伴的是，行政部门也应担负起相关责任，对其所作决定的理由和事实基础进行解释，即使我们很尊重行政部门在这两方面的判断。”

自国营农场案开始，一些上诉法院开始考虑规章依据和目的声明的充分性。在一些案件中，上诉法院已经以规章的声明不充分为由将其废除。

例如，在美国独立油罐车车主委员会诉都乐（*Independent U.S. Tanker Owners Committee v. Dole*）② 案中，特区巡回上诉法院便以依据声明不充分为由废除了交通部的一部规章。法院援引了《行政程序法》的要求，认为声明“不必对规章制定程序的每一个步骤进行详尽、具体的解释”，但“应体现政策制定过程中出现的主要问题，并解释为何行政部门决定以这种方式回应这些问

---

① 476 U.S. 610（1986）.

② 809 F.2d 847（D.C. Cir. 1987）.

题，尤其是当这些问题涉及规章必须贯彻的法定目标时”。法院认为，交通部长既没有充分说明规章如何为法定目标服务，也没有说明“为何拒绝考虑其他替代性措施”。法院认为，尽管部长有权考虑那些非法定因素，“但无权在未解释其行为是否符合法定授权的情况下，就随意以新目标来替代法定目标”。“如果缺乏这方面的解释，法院只能认定该行为是任意和武断的。”

在禁烟与健康行动组织诉美国航空委员会（*Action on Smoking & Health v. CAB*）[①] 一案中，特区巡回上诉法院撤销了该部门制定的一部关于废除某些早期法规的规章，这些早期法规要求向不吸烟的人群提供保护以使其免受吸入烟雾的危害。法院认为，该委员会对于其行为的解释“明显不充分”。此外，由于该委员会未能为其拒绝颁布其他一些公众建议制定的法规的决定提供充分解释，这些决定也被驳回。

另一方面，第四巡回上诉法院对此要求采取了较为谨慎的立场：“行政部门不必为满足《行政程序法》关于依据与目的的要求，而为其制定规章的论证过程提供详尽说明。只要能对规章的依据和目的提供一份概要的解释就可以了。在说明中，行政部门没有义务对评论意见中提出的所有具体问题都予以回应，行政部门的解释必须足够简明，以使审查法院能明白政策中哪些主要问题是通过非正式程序解决的，以及为何采用这种方式进行回应。”

然而，如果行政部门想让其规章能够通过严密的司法审查，就必须投入大量的时间和精力去准备有关依据和目的声明。就像最高法院很早之前指出的，“法院不会接受上诉律师对行政行为提出的事后合理化解释”。由于行政部门通常不得将律师提交给法院的答辩书作为其解释规章依据的工具，法院也不会对事后合理化依据予以采信，因此不充分的声明可能会导致规章被审查法院发回部门重新审议。

---

① 699 F.2d 1209（D.C. Cir. 1983）.

2. 讨论替代性方案

有一点很重要，即行政部门应在规章制定中充分考虑解决问题的替代性方案，并明确解释为何其拒绝某一方案而选择另一方案。目前，根据第 12,866 号行政命令、《灵活规制法》和《无资助授权改革法》的要求，在某些规章中应将这种解释纳入到各种最终监管分析报告中来（可作为报告的一部分）。[①] 尽管不可能涵盖所有可能的替代性方案，但行政部门必须对那些重要的替代性方案进行研究。上面讨论的案例表明，当行政部门修改或废除一部规章时，必须充分说明其原因，以及不采用替代性规章来改变现行规章的理由。尤其重要的是，行政部门需要解释其所制定之规章是如何贯彻授权法之规定的。若最终规章与最初的拟制定规章方案不同，应在序言中尽可能详细地说明最终规章与最初方案之间存在何种“逻辑联系”。[②]

3. 对公众评论意见的回应

行政部门对重要的公众评论意见的回应是最终规章序言中的一项关键内容。这一要求已存在多年，就像罗伯特·汉密尔顿（*Robert Hamilton*）在 1979 年所讲：

> “行政部门往往会草率地排除掉公众的反对意见，例如，1971 年在公布有关空气污染固定来源的重要法案时，环保署仅用两句话便绕过了大量重要的批评意见——‘在有关拟制定标准的评论意见中，提出了许多关于排放控制系统的成本和所展示的能力是否符合标准的问题；这些评论意见已被评估和研究，环保署署长关于排放控制系统可以满足拟制定标准的判断已经被充分论证，由此所颁布的标准可以在合理的成本范围内

① 参见第三部分第二章七。
② 参见第三部分第三章五。

实现’。”[①]

但这种回应方式已远远不能满足时代发展的需要。之所以要准备序言，其目的是，“至少在某种程度上以合理的方式对收到的评论意见进行回应，解释行政部门如何解决评论意见提出的重大问题，同时展示行政部门如何使这些解决方案成为最终规章”。“仅仅出于礼貌对评论意见进行考虑是远远不够的，必须以一种开放的思维来接纳外部意见。”

但这并不意味着在依据和目的声明中，行政部门要单独对每一条可识别的评论意见都作出回应，行政部门只要能对评论意见中提出的重要问题予以探讨就足够了。第九巡回上诉法院解释道，所谓“重要的”评论意见仅限于那些“提出了问题关键点，且一旦其被采纳，将会改变行政部门拟制定规章”的意见。通常情况下，不同的利害相关人会提出一些相似的问题，因此对每条评论都予以回应会导致不必要的重复。然而，有的声明表面上声称对所有的评论意见都予以认真考虑，但实际上却未做进一步的研究论证，这种“样板”式声明当然也不可能得到审查法院的青睐。有一点值得注意的是，一方面，特区巡回上诉法院“裁定行政部门有权忽略……迟延提交的评论意见”；另一方面，法院有时也会根据申诉人的请求允许用迟延提交的评论意见来对行政记录进行补充。

对一些规章制定活动来说，关于行政部门如何回应评论意见还有其他一些要求。《灵活规制法》要求最终规制灵活性分析对外界关于初始分析的评论意见进行评估，并说明根据这些评论对规章所做改变。[②] 例如，环保署在制作最终环境影响报告书时必须对外界对初始环境影响报告书的评论意见进行回

① Robert W. Hamilton, *Book Review, Administrative Law Treatise*（*Second Edition, Volume I*）, 127 U. Pa. L. Rev. 855, 861 n.51（1979）, citing 36 Fed. Reg. 24,876-77（Dec. 23, 1971）.

② 5 U.S.C. § 604（a）（2）.

应。正如前面所讨论的那样[①]，根据《文书削减法》规定，管理和预算办公室有权对拟制定规章中的信息收集要求进行评论，行政部门必须在《联邦登记》上发布最终规章时一并发布其对管理和预算办公室评论的回应。《无资助授权改革法》则要求行政部门对各州、地方和部落政府提出的评论和观点进行总结并做出评估。[②]而第12,866号行政命令要求行政部门“在《联邦登记》上发布或以其他方式公布”规章后，应将其送交信息与规制事务办公室，并向该办公室说明最终规章与拟制定规章的不同之处，[③]如果将这些内容包含在依据和目的声明中效果会更好。

尽管在许多案例中，序言都十分详细，但行政部门仍应根据每项记录和每个行政行为量体裁衣地制作其依据和目的声明。[④]然而，联邦贸易委员会的员工手册规定，这种声明包括脚注在内不应超过100页纸，可以是单倍行距或双倍行距。由卫生和安全监管部门颁布的规章通常都附有声明，会逐条分析解释为何采纳现有规定而放弃替代性方案的依据。如果一项重要法规的成本和技术性事项具有特殊重要性，通常需要对该法规的规制影响分析作更深入广泛的总结。

三、公布最终规章

《行政程序法》要求行政部门将其制定的所有“具有普遍适用性的实体性规章”在《联邦登记》上公布。如果未公布，最终规章对那些实际上不知晓或未被及时通知的当事人就不具有强制约束力。《行政程序法》要求规章必须包含依据和目的声明，因此该声明也必须遵守有关公布要求。《灵活规制法》要

---

① 参见第二部分第三章四，第三部分第二章二。

② 2 U.S.C. § 1532（a）(5)（A）.

③ Exec. Order 12,866, § 6（a）(3)（E）.

④ FTC ADMINISTRATIVE STAFF MANUAL：OPERATING MANUAL, Rulemaking ch. 7, § 3.24.2.1 http：// www.ftc.gov/foia/ch07rulemaking.pdf.

求行政部门向公众提交最终规制灵活性分析报告副本，并至少在《联邦登记》上公布一份报告摘要。此外，根据国会审查程序要求，在提交给《联邦登记》之前，需要先将声明提交至国会办公室审查。

1. 第 552 条规定

《行政程序法》第 552 条是对行政部门公布文件的总体要求。第 552（a）（1）条要求行政部门必须将规章公布在《联邦登记》上，包括：

>“（3）程序性规章……
>
>（4）由法律授权而制定的具有普遍适用性的实体性规章，以及行政部门制定并通过的一般政策声明或具有普遍适用性的解释；
>
>（5）对上述事项的修改、修订或废除。
>
>除非某人确已及时获知有关内容，否则行政部门不得以任何方式要求其遵守本应公布但未公布在《联邦登记》上的事项或使其受到该事项不利影响。”

这一规定要求具有普遍适用性的最终规章的最终文本必须在《联邦登记》上公布，而且，规章未经适当形式公布的，行政部门不能将其适用于当事人，除非当事人确已获知该规章内容。然而，也要注意到，在某些情况下，这种“实施条款”似乎也允许行政部门自己选择是否不经公布而直接将规章适用于当事人（如程序性规章）。第 552 条规定的公布要求在第二部分第一章五中也讨论过。

2.《联邦登记》规定

《联邦法规汇编》第一部分包含了联邦登记管理委员会制定的规章，涉及如何向《联邦登记》提交并公布文件。规章制定者应参考由联邦登记办公室出版的《文件起草手册》(网上会不断更新)，对规章、格式信函、常见问题以及其他资料进行整理编辑。① 本部分前面也讨论过在《联邦登记》上公布文件的一般格式要求，以及通过参引方式将相关材料纳入规章的要求。②

首先，行政部门不要期望联邦登记办公室会公布一份与最低公布要求不一致的最终规章。③ 有一点行政部门需要注意，如果按照《联邦登记》的要求，文件中包含的材料必须分别在不同类别栏目中公布的话，联邦登记办公室不会允许部门只提交一份文件便将其公布。因此，如果一份单独的文件中既包含最终规章文本，又包含拟制定规章文本的话，该文件将不会被公布。④ 之所以这样要求，是为了使拟制定规章和最终规章在《联邦登记》的不同栏目中公布。有些类别的文件(如最终规章)可以被包含在《联邦法规汇编》中，而有些类别的文件则只能出现在日常的《联邦登记》中。

通常，行政部门之间不会交叉引用其他行政部门的规章。⑤ 从实践角度来看，运用交叉引用的方式来替换监管性文件会使整个《联邦登记》系统难以使用，因为这样将使读者不得不借助部门法规之外的资源来确认整个监管方案的性质。

除非联邦登记办公室负责人同意通过参引方式将相关材料纳入规章，行政部门必须将最终规章的完整文本提交给联邦登记办公室公布。这是法定要求⑥，如果未遵守会导致规章无效。为降低公布成本，一些行政部门试图通过参引方式将自己制作的材料纳入到最终规章中。然而，《联邦登记》的有关规定不允许行政部门通过这种方式纳入自己制作的文件或《联邦登记》和《美

① Document Drafting Handbook (October 1998 revision, with supplements), http://www.archives.gov/federal-register/write/handbook/ddh.pdf.

② 参见第三部分第三章三。

③《联邦登记》负责人被特别授权将不符合发布规定的文件退回发布部门。1 C.F.R. § 2.4 (b).

④ 参见第二部分第一章四、3 关于“直接最终规章 (direct-final rules)”的讨论。

⑤《行政程序法》第 552 (a) 条规定，行政部门必须分别说明并及时公布其规章。同样参见 1 C.F.R. § 21.21.

⑥《行政程序法》第 552 (a)(1)(D) 条要求行政部门公布具有普遍适用性的实体性规章。尽管行政部门不需要公布拟制定规章文本，但最终规章必须完全公布。5 U.S.C. § 553 (b).

国法典》曾经公开过的材料。如果行政部门在《联邦登记》上公布了一份文件，该文件试图将以前曾在《联邦登记》上公布的拟制定规章按照参引方式纳入其中，这将被视为违反联邦登记管理委员会规定的行为。

联邦登记管理委员会已发布了关于“一般性文件制作和传输”的详细规则。这些规则特别明确了在《联邦登记》上公布的文件序言的制作格式，要求其包含以下信息：

（1）发布部门名称；

（2）摘要，即以“简明语言”对规章制定过程、依据及未来效果所作的“简要说明”；

（3）有关日期，如生效日期、听证日期等；

（4）有关地址；

（5）部门联系人姓名和地址；

（6）附加信息。这是序言的主要内容。要求部门对制定背景和主要问题进行讨论；如果是最终规章的序言，则要说明最终规章与拟制定规章有何区别；“对具有实质意义的公众评论的回应”以及其他相应信息等。①

行政部门还必须遵守联邦登记管理委员会关于提交文件的规定。《联邦登记法》要求包括规章在内的所有文件都须提交给联邦登记办公室公开，“文件提交后，该办公室应立即将至少一份文件副本公开以便公众查阅”。② 但管理委员会认为仅将文件交付给联邦登记办公室并不属于完成提交行为，根据其法规规定：

“文件只有在被联邦登记办公室接受、处理并经公众评论后，才可视为完成向联邦登记办公室提交。

① 1 C.F.R. § 18.12.

② 44 U.S.C. § 1503.

联邦登记办公室必须在规章公布日期前的某一工作日提交所有文件供公众评论。发布部门可以请求办公室在较早日期提交评论。

文件接受公众评论前，联邦登记办公室不得向公众披露关于文件的任何信息。”

当行政部门根据《行政程序法》或其他法律规定发布紧急规章时，《联邦登记》的提交要求就显得非常重要。如果联邦登记办公室的工作人员收到预警信息，他们会与行政部门一道共同加快紧急规章的提交和发布进程。①

如果“发布”（issuance）日期能决定申请司法审查的最后期限的话，那么该日期也很重要。

除了有关公布要求②，部门在公布最终规章时，联邦登记办公室会向行政部门提供有力的帮助和服务，例如，联邦登记办公室会单独以《联邦登记》专刊的形式公布规章，行政部门可请求将这些专刊重印。然而，值得注意的是，在《联邦登记》上公布文件时，行政部门必须按页向联邦登记办公室“支付”费用，如果是通过电子版提交文件，费用可以降低。③

某些情况下，行政部门可以在公布之前撤回向联邦登记办公室提交的规章。④正如本书第二部分所述，⑤小布什政府上任伊始颁布的《卡德备忘录》（Card Memorandum）对行政部门撤回向联邦登记办公室提交但尚未公布的规章提供了指导。如评论人士所言：“表面上看，《卡德备忘录》的目的在于确保总统任命的官员有机会审查所有新提出或尚未生效的规章，然而，毋庸置疑的

① 联邦登记办公室对紧急规章的提交和公布做了特别规定。1 C.F.R. § 17.3-17.6.《文件起草手册》也对紧急规章的提交和公布要求做了说明。

② 值得注意的是，联邦登记管理委员会的格式要求不会影响依法提交和发布的文件效力。1 C.F.R. § 5.1（c）.

③ 2011 财政年度，最低收费标准是每页 477 美元 . 参见 U.S. Gov't Printing Office, Circular Letter No. 777（July 2, 2010）, http：//www.gpo.gov/customers/letters/777.htm.

④ Office of the Federal Register's regulation on “withdrawal or correction of filed documents,” 1 C.F.R. § 18.13.

⑤ 第二部分第三章四、4（5）.

是，该规定是为了减少克林顿政府在其执政期间的最后几个月内突击发布的规章数量。根据《卡德备忘录》的要求，行政部门从联邦登记办公室处撤回了124部规章，并推迟了90部规章的生效日期。"

同样，1981年里根政府也曾使许多法规暂时中止生效以待重新审议，而克林顿政府曾发布命令将一些老布什政府制定但未公布的规章予以撤销。奥巴马政府也遵循前例，指示下属部门撤回所有还未在《联邦登记》上公开的拟制定规章和最终规章。奥巴马政府命令所有已公布的规章都要推迟60天（公众评论期限）生效，在由奥巴马总统指定的行政部门负责人审查之前，不得向《联邦登记》提交任何新的规章（紧急性规章和有法定或司法最终期限要求的规章除外）。[①]

在肯尼克特犹他铜矿公司诉内政部案（*Kennecott Utah Copper Corp. v. Department of Interior*）[②]中，特区巡回上诉法院认为，撤回已于1993年1月19日（也就是老布什政府执政的最后一天）向联邦登记办公室提交的规章违反程序规定。该案起因是，1993年1月21日，就在克林顿总统就职后的第二天，在联邦登记办公室将文件提交供公众评论和在《联邦登记》上公布之前，克林顿政府要求将所有这些规章撤回。犹他州铜矿公司和其他一些业主对内政部提起诉讼，声称其做法违反了《联邦登记法》和《行政程序法》规定。

法院最终驳回了原告主张。法院认为，根据《联邦登记法》规定，"允许行政部门在相对较短的处理期间内撤回文件，这符合法律目的"。此外，由于内政部在联邦登记办公室收到规章两天后便撤回文件，法院认为，"允许行政部门在非公开处理期间撤回文件也是合理的"。法院同时驳回了铜矿公司关于撤回规章后重新进行评论相当于制定新规章的主张，认为联邦登记办公室从未"公布"过规章，因此其撤回规章的决定"不会实质性改变此前已发布的法规

---

① Memorandum for the Heads of Executive Departments and Agencies from Rahm Emanuel, Assistant to the President and Chief of Staff（Jan. 20, 2009）, 74 Fed. Reg. 4435（Jan. 26, 2009）.

② 88 F.3d 1191（D.C. Cir. 1996）.

设定的法律义务”。特别是，法院认为，撤回规章并不是要“制定”规章，其目的只是为了将“还未发布的文件”取消。最终，法院裁定行政部门没有实施“修改”或“废除”规章的行为。

3. 简明语言要求

起草最终规章时，行政部门不仅需要关注《文件起草手册》的语言风格要求，还要注意规章的清晰性。1988 年，克林顿总统颁布了关于“公文简明语言”（Plain Language in Government Writing）的行政部门负责人备忘录（1998 年 6 月 1 日），要求在所有拟制定规章和最终规章中都使用简明语言。① 该备忘录至今仍有效，《文件起草手册》中对如何贯彻该备忘录要求做了指引。奥巴马总统颁布的第 13,563 号行政命令也指出，“我们的监管体系必须确保法规便于获取、内容一致、语言简明、易于理解”。② 此外，根据有关法律规定，联邦银行监管部门在起草拟制定规章和最终规章时使用简明语言是其法定义务。③

“简明语言行动与信息网络”（The plain Language Action and Information Network）是由来自政府各部门的志愿者组成的社会组织④，该组织制定了一份篇幅很长的简明语言指南，要求用简明语言来起草文件。⑤2010 年制定的《简明写作法》（Plain Writing Act）⑥ 是一部倡导性法律，主要是鼓励各行政部门及管理和预算办公室采取各种措施确保在规章制定中使用简明语言，并就有关情况提交报告。需要注意的是，尽管该法未能涵盖所有的规章制定文件，但信息

---

① 63 Fed. Reg. 31,884（June 10, 1998）.

② Exec. Order No. 13,563, Improving Regulation and Regulatory Review § 1, 76 Fed. Reg. 3821（Jan 21, 2011）.

③ 例 如，Office of Thrift Supervision, Department of the Treasury, Proposed Rule, Assessments and Fees, 69 Fed. Reg. 6201, 6208（Feb. 10, 2004）.

④ 有关该组织的更多信息，参见 http：//www.plainlanguage.gov/site/about.cfm.

⑤ Federal Plain Language Guidelines（Mar. 2011, rev. May 2011）http：//www.plainlanguage.gov/howto/guidelines/FederalPLGuidelines/FederalPLGuidelines.pdf.

⑥ Pub. L No. 111-274, 124 Stat. 2861（2010）（codified at 5 U.S.C. § 301 note）.

与规制事务办公室主任桑斯坦（*Sunstein*）在一份实施备忘录中强调，“规章制定的序言必须使用简明语言，一些现行的长期性政策也要求法规以‘简单易懂’的方式起草”。[①] 此外，桑斯坦在另一个备忘录中建议行政部门，“对于一些冗长复杂的拟制定规章或最终规章，其序言中应该包含简明的内容摘要，这些摘要应对规章的主要条款和政策选择分别进行描述，这些摘要应放在序言的最前面”。该备忘录附有序言格式的建议模板。

4. 最终规章的“发布”（issuance）和“颁布”（promulgation）

在 1988 年《美国法典》修订之前，根据其第 28 编第 2112 条规定，规章发布的确切日期和时间对于选择审查法院的地点十分重要。按照最初的法律规定，规章审查由行政活动最先被起诉的巡回法院负责实施。这也导致了广受诟病的“跑步入院”（race-to-the-courthouse）现象，原因是每个当事人都想选择一个对自己主张最有利的法院来进行诉讼，从而会同时向不同的法院提出规章审查诉求。后来，根据美国行政会议的建议[②]，国会于 1988 年对《美国法典》第 28 编第 2112 条作了修订，规定在选择规章审查的上诉法院时，须从行政部门发布规章后 10 日内收到对该规章审查请求的数个法院中随机选择。[③] 这样一来，“跑步入院”的现象基本上被消除，因为对在发布后 10 天内提出的任何审查请求来说，在审查地点的选择上都一视同仁，这对当事人来说就失去了在第一时间提出诉讼请求的动力。[④]

---

① *Final Guidance on Implementing the Plain Writing Act of 2010* at 5（April 13, 2011）, http：//www.whitehouse.gov/sites/default/files/omb/memoranda/2011/m11-15.pdf.

② ACUS RECOMMENDATIONS 80-5, *Eliminating or Simplifying the 'Race to the Courthouse' in Appeals from Agency Action*, 45 Fed. Reg. 84,954（Dec. 24, 1980）.

③ Pub. L. No. 100-236, 101 Stat. 1731（1988）（codified at 28 U.S.C. § 2112（a））.

④ 参见第四部分第一章四。

5. 异议

像拟制定规章一样，一些行政部门的领导人员可能希望对最终规章也能提出不同意见。《行政程序法》在这一问题上保持沉默，因此，这些人员如何发表异议或使其公布于众需要行政部门自己决定。行政部门通常会允许持不同意见的领导人员在最终规章的序言中发表自己的不同意见，但偶尔这种异议也会在别的场合被解读或发表。

第八章

对现行规章的审查

近年来，行政部门对现行法规的审查和重新评估逐渐成为热点话题，[①]关于“过度规制”的批评也不绝于耳。学者们认为，在目前人手和资源均十分有限的阶段，考虑到行政部门还须不断制定新法规，其在审查现行法规方面的确存在不少困难。“所有领域都在快速变化，我们对基础科学的认识也在飞速发展，以至于规章使用的平均年限大概不会超过10年。行政部门本应定期审查、修订其规章，但事实上却很少修订规章，因为修订过程和制定过程一样任务繁重。”

有学者也指出，行政部门已陷入“规制惯性”当中，各行业对此抱怨颇多，尤其是受到规制较多的企业界。这也导致最近四任总统对“重新评估”形成了相对一致的看法，白宫不断发出一系列指令试图改变这一状况。

《灵活规制法》是唯一一部要求行政部门对那些给大量小型实体带来重大经济影响的规制措施进行定期审查的法律。[②]1992年，老布什总统宣布暂停制定新法规90天，并要求对现行法规进行“自上而下的审查”。克林顿总统在第12,866号行政命令中将该要求加以制度化，要求行政部门对所有现行法规进行审查，确保其仍具有及时性、兼容性和有效性，并且不会增加不必要的

① Sidney A. Shapiro, *Agency Review of Existing Regulations*, 1994-1995 ACUS 411（1995）.

② 5 U.S.C. § 610. 参见第二部分第三章三对该法讨论。

负担。[①] 在小布什总统执政期间，信息与规制事务办公室会定期征集那些因失效或缺乏效率而应接受审查的规章名单。奥巴马总统也将这种做法作为其规制计划的核心内容。

克林顿总统要求行政部门对现行法规逐条进行审查，淘汰那些繁冗、过时或需要修订的法规。审查包括五项标准：（1）该法规过时了吗？（2）法规设定的预期目标能否以更有效率、更少干预的方式实现？（3）非政府领域是否有更好的替代性方案？比如更好地实现该法规所要实现的公共利益的市场机制等。（4）在设定自身标准和承担公共职责的同时，私营企业能否发挥规制作用？（5）州或者地方政府能否发挥规制作用，从而无需制定联邦法规？

1995 年 6 月，克林顿总统宣布了这一工作计划，将淘汰共计 16,000 页《联邦法规汇编》（Code of Federal Regulations），另有 31,000 页将“重新修订”。1995 年 9 月，信息与规制事务办公室的报告显示，这些内容中最终约 75% 被淘汰，50% 被重新修订。此外，克林顿政府还实施了一系列以行政部门监管项目为目标的改革，这也成为其宣传的一系列政绩之一。

然而，小布什政府并不完全认可前任政府的努力，转而再次对那些需要改革的规章公开征求意见。为了证明“以前对现行法规的各种审查大部分是不成功的”，小布什政府引用了曾担任克林顿政府信息与规制事务办公室主任萨莉·卡岑（*Sally Katzen*）的观点，“官僚利益体系使得审查任重道远。根据第 12,866 号行政命令实施的‘重新评估’程序已经开始，事实证明比我们预想的更难进行。往往在法定或者法院规定的最后期限到来时，行政部门仍在投入很大精力制定规章，而这都是在工作人员和预算在不断减少的情况下进行的。事实上，在这种情况下，很难有人愿意调动资源来重新考虑和开展一项出力不讨好的工作”。因此，管理和预算办公室建立了一项缓冲程序，即通过公众评论

① § 5, 3 C.F.R. 638, 644（1994）. 该命令要求行政部门向信息与规制事务办公室提交审查方案，并引导行政部门对那些要求行政部门颁布或继续制定法规的立法授权进行识别，由于情势变更，其中有些法规被认为已没有必要制定或已经过时。

程序来审查和改进旧的规章。

2011 年 1 月，奥巴马总统在第 13,563 号行政命令中提出："为便于定期审查现行重大法规，行政部门应考虑如何最有效地推动对繁冗过时、失效或低效的规章进行回溯性分析（retrospective analysis），并根据所获得的信息对规章进行修改、简化、扩展或者废除。这种回溯性分析，包括所依据的数据，都应尽可能地在网上公布。"

该命令要求行政部门制定"与法律、资源和监管重点相匹配的初步计划，行政部门根据该计划对其重大法规进行定期审查，以决定是否应修改、简化、扩展或者废除"。2011 年 10 月，信息与规制事务办公室又增加了一项新要求，提出行政部门需要定期报告审查情况，并提供了报告模板："行政部门的报告应包含过去的进展、预期成果和相关活动的建议时间表，并突出优先改革方向。行政部门应自此备忘录发布之日起，于第一年的 1 月、5 月和 9 月的第二个星期一将报告提交至信息与规制事务办公室，之后每半年提交一次，即 1 月和 7 月的第二个星期一。行政部门应在合理期限内公布此报告（不超过提交后两个星期）。建议行政部门将其报告公布在政府公共网站上（www.agency.gov/open）"。①

2012 年 5 月 10 日，奥巴马总统颁布了第 13,610 号行政命令——《识别和减少规制负担》（Identifying and Reducing Regulatory Burdens），该命令以第 13,563 号命令为基础，要求行政部门对此类审查征求公众意见，条件允许的要向公众发布回溯性分析结果，优先考虑那些能节约资金、减少文书或减少小企业负担的事项，对法规带来的负担累积问题予以关注。该命令的第四部分规定，应在每年 1 月和 7 月的第二个星期一将报告初稿提交至信息与规制事务办公室（除非该办公室以后又发布其他指令），并且须在此后的三个星期内向社

① "Retrospective Analysis of Existing Significant Regulations,"（Oct 26, 2011）, http：//www.whitehouse.gov/sites/default/files/omb/assets/inforeg/implementation-of-retrospective-review-plans.pdf.

会公布最终报告文本。

行政会议对这一观点表示支持，认为“行政部门有义务制定系统化的流程以持续审查现行规章、法规以及监管程序”。[①] 但它也向该观点的拥护者提出了一些审慎建议：“鉴于部门之间的差异，审查现行法规的方式不能‘千篇一律’，应该量体裁衣，契合不同部门的需求。总统和国会应避免发布过于标准化或详细的要求，而且审查应放在最重要的法规上，并提供足够的时间和资源以确保进行有价值的分析。对于时间紧迫或是泛泛而论的审查要求，且不说其产生的影响有限，也可能会妨碍行政部门做出有效努力。更重要的是，应制定一些优先程序，使行政部门能够与管理和预算办公室以及公众协商（包括但不限于受到监管的团体），来确定今后的工作方向。”[②]

行政会议还对如何实施这些规制性审查程序提出建议：

（1）部门应提供足够资源，确保高级别管理人员参与现行法规审查；

（2）作为审查过程的一部分，行政部门应针对法规的影响和有效性审查其文件中的信息以及其他信息，必要时，应对特定法规进行风险评估和成本效益分析；

（3）在设计现行法规审查程序时，行政部门应考虑：

①审查频率：可以根据预定计划安排审查法规（如每隔多少年审查；在发布新法规时设定审查日期；在法规中规定日落条款等），或按照重点项目灵活地审查法规；

②需要审查的法规的类别：可以按照年代、主题将法规分类进行审查，也可由一个部门单独或几个部门共同审查；

（4）部门可以考虑先对部分方案进行试点，然后评估其效果。

当然，良好的事后评估可以对法规制定前实施的成本和效益评估进行确

---

① ACUS Recommendations 95-3, *Review of Existing Agency Regulations*, 60 Fed. Reg. 43,109（Aug. 18, 1995）.
② 同上。

认，这有助于对现行法规进行审查（也有助于制定新的法规）。管理和预算办公室在 2005 年提交给国会的报告中已讨论过这种日益广泛的评估方式。

正如美国最高法院在合众国诉尼克松（*United States v. Nixon*）一案中所述，有一个法律问题应引起注意，即现行法规在被撤销前都具有法律效力——即使其在颁布时没有进行通知 - 评论程序。根据《行政程序法》规定，由于废止或修改现行规章都属于“规章制定”，所以这些活动可能需要进行通知 - 评论，尤其是如果现行规章是以通知 - 评论方式公布的，更要这样做。而且，虽然行政部门在修改或废除其规章时有很大裁量权，其仍然会因“任意和武断”受到司法审查。此外，废除一部行政部门据以作出不合法行为的规章，并不能导致对该不合法行为进行溯回救济。

最后，如果行政部门能定期审查那些中断已久没有继续进行的拟制定规章，并且在必要时将其公开撤销的话，这对部门将很有帮助。①

---

① 56 Fed. Reg. 67,440（Dec. 30, 1991）. 撤销了 89 项食品和药品管理局的规章制定建议，其中大多数已经发布十年以上但仍未完成规章制定。

第四部分

规章的司法审查

本部分简要介绍了规章司法审查的有关法律。[①] 第一章讨论司法审查的受理条件，包括可审查性、主体资格、审查地点、审查期限、终局行政行为和成熟性原则等。第二章介绍司法审查的范围，探讨法院在对规章进行司法审查时采用的各种标准之间的关系及其不同，包括“任意和武断”标准与雪佛龙案及其判决结果的法理基础。第三章介绍了一个日益重要的法律领域：法院对行政不作为的审查。规章制定中的不作为主要包括：行政部门拒绝制定规章，行政部门无正当理由延迟制定规章，行政部门制定规章后未进行颁布等。

① 关于行政行为司法审查原则更权威和详尽的讨论，参见美国律师协会行政法和规制实践分会出版的：A Guide To Judicial and Political Review of Federal Agencies 1209, 251-74（John F. Duffy & Michael Herz eds., 2005）.

第一章

司法审查的受理

本章主要探讨行政行为司法审查的受理条件。本书讨论的大多数主题都只与规章制定活动有关，但本章的内容则涵盖了行政法的很多领域。

首先讨论的是可审查性——被质疑的行政行为是否可审查？其次，具有何种资格的当事人可以对规章提出审查？再次，对司法审查主体进行讨论——上诉法院或地区法院——以及进行审查的合理地点。最后，讨论几个与“审查申请期限”相关的问题，包括：在提请审查前，申请人是否已穷尽行政救济；对司法审查来说，被质疑的行政行为是否符合“终局、成熟”原则；对于有争议的规章，法院是否有优先管辖权；司法审查是否必须在成文法规定的期限内进行。

一、行政行为是否可审查？

在保护奥弗顿公园公民诉沃尔普（*Citizens to Protect Overton Park v. Volpe*）一案中，原告请求对交通部长批准修建一条穿越孟菲斯境内某公园的高速公路的决定进行司法审查，对于原告是否有权请求法院进行审查，最高法院在案中作了回答。最高法院适用了《行政程序法》第 701 条所包含的“推定可审查性”（presumption of reviewability）原则。根据该原则，美国政府部门的任何行政行为都应适用司法审查，除非“法律规定排除司法审查”或“根据法律规定该行政行为属于自由裁量行为”。[①] 最高法院在此前更早的雅培实验室诉加德纳（*Abbott Laboratories v. Gardner*）一案的判决中认为，依据现有可适用之法律，没有证据表明国会限制司法审查，也没有“清晰且令人信服”的证据表明国会有阻止司法审查的立法意图。最高法院解释道，《行政程序法》规定的不受司法审查的自由裁量行为范围非常狭窄，仅适用于极少数情形，即没有明确的法律规定可以适用的情况下才可适用。法院认为奥弗顿公园案不属于该范围。

多年来，最高法院在奥弗顿公园和雅培两个案件中所阐明的行政行为“推定可审查性”原则一直为各法院所坚持，只有在审理行政部门拒绝执法案件时例外。[②] 此外，在涉及监管和授益行为的授权法中规定司法审查条款也是一大特点；一直以来，除极少数《行政程序法》规定的例外情形，在没有其他明确法律规定时，《行政程序法》便是行政行为司法审查的法律依据。[③]

当有迹象表明国会可能想排除司法审查时，法院通常会面临可审查性的问题。布洛克诉社区营养研究所（*Block v. Community Nutrition Institute*）一案涉及农业部长根据《农业市场销售合同法》（Agricultural Marketing Agreement Act）发布的关于牛奶市场指令的可审查性。最高法院在此案中认为，如果国会在立法中已清楚表明不予司法审查之立场，那么行政行为应受司法审查之假设就不再成立。最高法院认为其在雅培案中确立的“清晰且令人信服”之标准“不单纯是一个证据标准，也是对法院有益的提醒：如果（在司法审查中）对立法意图存有重大怀疑的话，就要遵从行政行为须接受司法审查这一假设”。此案中，最高法院认为从相关立法中可以清晰辨别出国会意图——不赋予消费者对上述命令提请司法审查之权利，因此法院不会支持消费者的诉讼请求。

与雅培和奥弗顿公园两案中对“推定可审查性”原则的明确态度相比，

---

① 5 U. S. C. § 701（a）(1)、(2).

② 该例外情形是最高法院在赫克勒诉切尼（*Heckler v. Chaney* ）一案中确立的，第四部分第三章对此作了讨论。

③ 然而，有一点应当注意，《行政程序法》第 704 条也规定，如果部门在审查中提供了“充分救济”，行政行为可以免予司法审查。

法院在社区营养研究所一案中的判决在某种程度上似乎是一种倒退。无论是从哪个角度对该判决进行解读，1986 年的最高法院似乎又退回到按“清晰且令人信服”标准对法律字面含义进行解释的状态。鲍恩诉密歇根家庭医生学会（*Bowen v. Michigan Academy of Family Physicians*）一案涉及对卫生和公共服务部的医疗保障法规的司法审查，尽管法律明确限制对特定类型的行政行为进行司法审查，但最高法院仍然判决本案适用“推定可审查性”原则。最高法院解释道：“我们通常认为国会希望政府遵守其制定的法律命令”，因此当行政部门违反其法律命令时，国会会希望法院提供救济。尽管在密歇根案判决后的其他几个案例中，最高法院裁定行政部门的一些行为属于其绝对自由裁量权范围，从而可以不受司法审查，但“推定可审查性”在大多数情况下依然是基本原则。

例如，在韦伯斯特诉铎（*Webster v. Doe*）一案中，中情局局长开除了一名自称是同性恋的雇员，最高法院认为相关法律已授权中情局局长为维护国家利益，在其认为必要或合理时，可以辞退本部门官员或雇员，其决定根据《行政程序法》规定可以免予司法审查。最高法院认为，《行政程序法》第 701 a（1）条规定了排除司法审查的一般情形，即法律明确规定禁止适用司法审查之情形；第 701 a（2）条规定了排除司法审查的例外情形，即法律没有明确规定某案件中应适用何种法律。最高法院对《中情局授权法》作出司法解释，认为中情局局长在必要时可以解雇任何雇员的规定体现了对其权力的尊重，因此可不适用司法审查。然而，韦伯斯特法院认为根据该法规定并未禁止对中情局局长提起宪法诉讼，如果国会想要排除对宪法诉讼请求的司法审查，必须明确表明其意图以避免导致“严重的宪法问题”——如果该案排除司法审查，外界可能会将法律解读为法院拒绝对涉及歧视的宪法诉讼提供救济。

在另一个著名案例中，参议员阿伦·斯伯克特（*Arlen Specter*）对国防部长依据《国防基地关闭和调整法》建议关闭费城海军造船厂的做法提出质疑。他认为，国防部长和国防基地关闭和调整委员会违反了 1990 年的《国防基地关闭和调整法》的实体性和程序性规定，并依据《行政程序法》向法院起诉。

起初，第三巡回上诉法院驳回了其诉讼请求，但同时也认为可以对总统的行为提起违宪审查。根据该法的程序性规定，国防部长须向独立的国防基地关闭和调整委员会提出建议，再由该委员会向总统提交报告，总统可以批准或否决委员会报告，其决定须在 45 日内经国会两院以共同决议方式批准。但该案中，国防部长未经国会批准就执行了总统的命令。最后，最高法院一致同意推翻第三巡回上诉法院之判决，认为根据《国防基地关闭和调整法》规定，总统对是否批准委员会报告有最终自由裁量权，[①] 其决定不受司法审查。

尽管如此，我们认为这些案例还是应被视为是“推定可审查性”原则的例外情形。

二、谁有资格提起司法审查？

1. 根据《行政程序法》规定

“资格”是指起诉行政行为的自然人或法人是否有权提请司法审查。《行政程序法》的“资格”条款（5 U.S.C. § 702）规定：“因行政行为使其法定权利受到损害的人，或者受到有关法律规定的行政行为不利影响或者损害的人，均有权要求司法审查。”这可以理解为，如果受到法律规定的行政行为不利影响或者损害的当事人提起诉讼时，根据第 702 条之规定，应推定其具有对该行为提起司法审查的资格。

然而，法院在判断当事人的诉讼资格时，须遵循根据宪法第 3 条 [②] “案件

---

① 可比较富兰克林诉马萨诸塞州（*Franklin v. Massachusetts*）一案，根据《行政程序法》规定，总统不是行政部门，从《行政程序法》关于司法审查的目的看，行政部门的建议也不是终局行政行为。

② 1968 年，联邦最高法院对宪法第 3 条“案件或争议”之限制做了如下解释：“正如它在宪法判决中的频繁出现，‘案件或争议’这两个词就像冰山一角，表面简单但实则复杂，这种复杂性已经触及宪政政府的核心。这两个词所体现的是相互补充又相互区别的限制关系。一方面，这两个词限制了联邦法院对矛盾的解决，而从历史的角度看，这些矛盾可以由司法加以解决。另一方面，这两个词也定义了三权分立框架下法官的角色，以确保联邦法院不会干预政府其他部门的权力。可诉性是代表案件和争议原则的专业术语，体现了对联邦法院的双向限制。”

或争议”要求所设定的对于联邦法院司法管辖权的限制。最高法院在卢罕诉野生动物保护协会（*Lujan v. Defenders of Wildlife*）一案中将第 3 条对司法管辖权的限制概括为：

> “多年来，我们在案例中确立的宪法意义上最低标准的当事人资格包含三个要素。第一，原告必须遭受‘事实上的损害’——即对受法律保护的利益的侵犯，包括：(1) 这种利益必须是具体和特定的；(2) 是已经发生的或即将发生的利益，而不是推测或假设的利益。第二，损害后果与行为之间须有因果联系——损害在很大程度上归因于被告之行为，而非与本案无关的任何第三方之独立行为所致。第三，损害必须‘可能’，而非仅仅‘据推测’，可以通过有利判决得到赔偿。”

现在，卢罕案判决结果确立的“因果联系”（也称为可追溯性）和“可补偿性”（也称为可救济性）标准，已被认为是宪法第 3 条“案件或争议”内容的一部分。

规章制定过程的参与者通常包括其利益将受该规章影响的对象，对他们来说，提请司法审查的资格一般不会有障碍。但有些立法参与者——尤其是组织——由于不能证明其会受到规章的不利影响或损害，其诉求经常因不具资格而被驳回。总之，关于诉讼资格的法律就像一个钟摆，随着联邦最高法院的立场而变化，时宽时严，因此也有人批评法院在资格问题上存在以结果为导向之弊端。①

---

① Richard J. Pierce, *Is Standing Law or Politics?* 77 N.C.L. REV. 1741 (1999). 特区巡回上诉法院的共和党法官在 79.2% 的环保案件中都驳回了原告的诉讼资格，而民主党法官驳回的比例只有 18.2%。

2. 组织机构的资格

对规章审查来说，组织机构起诉行政行为的资格特别重要，组织机构可能会为了自身或其成员的利益而起诉。当组织成员受到行政行为影响时，在是否赋予该组织诉讼主体资格的问题上，1977 年联邦最高法院在亨特诉华盛顿州苹果广告委员会（*Hunt v. Washington State Apple Advertising Commission*）一案中确立了相关指导原则。联邦最高法院裁定：除社团成员有权以自己名义起诉外，为了维护其成员利益，社团也有资格代表其成员提起诉讼，社团寻求保护的利益应当与社团宗旨有关，诉讼并不要求必须是成员个人参与。

在塞拉俱乐部诉莫顿（*Sierra Club v. Morton*）一案中，最高法院认为：为弥补对公众审美和环境造成的损害，可以赋予组织机构诉讼主体资格，即使这种损害由全体公众承担。同时，它也强调，受到损害的利益不仅要明确，而且提出司法审查的一方必须是受到损害的当事人。由于塞拉俱乐部没有主张其成员受到损害，而只是主张其为保护环境长期所做的努力受到损害，法院最终驳回了其诉讼请求。[①] 可见，组织机构的诉讼资格标准必须同具体案件相联系，组织机构需要证明其自身的具体活动或其成员的活动受到了损害。

3. 事实损害标准

（1）起源。第一个把“案件和争议”要求与“事实损害”标准（Injury-in-Fact Test）画等号的案例是数据处理服务组织协会公司诉坎普案（*Association of Data Processing Service Organizations, Inc. v. Camp*）。该案明确提出，“利益有时也反映为美感、自然保护、娱乐或经济价值”等。这个观点在塞拉俱乐部案中得以印证，此后不久，最高法院在另一案件中的判决使得诉讼资格范围进一步扩大。在合众国诉起诉行政监管程序学生团（*United States v. Students Challenging Regulatory Agency Procedures*）一案中，这个由五名法学专业学生

① 实际上，最高法院也曾要求塞拉俱乐部修改其诉讼请求增加这些主张。

组成的团队（*SCRAP*）认为，国家对铁路运输货物收取额外费用之规定违法，理由是增加的费用会妨碍对可回收材料的利用。最高法院最终裁定他们具有起诉资格。该团队辩称：

> “每个社会成员都有权到华盛顿特区进行娱乐或其他审美活动，但他们却被要求支付更多运费，他们进行这些活动的权利受到增加运费的不利影响。此外，由于运费结构变化，华盛顿地区空气受到的污染越来越大，但每一个人都不得不呼吸这种空气；每一位社会成员都被迫缴纳更多税费，因为我们不得不花更多的钱来处理那些可利用废弃物。”

联邦法院赋予其原告资格也正是基于上述主张，它认为：“如果仅仅是因为周围其他人也遭受同样的损害，而否认那些事实上受到损害的人们的诉讼资格，这将意味着没有人会对美国政府做出的具有普遍侵害性的行为进行追责，显然我们无法接受这种观点。”1986 年日本捕鲸协会诉美国鲸豚协会（*Japan Whaling Ass'n v. American Cetacean Society*）一案也遵循了这一主张，最高法院裁定：“毫无疑问，如果继续捕杀鲸鱼的话，原告之成员进行观察和研究鲸鱼的活动将会遭受事实上的损害。”

（2）卢罕案。但在 1990 年，联邦最高法院在卢罕诉全国野生动物联合会（*Lujan v. National Wildlife Federation*，又称卢罕 I 案）一案中又采取了截然不同的态度。全国野生动物联合会对土地管理局的土地收回计划起诉，法院认为其不具备诉讼资格。该联合会声称土地管理局没有正确履行其多项职责，导致先前收回的土地重新进行采矿等公共开发活动，这些开发将损害该地区的自然风貌，损害联合会的环境权益。与塞拉俱乐部一案不同，联合会还提交了其成员的宣誓书（affidavit）——宣称如果土地管理局继续进行其行为将会损害他们的利益。尽管如此，政府还是请求法院以主体不适格为由驳回该案。

斯卡利亚大法官在给最高法院的信件中认为，联合会是其成员个体利益的合适代表，而且他们所主张的利益也是法律所认可的利益。然而，联邦法院认为联合会不具备《美国法典》第 702 条规定的诉讼资格，其个体成员的宣誓书并不能证明土地管理局的行为将会影响这些成员的特定利益。产生争议的土地多达数百万英亩，最高法院认为宣誓书没有指明对该土地的哪个具体部分进行适用。最高法院认为该计划不属于“行政行为”，这也排除了任何其他类似宣誓书可成为起诉该计划依据的可能性。

两年后，在卢罕诉野生动物保护者协会（*Lujan v. Defenders of Wildlife*，又称卢罕 II 案）一案中，某公益组织成员试图起诉一项关于《濒危物种法》某规定不适用于国外项目的裁决，该法规定联邦政府部门在实施危及濒危物种的活动前必须同内政部长协商。斯卡利亚大法官在判决中再次驳回该成员的诉讼请求。原告提交宣誓书称，他们曾经亲自前往该地研究濒危物种，并计划将来再次开展此项目，但最高法院认为其理由不够充分:“这种‘不确定’的打算——既没有对计划进行明确描述，也没有说明将来何时采取行动——不构成本案要求的‘已经发生或即将发生的’损害事实认定标准。”

（3）阿肯斯（*Akins*）与莱德罗（*Laidlaw*）之间的钟摆。虽然卢罕 II 案是关于可追溯性和可救济性的典型案例（见下文分析），但它对“事实损害”原则的限制适用已经不受欢迎。例如，1998 年的联邦选举委员会诉阿肯斯案（*FEC v. Akins*）中，最高法院裁定一些选民有资格起诉联邦选举委员会剥夺其知情权的行为——包括捐赠者的名单、与选举有关的捐资及开支情况等《联邦选举法》明确要求选举委员会公开的项目。最高法院认为这种情况符合该法第 3 条的“事实上的损害”之要求，尽管政府声称其行为只是导致了推测性的不满（generalized grievance）。有六名大法官支持该案判决，其中布雷耶大法官的观点颇具代表性，“通常来说，利益是抽象的和利益被多数人所分享这两个事实之间紧密相连。但这种联系不是一成不变的，如果这种利益足够具体，就可以被视为一种事实上的损害……同样，我们认为，本案中对与选举权直接相关且涉及最基本的政治权利的知情权之损害，是足够明确和具体的。”正如凡克（*Funk*）教授所讲，多数人将“推测性的不满”分为两个方面：“如果损害是抽象的和不确定的，最高法院会认为这不是宪法意义上可识别的损害，国会也不会授权对这种损害进行司法审查。然而，如果损害是明确的，且为多数人甚至是全体国民所承担，那就需要谨慎对待。”

同年，在保护动物法律基金诉格利克曼（*Animal Legal Defense Fund v. Glickman*）一案中，原告质疑农业部长依据《动物福利法》（涉及动物的处理、照看和运输的相关规定）签署的法令之适当性，特区巡回上诉法院最终判决承认原告的诉讼资格。最初，法院以 2 ∶ 1 的判决认定所有原告都不具备资格。后来，全体法官出庭以 7 ∶ 4 的多数判决推翻了这一判决结果，判定至少有一名原告确实具备原告资格，理由是该原告经常光顾比赛场地，在那里他亲眼看到一些灵长类动物受到非人性化对待。法官多数派一方还援引了其他很多案例来支持原告受到事实上的损害这一判断，其主要观点是：原告在人类栖息地或在未受到人类影响的原始状态下观察动物的美学利益受到侵犯。①

次年，在地球之友诉莱德罗（*Friends of the Earth, Inc. v. Laidlaw*）一案中，最高法院沿用了这种观点。该案主要涉及某环保组织依据《清洁水法》对某公司超出其排污许可证范围排放污水提起的公益诉讼。该案焦点之一是：在公益诉讼中，当援引的违法行为已经终止时，原告是否具有诉讼资格以及诉讼的实际意义。在这一问题上，最高法院的分析十分重要，也最终促使其决定受理原告关于环境和娱乐权利受到损害的诉讼请求。

最高法院最终以 7 ∶ 2 票数作出判决，它首先认为：“根据宪法第 3 条关于资格规定之目的，本案关键点不是对环境的损害而是对原告的损害。”同时它也采纳了该组织成员证明其受到事实上的损害的宣誓书。最高法院特别指出卢罕 II 案也是如此，环保组织成员的宣誓书和证词可以说明其娱乐、美学和

① 多数法官认为原告满足了必要的因果联系、可救济性和利益范围标准的要求。

经济利益受到排污影响，这些证据比泛泛而论和判断式的陈述更有说服力。[①]

在美国防止虐待动物协会诉瑞林兄弟马戏团（*American Society for Prevention of Cruelty to Animals v. Ringling Bros. and Barnum & Bailey Circus*）一案中，对于特区巡回上诉法院在认定事实损害上的态度变化之大，伦道夫法官认为："从格利克曼案和莱德罗案可以看出，被告对原告对植物或动物之欣赏产生不利影响已构成了事实上的损害，原告享有通过停止被告之行为再次欣赏该植物或动物的权利。"该案中，原告依据《濒危物种法》对马戏团虐待动物的行为提出质疑，法院承认其具有诉讼资格。

此外，国会裁决违法行为导致损害产生之情形也有助于原告获得诉讼主体资格。

（4）马萨诸塞州诉环保署。在马萨诸塞州诉环保署（*Massachusetts v. EPA*）一案中，这种钟摆效应变得更为明显。最高法院在该案中支持了环保人士和州上诉人对环保署拒绝制定规章限制机动车温室气体排放之行为提起的诉讼。但在判断原告是否具有起诉资格问题上，全体法官意见是 5 ∶ 4，观点分化明显。在援引卢罕 II 判决时，大多数法官认为，至少对马萨诸塞州的上诉人来说，有充分证据显示，环保署未能对机动车温室气体尾气排放进行管制，这可能会导致可赔偿的事实上的损害——全球变暖会使海平面上升，从而导致沿海土地减少。大多数人也认为，尽管损害属于推断性结果，但也符合具体性和特定性两大标准，"环保署拒绝对温室气体排放进行管制的态度会对马萨诸塞州居民造成危害，这种危害是现实且即将发生的"。但首席大法官罗伯特对这些结论持反对态度。他尤其反对大多数人所认为的，全球变暖所导致的损害之特定性足以支持诉讼资格成立这一观点。

这种重量级的案件判决结果是否对全球变暖之外的案件产生影响尚不清

---

① Am. Canoe Ass'n, Inc. v. Murphy Farms, Inc., 326 F.3d 505, 517-20.（根据莱德罗案结果，判决该案原告依据《清洁水法》提起的公民诉讼满足第三章资格条件中事实损害和可救济性的要求）

楚。但近几年，由低级别法院作出的其他类似判决结果显示，他们在判定事实上的损害时的标准更为严格。社会对马萨诸塞州居民上诉资格的广泛关注，已使特区巡回上诉法院将涉及全球变暖案件中的“事实上的损害”认定范围，限制在那些与各州上诉人有关的案件上来。

（5）减少“可能性损害”（probabilistic injury）。此外，在该案中，大多数人愿意将潜在危害视为损害的意愿显然已经不太强烈。的确，有一点变得更清楚，由于上诉人所称的行政行为造成的损害只是一种可能性损害，其上诉资格有可能不符合事实上的损害之标准。在格利克曼一案中，1996 年特区巡回上诉法院判定，如果上诉人能够至少证明：①危害有实质性增加；②考虑到这些增加的趋势，产生损害的可能性变大，那么其就可能具备资格。但在 2007 年公民公司诉全国公路交通安全管理局案（*Public Citizen, Inc. v. National Highway Traffic Safety Administration*）中，某公益组织认为政府的一项安全标准存在缺陷，增加了其成员遭受汽车事故危险的可能性，法院却拒绝了该组织的诉讼资格。瓦茨（*Watts*）和墨菲（*Murphy*）教授认为，“如果因为需要考虑如何避免未来不断增加的危险性而使当事人在当前产生不适感，就可认为这种危险性可导致现在的实际损害”。但在卡万诺夫（*Kavanaugh*）法官看来，“这种损害不足以支持其拥有诉讼资格，因为该损害是抽象（而非具体）、普遍的（而非特定的和可区分的）”。对于那种认为由于标准缺陷而使个人遭受汽车事故损害的观点，也有人表示了不同看法，认为任何人都有可能因为标准缺陷而面临危害，这种危害“离现实很遥远、而且是假想出来的”。

（6）“程序性损害”的特殊规则？在卢罕 II 案中，斯卡利亚大法官写道：程序性权利是特殊权利。费瑞娜（*Farina*）教授认为，如果对此进行合理解读的话，卢罕 II 案并没有干扰现在我们对程序性权利的理解，即行政部门未遵守法定命令[①]的行为会引起合法的诉讼请求。然而，在卡罗拉多卡斯特岩石镇

①（1）对某些因素进行分析或考量；（2）允许某些形式的公众参与，即使这些命令只是程序性命令。

诉冈萨雷斯（*Town of Castle Rock, Colorado v. Gonzales*）一案中，最高法院开始强调这是一个有限的例外。最高法院认为，只有程序性权利对于支持具备诉讼资格来说还远远不够。在萨默斯诉地球半岛研究院（*Summers v. Earth Island Institute*）一案中，最高法院明确指出，即使国会授予的程序性权利能够满足资格标准中的可救济性原则，原告所主张的违法行为仍不能单独被认为是事实上的损害。在萨默斯案中，如判决结果所述，原告主张其拥有诉讼资格的理由是：他们受到程序性损害。也就是说，他们未得到对森林管理局行为进行评论之机会。但剥夺不具有任何具体利益的程序性权利，并不足以导致被剥夺者具备第 3 条规定的诉讼资格。只有当被剥夺的程序性权利与个人的具体利益一致时，原告才不必满足所有与可救济性和即时性有关的标准，便可主张其应享有该程序性权利。这与国会授予的程序性权利没有任何区别。

乔丹教授认为，最高法院在萨默斯案中强调，拒绝发表评论之权利本身不足以支持程序性诉讼资格的成立。拒绝程序性权利必须影响到某些具体利益才能引发诉讼。此外，拒绝进行规章制定之申请也不能使申请人获得诉讼资格。

（7）损害之证明。当然，上诉人必须确保损害的证据来自规章制定记录。正如第十巡回上诉法院之观点："不能单凭当事人的主张来推断其享有诉讼资格，而应根据法庭记录来判定。"起诉人的宣誓书必须明确指出其受到损害或侵害的威胁。在塞拉俱乐部诉环保署案中，特区巡回上诉法院指出："在法院审查过程中，诉讼资格有争议的当事人必须在第一时间递交证词、宣誓书或其他附属证据来证明其诉讼资格。"法院后来又补充解释，"换言之，塞拉俱乐部案明确了一点，即知道或应该知道其诉讼资格存在争议的当事人，应当在法庭口头辩论前消除这些争议"。因为资格判断属于司法管辖问题，所以，即使原告和政府双方都认为原告的资格是不言自明的，法院也会主动对资格问题进行审查。但特区巡回上诉法院后来表示，"在塞拉俱乐部案中，没有任何迹象表明法院试图设置这样一个陷阱——即使当事人有合理理由认为其诉讼资格是不言自明的，但如果未在诉讼开始时充分证明其资格的话，他们的请求就可能被驳回”。该案中，法院允许集体诉讼的原告提交补充的宣誓书，以证明其一个或多个成员受到了事实上的损害。在提交宣誓书后，法院裁定其拥有诉讼资格。

4. 因果关系（可追溯性和可救济性）

虽然在卢罕Ⅱ案中，可追溯性和可救济性被视为构成资格的两个独立因素，但在进行资格判断时，它们就像自行车的两个车轮缺一不可。卢罕Ⅱ案对何谓因果关系和可救济性做了简要界定，前者是指“（行政）作为或不作为导致原告受到损害”，后者是指“停止或要求（行政）作为的裁决将会对损害进行补偿”。在起诉规章制定行为时，常常会出现这样的情况，由于出现其他干扰因素或事件，可能导致损害的原因（如规章的颁布等）和损害事实之间的联系被分割开来。对于这些情形，特区巡回上诉法院认为，“因果关系和可救济性看上去可能是相互融合的”，“在这类案件中，资格判断的焦点都集中在因果关系原则上：可追溯性侧重于行政行为和损害之间的因果联系，而可救济性则关注损害和司法救济之间的因果联系。虽然这些要求有很多相似之处，但每一个都有其自身重点。因果关系着眼于固有的事实；可救济性则属于典型的预测”。

卢罕Ⅱ案的另一个特点也值得关注——从效果上看，被监管对象比监管受益人更容易证明因果关系：“当诉讼涉及政府作为或不作为的合法性时，为确认诉讼资格，必须证明事实的性质和程度，而这主要取决于原告自身是不是所争议的作为或不作为的行为对象。如果原告属于行为对象，则基本可以判定行政作为或不作为是其遭受损害之原因，法院停止或要求作为的裁决将会对损害进行补偿。然而，就像本案中，原告声称受到了所谓的政府不合法之法规（或未制定法规）的侵害，这就要求其提供更多证据。在此情况下，因果关系和可救济性通常取决于被监管（或可监管）的第三方对政府作为或不作为的反应——也可能取决于其他方的反应……因此，当原告自身不是其所质疑的政府作为或不作为的对象时，并不意味着其资格被排除，只是通常这一问题变得更加难以确认罢了。”

这一段话被认为是为因果关系判断制造潜在障碍，增加了对行为受益人诉讼资格进行证明的负担。但这些问题一般不甚严重，因为法院已经允许起诉人为了诉讼资格之目的对此进行辩论，“为了判断因果关系，可以在行政部门的行为和原告要求行政部门根据法律应为的行为之间进行适当比较，而不是在行政部门做了什么和做出行为之前的状态之间进行比较”。即使行政部门仍然在执行中享有自由裁量权，也不会引发因果关系问题。[①] 无需太多证据，如果行政部门出现未提供法定信息、不遵循法定程序或分析的要求等情形，就应被认为属于可提交法庭裁决的诉讼缘由。

5. 资格认定的审慎原则

在解释“事实上的损害”时，除了宪法规定的“案件或争议”要求外，联邦法院还采用“审慎原则”来判定是否赋予当事人起诉行政行为的资格。最高法院解释道：“虽然我们还没有完全确定审慎资格认定的范围，但已经明确了审慎的资格认定包括，普遍禁止对他人的合法权利提起诉讼，不得对推测性的不满进行裁决，要求原告的申诉必须属于法律保护的利益范围内等等。”

与宪法关于诉讼资格的要求不同，国会可通过立法将诉讼资格范围扩大至宪法所允许的最大限度，以消除审慎资格认定中的关注点。

（1）避免抽象和泛化的问题。与其他原则相比，审慎资格原则之设立是为了避免让法院裁决涉及广泛公共利益的抽象问题，在解决这些问题上，政府部门比法院更为适合。因此，当原告依据第三人的权利或利益，而不是依据其

① *FEC v. Akins*, 524 U.S. 11, 25（1998）. 该案判定，即使联邦选举委员会是在合法行使其自由裁量权，被告所受事实上的损害仍可归因于该委员会不作为的结果。

自身的合法权利或利益起诉时，法院可能会拒绝受理案件。[①] 法院曾使用这一原则，驳回了一些寻求推翻部分否决权（line item veto[②]）立法的国会议员的诉讼资格。这些议员声称其个人利益没有受到损害，他们所要起诉的对象是制度性损害，法院认为这些制度性损害完全是抽象的，其涉及范围非常广泛，难以确定[③]，因而不予受理案件。

（2）利益范围标准。联邦最高法院于 1970 年首次确立了利益范围标准，该标准通常包含于审慎原则之中，也被视为是对《美国法典》第 5 编第 702 条之解释。因为规章基于法律制定，司法审查通常又要遵循第 702 条之规定，利益范围标准在规章制定领域的作用便显得尤为重要。

该标准源于数据处理服务组织协会公司诉坎普（*Association of Data Processing Service Organizations, Inc. v. Camp*）一案。大法官道格拉斯在此案中的观点很有代表性，他首先阐述了宪法对损害资格认定的要求，接着又提出除了"案件或争议"标准，资格问题还涉及——原告寻求保护的利益是否在宪法或法律保护的利益范围之内。继而，法院认为原告从事数据处理服务，有资格起诉美国财政部金融局之规定——允许国有银行向其他银行及其顾客提供数据处理服务[④]。法院认为数据处理者属于《银行服务公司法》保护的利益范围之内。但对该案持异议的法官则对利益范围标准提出批评，认为其"对宪法的资格认定要求来说完全没必要，这种二次解读并不合适"。随后的情况是，这一标准在下级法院适用中引发了不少混乱，也遭到法律界的诸多批评。

在克拉克诉美国证券业协会（*Clarke v. Securities Industry Association*）一

① Americans United for Separation of Church and State, Inc. v. Valley Forge Christian College, 454 U.S. 464, 474 & n.10（1982）.

② 又称 partial veto.——译者注

③ Raines v. Byrd, 521 U.S. 811（1997）.

④ 法院的意见是:《商业银行法》和《国有银行法》均属于第 702 条所规定的"有关"法律。它们不保护特定群体的利益，但其普遍原则很明显：无论是对其做广义或狭义解释，哪些人的利益将受到直接影响的范围很容易确定。有一点很明确，即起诉者（从事数据处理服务的国有银行的竞争者）属于"受害者群体"，根据第 702 条规定，他们有权对行政行为提请审查。

案中，[①] 最高法院似乎对这一标准有所放宽。克拉克作为竞争者之一也参与了数家国家银行竞争者对美国财政部金融局的起诉。此前，金融局批准了两家国有银行的申请，允许其在各类场所设立办公室提供更优惠的经纪服务，证券经纪人和投资银行家协会要求对此进行审查，理由是该行为违反了《国有银行法》的分业经营限制。法院研究了《麦克法登法》（Macfadden Act，该法是对《国有银行法》之修正）的立法资料，认为该协会主张的理由与《国有银行法》第 36 条和第 81 条之规定可能有合理关联，因此判决其有资格起诉。[②]

在航空快递会议诉美国邮递员联合会（*Air Courier Conference v. American Postal Workers Union*）一案中[③]，联邦法院对适用利益范围标准的态度变得更为严格。美国邮政管理局曾发布一部法规——放松在邮政投递上的法定垄断，允许私人公司提供国外次日快递服务。有两家邮递员工会对该规定提起诉讼，但法院以工会不属于相关的利益范围为由，驳回了他们的诉讼资格。法院解释说，“制定相关法律是为了确保能够最大限度地为市民提供邮政服务，而不是为保证邮递员的就业”。工会则辩称，其他一些调整劳资关系的法律为确定利益范围提供了必要的联系点，但法院拒绝将这种法律之间的“跳跃性”联系适用本案。

在危险废物处理委员会诉美国环保署（*Hazardous Waste Treatment Council v. EPA*）一案中，法院对规章制定案件中适用利益范围标准裁定当事人资格做了很好的诠释。从事危险废物处理和制造废物处理设备的企业商会要求特区巡回上诉法院依据 1976 年的《资源保护和恢复法》对环保署的规章进行审查。该诉讼的焦点是：美国环保署制定之规章未达到法律要求的全面性和严格之标准，因此对环境造成了损害，并导致他们的服务和设备市场需求缩减。

---

① 479 U.S. 388（1987）.

② 法院对该标准的解释如下：根据国会允许审查行政行为之意图，利益范围标准可作为一个参考，以判定是否受理当事人对行政行为的起诉。在原告自身并非争议的行政行为对象的案件中，如果原告的利益与法律目的很少相关或不符合其目的，那么推定国会允许其提起诉讼就是不合理的，根据此标准原告没有资格要求进行审查。

③ 498 U.S. 517（1991）.

法院最终认定商会成员有权起诉该规章，理由是其处理废物的设备明显会受到被污染废物的不利影响。然而，有人认为，根据利益范围标准，声称其业务遭到损失的商会成员没有资格起诉，因为其利益同该法的环保目的几乎没有太大关联。法院解释道，“当赋予同法定目标只有间接联系的当事人诉讼资格时，我们是在冒风险，其结局即使在技术上看起来仍然忠于法律，事实上可能已违反了国会的立法目的”。因此，法院判决，在环保署规章影响其用户和顾客利益的范围内，商会成员享有诉讼资格，在商业利益或竞争利益范围内则不享有诉讼资格。

但在1998年国家信用管理局诉第一城市银行（*National Credit Union Admin. v. First City Bank*）一案中，最高法院的态度又发生了大转向。该案的争议焦点是：起诉国家信用管理局监管行为的银行是否属于《联邦信用法》保护的利益范围，最高法院最终以5票对4票的多数判决，裁定银行属于《联邦信用法》保护的利益范围，维持了特区巡回上诉法院关于银行具有诉讼资格的判决结果。大多数人认为，该案与数据处理案、克拉克案以及其他金融服务案件所表达的关于竞争者诉讼资格之立场非常相似，但航空快递案与上述案件有所不同，原因是在制定航空快递案所涉及之邮政垄断法律时，国会始终没有表示出保护邮政联盟利益的意图。该案最值得关注的一点是：最保守的法官（伦奎斯特、托马斯、斯卡利亚）都投票赞成赋予原告诉讼资格，而最自由的法官（布雷耶、苏特、斯蒂芬斯）却投票支持驳回原告的诉讼资格。[①] 代表多数派观点的大法官托马斯重申了利益范围标准，“在使用这一标准时，我们首先必须识别案件中哪些有争议的利益属于法律保护之范围，然后再判断原告受行政行为影响的利益是否属于该范围”。

最高法院似乎释放出放松利益范围标准的信号，目前大多数地方法院已接受了这种理念，即利益范围标准所排除的利益是同法律内在目的只有最低限

---

① 多数法官都主张适用雪佛龙案的第一阶段判决结果，推翻行政部门对法案的解释。参见第四部分第二章。

度的相关性或与其不一致的利益，没有理由可推断国会会允许对这些利益提起诉讼。但美国政府雇员联合会、劳工联盟及产业工会联合会诉拉姆斯菲尔德（*American Federation of Government Employees, AFL-CIO v. Rumsfeld*）一案是一个例外。该案中，某军事基地雇员及其工会起诉该基地缺乏健康和安全保障，特区巡回上诉法院认为《职业安全与健康法》没有授予私人提起诉讼之权利，判定此诉讼请求不符合利益范围标准，这一判决被视为是对利益范围标准的宽泛解读。

利益范围标准是对诉讼资格的审慎限制，唯有国会可以修改，最高法院对此也很清楚。在贝尼特诉斯皮尔（*Bennett v. Spear*）[①] 一案中，法院采用了《濒危物种法》中有关公益诉讼的规定——任何人都有权对违反该法的行为起诉。该案中，政府出于保护生物的考虑，要求修改某水利项目以保护两种鱼类，原告认为该决定可能导致其遭受损害，试图依据该法推翻这一决定。作为原告的农场主们认为：政府所做的修改违反了"考虑经济影响"和使用"已有最科学的数据"的指令。最高法院认为该指令的内容不属于政府官员自由裁量的职责范围，因而允许其作为公益诉讼继续进行。此外，最高法院还处理了原告提出的其他一些诉求，如原告声称根据《行政程序法》规定，政府的终局行为是任意和武断的。这些《行政程序法》诉求并不属于公益诉讼，对法院来说，判断原告的经济利益是否属于《濒危物种法》保护的利益范围才是关键。虽然政府部门坚持认为，只有那些想扩大物种保护范围的当事人才符合利益范围标准，但法院并未采纳这一观点。

三、司法审查的管辖法院：上诉法院还是地区法院？

与审查其他行政行为一样，对规章进行司法审查的管辖法院也由法律确

---

① 520 U.S. 154（1997）.

定。《行政程序法》仅包含一些原则性规定，如审查活动可根据授权制定规章的特别法进行，或根据授权审查特定行政部门命令的法律进行。[①] 如果不属于这些规定情形，司法审查将依据一般的司法管辖权规定在地区法院进行，后者通常被称为“非法定审查”。

1. 法定审查

对含有规章制定司法审查条款的法律来说，一般会要求由上诉法院在规章实施前进行直接审查（direct, pre-enforcement review）[②]，这些规定涵盖了大部分规章制定活动。授权进行规章制定活动的法律，通常也会规定司法审查的管辖法院、审查时限和审查范围等。

《行政命令审查法》（Administrative Orders Review Act）[③] 是一部专门规定司法审查的成文法，该法对一些重要行政部门的行政命令进行司法审查做了规定。[④] 相关的法院判例也明确了一点，即行政部门所发布的可审查的“行政命令”也包括“规章”。根据该法规定，由上诉法院对这些部门的行政命令进行审查。行政会议曾建议，直接由上诉法院对规章进行审查的情形包括:（1）规章属于重大规章，地区法院的判决有可能被上诉;（2）此前已有该行政部门的其他“行政命令”在上诉法院被审查。

1984 年 10 月，特区巡回上诉法院在电信研究和行动中心诉联邦通信委员会（*Telecommunications Research and Action Center v. FCC*）一案中判决：当法律规定行政行为由上诉法院审查时，若诉讼有可能影响上诉法院未来之管辖权，则未来相关诉讼也由上诉法院专属管辖。该案中，一些公益组织和非营利

---

① 5 U.S.C.& 703.

② 如《国家劳动关系法》便是明显例外，该法没有规定司法审查内容，因此起诉者可以在地区法院根据该法提起诉讼。

③ 通称为《霍布斯法》（Hobbs Act），28 U.S.C.&&2341-2351.

④ 如农业和交通部、联邦通信委员会、联邦海事委员会、核管理委员会及绩效评定制度保护委员会发布的一些行政命令。

性团体诉请法院签发令状强制联邦通信委员会履行职责，要求其对一些长期悬而未决的问题作出决定。法院发现，在此之前，由谁对行政行为不合理延迟进行管辖的法律不太明确，本案应尽快解决管辖权问题。[①] 法院首先确定有一点是无争议的，即根据法律规定，上诉法院对联邦通信委员会之终局行为享有管辖权，由此，其对不合理延迟行为也应享有管辖权。然后，根据对相关法律分析进一步认定，上诉法院之管辖权为专属管辖权。司法界主张，上诉法院已积累了一套审查行政行为的专业经验，赋予其专属管辖权，有助于利用其专业经验节约司法成本，保证诉讼当事人获得公平对待，消除重复审查和潜在的审查冲突，减少行政延迟发生。[②]

电信研究和行动中心一案判决结果被广泛适用于审查联邦通信委员会以外的其他行政部门行为，以及规章制定活动和行政裁决案件中来。例如在 U.A.W 国际联盟诉多诺万（*International Union, U.A.W. v. Donovan*）一案中，特区巡回上诉法院认为《职业安全与健康法》授权上诉法院对职业安全与健康标准进行专属审查[③]，裁定上诉法院对本案享有专属管辖权，地区法院应将本案适时移送至上诉法院。第七巡回上诉法院也认为，根据法律规定，如果行政部门决定的实体部分由上诉法院专属审查，那么其程序部分也必须由上诉法院审查。[④] 总的来说，在电信研究和行动中心案之后的案件中，一直采用两分法标准来判断是由上诉法院还是地区法院对行政行为进行审查:（1）法律是否授权上诉法院对行政行为进行审查;（2）寻求救济之行为是否会影响巡回法院的管辖权？美国行政会议曾建议电信研究和行动中心一案确立的原则应作为普遍原则来遵守，并建议针对上诉法院管辖的行政不作为案件，应制定专门程序以

① 参见第四部分第三章二、2。

② 法院同时表示，可能会有少量案件不属于上诉法院管辖，如果拒绝地区法院的管辖权将使其无法受到司法审查。

③ 29 U.S.C. & 655（f）.

④ Suburban O'Hare Comm'n v. Dole, 787 F.2d 186,192-93.

确保诉求得到及时、有效处理。[①]

2. 非法定审查

如果没有专门的适用于规章司法审查的规定，起诉者一般可通过申请禁止令（injunction）或宣告救济（declaratory relief）等方式要求进行审查，但管辖权必须根据某项普遍性管辖权法律规定来获得。被引用频率最高的是《美国法典》第 28 编第 1331 条之规定，即联邦问题规定（federal question provision）。该条款授权地区法院："对所有根据宪法、法律或美国签订的条约产生争议的民事行为享有初始管辖权……"在 1976 年之前，该条款还规定对所有涉案金额 1 万美元以上的案件进行管辖。但根据美国行政会议建议，[②] 国会在 1980 年规定，对于起诉美利坚合众国、联邦政府部门、政府官员或雇员执行职务行为的案件不再适用该条款。自此之后，除第 28 编第 1337 条（依商事法律提起诉讼）和第 1361 条（通过申请执行令获得管辖）规定之外，其他管辖权依据在案件审查中则很少被引用。

非法定审查由地区法院负责，主要针对行政记录进行审查，通常要遵循"任意和武断"的审查标准。地区法院一般会根据行政部门制作的规章制定记录作出裁判，如果记录不充分，会通过将记录退回行政部门的方式向当事人提供救济。此外，特区巡回上诉法院认为，若行政行为首先是由地区法院根据《行政程序法》进行审查，在上诉后，上诉法院会直接根据"任意和武断"标准对其进行审查，而不会考虑地区法院的判决意见。

① 特区巡回上诉法院接受了美国行政会议的建议，修正了审查规则，规定涉及行政行为不合理延迟的诉讼应得到快速处理。

② ACUS Recommendation 68-7,Elimination of Jurisdictional Amount Requirement in Judicial Review, 1968 ACUS 170.

四、司法审查的地点

法律没有专门规定对规章的司法审查必须由上诉法院管辖。例如，《行政命令审查法》只规定了诉讼由当事人居住地、主要办公场所所在地的巡回上诉法院或特区巡回上诉法院管辖，[①] 其他一些专门规定审查由上诉法院管辖的法律，如《职业安全和健康法》，对司法审查的地点也做了类似规定。有一些法律则规定了特区巡回上诉法院对一些特定类型规章的司法审查具有专属管辖权。如《清洁空气法》规定：对在全国范围内适用的规章的审查由特区巡回上诉法院管辖，对在当地或地区范围内适用的规章的审查则由相应的巡回法院管辖。[②] 而《清洁水法》则规定：根据本法规定，所有规章的审查均由被告居住地或其业务场所所在地的巡回法院管辖。

20 世纪 80 年代，一些评论人士对允许特区巡回上诉法院专属管辖司法审查的规定提出批评，建议对这些涉及司法审查地点的法律做出修改，以使更多案件可以由当地的地区或巡回法院管辖。美国行政会议反对对涉及行政诉讼管辖权的法律进行任何根本性的改变，但同时也呼吁作出一项规定——将一些在哥伦比亚特区地区法院起诉的案件向州检察长进行通报，并修改《美国法典》第 28 编第 1404 条关于管辖地点转移之规定——明确规定参加诉讼人（intervenor）可以请求移送管辖。

由于很多规定由上诉法院直接对规章进行审查的法律，同时会允许可以由几个巡回法院进行管辖，而不同法院对待司法审查的态度也各不相同，为了得到自己满意的判决结果，当事人便会挑选对自己有利的法院提起诉讼，这也导致了诉讼机会主义（forum shopping）开始盛行。在 1988 年之前，根据《美

---

① 28 U.S.C.& 2343.

② 42 U.S.C.& 7607（b）(i）.

国法典》第 28 编第 2112（a）条规定，第一次提交诉讼请求时行政部门必须提交其行政记录。由于法院的诉讼规则通常允许提出概括审查请求（cursory petition for review），于是，在第 2112（a）条的“首次提交”之规定以及发达的现代通信技术的推波助澜下，涌向法院的诉讼数量骤增，这种现象也受到了广泛批评，被认为会导致“更残酷的诉讼压力”。

为了减少诉讼机会主义压力，美国行政会议于 1980 年建议：立法规定美国法院行政办公室（Administrative Office of the U.S. Courts）对选择初始管辖法院的随机程序享有监督权，当事人在不同法院同时提起诉讼时，由首先受理的法院管辖。通过这种方式能够减少利用“首次提交”规则获得的诉讼优势，从而减轻法院压力，这一建议在 1988 年 1 月被国会采纳。根据这一修改建议，如果在行政命令发布后 10 日内，行政部门面临两个以上上诉法院对其行为进行审查的诉讼，该部门可将诉讼事项向“多区诉讼司法委员会”（Judicial Panel on Multidistrict Litigation）报告。该委员会会随机从收到诉讼请求的多个法院中指定一个法院管辖，由该法院对这些诉讼请求合并审理。如果行政命令发布后 10 日内只遇到一项诉讼，那么受理法院就直接对此诉讼进行管辖。其次，该修改建议规定：如果诉讼请求涉及有争议的行政命令，任何一个上诉法院都可要求暂停审理，但当诉讼请求被移送至指定法院时，该法院可以改变或撤销此暂停状态。再次，为实现当事人司法利益，法院在收到涉及行政记录的诉讼请求后，可将所有与行政命令有关之诉讼请求移送至其他法院。

2011 年，多区诉讼司法委员会对其实施细则进行修改，进一步细化程序以执行上述建议。[①] 例如，在确定受理一项长期未被解决的诉讼时，该委员会会在一个箱子中放入各法院的名单，由其工作人员或委员从箱子中随机抽取确定一个法院受理，以保证每个候选法院被选中的概率是相同的。

在地区法院对联邦政府提起非法定审查诉讼时，司法审查的地点主要遵

① Rules of Procedure for the Judicial Panel on Multidistrict Litigation, 28 U.S.C.A. & 1407.

循《美国法典》第 28 编第 1391（e）条规定确定，允许下列区域法院之一进行管辖：（1）被告居住地；（2）行为发生地；（3）争议财产所在地；（4）不涉及财产争议的案件中的原告居住地。显然，这项规定为原告提起诉讼提供了更大的选择空间。

五、司法审查的合适时间

在特定时间判定某个案件是否具有可审查性方面，法院已经逐渐发展出一系列原则。这些原则——终局原则、穷尽救济原则、成熟性原则等——试图在司法的有效运用、行政资源和诉讼当事人的利益之间寻求平衡。有时它们彼此难以区分，在很多方面相互交叉和关联。在一项涉及部门政策实施前诉讼的简易判决中，特区巡回上诉法院宣称——诉讼资格原则和成熟性原则并非相互独立。如果当事人证明其诉讼符合成熟性标准时存在困难，诉讼资格标准关于"事实上的损害"之要求不会构成一个独立的司法障碍，"我们无须单独考量诉讼资格标准，很明显，任何对诉讼者资格的质疑都与成熟性相互关联"[①]。

1. 终局原则

"终局原则"（finality）源自《行政程序法》，指的是司法部门仅对终局行政行为进行审查，[②] 其目的主要是保护行政过程的完整性，防止因行政行为可能之改变而造成司法资源浪费。

在贝内特诉斯皮尔（*Bennett v. Spear*）一案中，最高法院对终局原则的阐述直到现在仍被广为引用："通常，行政终局行为须符合两个条件：第一，该行为必须代表行政决策过程已完成——不能是暂时的或过程中间的行为；第

① Venetian Casino Resort LLC v. EEOC., 409 F.3d 359, 366-67.

② 5 U.S.C & 704.

二，该行为必须能确定权利或义务或产生法定结果。”

在起诉规章制定行为时，如果被起诉的规章属于最终的立法性规章，终局性一般不属于主要争议。然而，当行政行为是非立法性规章时，比如政策公告等，该行为是不是终局行为则变得很重要。但在实施前对非立法性规章提起诉讼时，如要满足贝内特案所确立的“完成状态”和“法定后果”这两大标准，诉讼就会变得相当艰难。在一些案例中，起诉者认为这些政策陈述事实上属于规章或是具有约束力的规则。例如在巴瑞克矿业公司诉布朗纳（*Barrick Goldstrike Mines Inc. v. Browner*）一案中，伦道夫法官就明确主张，基于司法审查之目的，在某些情况下政策性陈述也可以被认为是终局性行政行为。

多年来，特区巡回上诉法院的判例显示，政府部门发布方针或指南可能会构成终局行政行为。在“促进政府建设协会”案、“汽巴”（*Ciba-Geigy*）案、“阿帕拉契电力公司诉美国环保署”案等案件中，行政会议也主张政府部门的非立法性规章、官方的信函文件、指南等可以被视为符合司法审查目的的终局行政行为。

但在 FTCS 公司诉环保署[①]（*Flue-Cured Tobacco Cooperative Stabilization Corp. v. EPA*）一案中，针对环保署出具的关于二手烟健康影响标准的报告，第四巡回上诉法院拒绝对其进行审查。法院首先认可报告是行政决策过程完成的结果，但认为其没有产生直接的法律后果，因此不属于终局行政行为。

另外，在下文也会讨论到，如果行政当局不履行规章制定职责，这里就有一个问题，即该行为（不作为）是否属于终局行政行为[②]。

最后，有一个案件引发了另一个特殊问题，即地区法院发回重审的命令是否具有终局性。[③] 该案中，地区法院裁定将根据《濒危物种法》制定的保护

① 313 F.3d 852.

② 参见第四部分第三章。*Norton v. S. Utah Wilderness Alliance*, 542 U.S. 55, 124 S. Ct. 2373（2004），此案中，法院裁定符合下列情况才可审查行政不作为：（1）行政部门本应采取的行为是独立的；（2）法律要求行为得到履行。

③ *Alsea Valley Alliance v. Dep't of Commence*, 358 F.3d 1181.

名单发回商务部重新起草，商务部决定不上诉，但某环保组织提出上诉。第九巡回上诉法院认为该行为对行政部门来说是终局行为，其他当事人无权干涉，因此应限制其他相关方参与重新启动的规章制定的权利，不允许对规章制定结果上诉。

2. 穷尽救济原则

穷尽行政救济是一个审慎的司法观念，通常要求当事人在完成行政程序的所有阶段后才能到法院起诉。“穷尽救济原则 ”（exhaustion）要求被起诉的行政行为必须是终局性行政行为，允许行政部门运用其专业经验承担或纠正以前行为中出现的错误，在诉讼之前解决潜在争议。[①] 尽管穷尽救济原则在行政法的许多领域都非常重要，但传统观点认为，由于在诉讼前规章制定程序就已完成，因此规章审查问题一般不会适用这一原则。

然而，在规章制定领域，有一种对穷尽救济原则的新理解（与资格问题密切相关）变得越来越重要。一些法律要求当事人在寻求司法审查之前，对规章制定过程中出现的问题提出异议，巡回上诉法院也渐渐倾向于认为，如果当事人在公告评论阶段没有提出异议，其实质上已经放弃提出异议的权利。[②] 特区巡回上诉法院在很多规章制定案件中都遵循了这一原则。

某种程度上，这一趋势也使行政部门从疲于应付大量不明确的质疑中解脱出来。正如伦道夫法官所讲:“我们认为，如果诉讼当事人在规章制定过程中未指明其评论的具体内容，那么根据《清洁空气法》第 307 条规定，他们就不能对规章的具体内容提出司法审查。准确引用规章内容或对其进行描述是提起诉讼的前提。如果评论内容不符合最低的文字表述要求，行政部门就会受困于猜字游戏。比如对诉讼当事人来说，无论何时，只要行政部门没能搞明白公

① McGee v. United States. 402 U.S. 479（1971）.

② 也可能出现这样的情形：当事人起诉行政延迟或不作为，但没有起诉规章制定行为，这可能会被不予受理，因为没有穷尽行政救济。*Pub. Citizen v. NRC*, 901 F.2d 147 9.

众对规章制定建议的某条评论意见，他们不仅会声称自己已按照第 307 条提出意见，也会指责部门的做法很武断，未对他们的评论意见进行回应等。规章制定活动以及相关的法律原则在不断发展、庞杂多变，不应使政府官员天天琢磨那些质疑‘可能’是什么意思，在案头耗神费力。”

有一点也不能忽视，最高法院在数个案件中对一些法律进行了解释，要求行政监管行为的诉讼当事人首先在这些法律规定的行政裁决程序中提出异议。在这些案件中，最高法院使用了“穷尽救济”这一表述。①

3. 成熟性原则

在立法性规章实施前提起诉讼时，最有可能被提及的一个概念就是“成熟性”。“成熟性原则”（ripeness）解决的是特定时间内司法审查的适当性问题，并确保可以对争议进行司法审查。正如最高法院在雅培实验室诉加德纳（*Abbott Laboratories v. Gardner*）一案中所述，成熟性原则最基本的理论依据是：通过避免过早作出裁决，防止法院陷入对行政政策的抽象争论，同时保护行政部门免受司法干预，直到其正式做出行政决定，且该决定对诉讼当事人的影响变得确切时为止。②

成熟性原则有两层含义：一是争议必须适合进行司法裁决，二是延迟审查将对当事人造成困难。③特区巡回上诉法院认为，成熟性原则的“合适性”（fiteness）含义通常是指“争议是否完全属于法律问题，是否有更具体的背景资料以帮助对争议进行考量，行政部门的行为是否终局”。显然，“合适性”标准与前述《行政程序法》所规定的终局性标准在某些方面也有重叠。

（1）成熟性和前置审查（pre-enforcement review）——关于成熟性的争议

---

① *Thunder Basin Coal Co. v. Reich,* 510 U.S. 200（1994）and Shalala v. Illinois Council on Long Term Care, 529 U.S. 1（2000）.

② 387 U.S. at 148-49.

③ 同上。

通常都是在对规章进行前置审查时产生的。1967 年以前，对规章提起诉讼通常都发生在行政部门开始针对特定当事人实施规章阶段。然而，在雅培实验室一案中，最高法院认为若情形足够成熟适于审查的话，在规章实施之前就可以对其提起诉讼。这种前置审查现在已比较普遍。在美国行政会议的早期研究中，弗雷德里克·戴维斯总结了司法审查法律的五种类型：①

①授予行政部门规章制定权，但未规定（或援引）司法审查；

②规定联邦地区法院进行司法审查，但未规定进行司法审查的时限；

③规定在规章颁布后的一定期限内可直接进行前置审查，并明确规定实施过程中有关法院在一定期限后也可对规章合法性进行审查；

④规定在规章颁布后的一定期限内可直接进行前置审查，但未规定在实施过程中或其他程序中是否可进行司法审查；

⑤规定在一定期限内可直接进行前置审查，但除少数情形外，禁止在实施过程中对规章进行司法审查。

下面的讨论包括了第 1、2、4 和 5 类的司法审查。

第一，未规定前置审查的法律。雅培公司案中，食品和药品监督管理局的一些最终规章要求在所有标签和其他印刷材料中都标明药物的属名，原告对其提起行业诉讼，但在起诉时，除《行政程序法》外，没有其他任何法律对何时进行司法审查作出规定。法院认为这些规章可能会对当事人产生即时和直接影响，判定药品制造商可以立即对其提起诉讼。这一判决意味着：如果当事人认为规章无效就可起诉规章，而不必等到规章实施后。案件焦点完全属于立法问题——《食品、药品和化妆品法》是否授权制定这些规章，因此这些规章也符合司法审查条件。此外，也没有来自行政部门的其他因素可以使审查合理延迟。

但在同日判决的另一案件中，即厕具协会诉加德纳（*Toilet Goods*

① Frederick Davis, Judicial Review of Rulemaking：New Patterns and New Problem, 1981 DUKE L. J. 279, 280-81.

Association v. Gardner）案[①]，最高法院却认为对食品和药品监督管理局的最终规章立即进行审查不妥。该规章规定，如果制造商拒绝行政部门监察员监督，食品和药品监督管理局局长可以暂停其添加剂营业执照。最高法院认为，对于司法审查来说，食品和药品管理局之规章不符合司法审查的成熟性标准。虽然最高法院认可该规章为最终规章，也认为对于该规章是否属于部门的职权范围之争议构成了一项法律问题，但其仍然判决这些条件并不足以导致对规章进行司法审查。它认为，该规章没有产生直接和不可弥补的影响；只有拒绝监察员监督时，它才称得上是被实施，即便是被实施，也没有授权任何人开展活动。

在 1990 年的一项重要判决中，最高法院重申：对符合司法审查成熟性标准的行政行为诉讼来说，诉讼对象要么是实体性规章——要求原告立即调整其行为，要么是一个将规章适用于管理对象的具体行为，该行为有可能危害或威胁管理对象之利益。在卢罕I案中[②]，法院拒绝受理对内政部土地回收项目之起诉，认为该项目不会导致产生明确的法规，它只是对公共土地分类进行审查的政策作出了改变。

第二，规定了前置审查的法律。“成熟性”是一个审慎概念，也需要国会进行引导，自雅培公司案后，国会已在许多法律中明确规定了前置审查内容。[③]根据这些法律规定，请求法院对规章进行审查可以（通常是必须）在规章颁布后不久的一定时间内进行。

法院通常认为时限属于司法管辖权问题，也就是说，法院一般不受理未在规定时间内提起的司法审查请求，认为时限规定是为“宣告行政过程终结，从而节约行政资源”这一重要目的而设。[④]只有在极少数情况下，法院才可能会考虑受理未在规定时限内提起的审查请求，但这些例外情形必须经过

---

① 387 U.S. 158（1967）.

② 参见第二部分第二章。

③ FTC Act, 15 U.S.C. & 57a（e）；Hobbs Act, 28 U.S.C. & 2342；OSHA Act, 29 U.S.C. & 655（f）；Clean Air Act, 42 U.S.C & 7607（b）.

④ *Nat. Res. Def. Council v. NRC*, 666 F. 2d 595.

严格审查，以确保不会损害终局性原则赖以生存的法理基础。但在一些情况下，即使有审查期限的限制，也未必能阻止法院对一些尚不成熟的诉讼请求进行审查。例如，在大西洋沿岸各州法律基金会诉环保署（*Atlantic States Legal Foundation v. EPA*）一案中[1]，环保署根据 XL 工程项目制定了一部规章，授权在纽约实施一个试点方案——允许不经批准就可在公共设施中存放危险性废物，当事人对此提起诉讼。特区巡回上诉法院以成熟性不足为由驳回了这一诉求，理由是要使该试点方案得以实现，纽约市在未来还得采取许多步骤。尽管《固体废物处理法》要求当事人在环保署最终规章颁布之日起 90 日内提出异议，法院还是做出了上述判决。

该案中，法院也首次强调了一个观点——“即使争议完全属于法律问题，也未必就适合进行司法审查”，“没有人能确定纽约市政当局是否会像现在所公布的那样制定 XL 项目规章，或者还是会对其进行修改。即使纽约市制定了这个规章，人们也不清楚项目会选择哪一个公共设施，哪个地方会被选作处理中心。现在看来，起诉请求对于法院做出裁决来说还不够成熟，因为它依赖于将来有可能发生的事件，这些事件的发生有可能和预期不一致，也有可能甚至完全不会出现”。

关于期限问题，法院认为只有在起诉请求成熟后才可开始计算期限。因此，在根据规章选定一个地址作为处理中心集散地的公告发布之日起 90 日内，只要起诉者提出审查请求，就属于在规定期限内起诉。由于法律中的前置审查条款通常会明确规定在规章颁布后可立即提起司法审查，这也引发了在规章实施过程或其他程序中是否可以起诉其合法性的问题。如果可以起诉，哪些问题是可审查的。在一些法律中，国会明确禁止在实施过程中进行审查或表示出进

① 325 F.3d 281.

行审查的意图。[①]

1982年，美国行政会议建议，“在起草涉及前置审查规定的法律时，国会应当考虑是否限制在规章实施阶段提起司法审查”。设定限制时要考虑四个因素：①规章制定能否吸引公众广泛参与；②规章是否涉及复杂程序或对有关问题进行深入研究；③有关当事人在按照规章活动时是否会遭受实际和即时的损失；④全国性或行业性规章是否需要立即实施。它还建议：

> “当国会决定限制在实施阶段对规章适用司法审查时，通常应将那些与规章制定过程中适用程序相关的争议排除在审查范围之外，或排除审查那些在行政记录中为证明规章制定充分性而提供的事实依据。如果国会认为全国性或行业性规章有必要立即实施时，对于规章的法定权限问题，应当在实施阶段排除对其进行司法审查。”

一直以来，法院都在遵循上述原则进行审判。例如，特区巡回上诉法院明确指出：如果当事人未在规定期限内提起前置审查请求，除非法律另有规定，这不妨碍其在实施过程中就规章的实体内容提起诉讼。在早期一个案件中[②]，法院提出了以下原则，至今依然有效：①如果认为规章制定程序存在问题，程序性诉讼必须在法定期限内提出；②如果认为规章制定缺乏法律授权，诉讼请求可以在规章实施过程或其他程序中提出；③如果实体性诉讼请求不是针对缺乏法律授权的问题提出，它可以在规章实施过程中或在对规章制定（该规章为解决特定争议而制定）进行审查的诉讼中提出。

在美国独立社区银行家协会诉联邦储备系统主席委员会（*Independent*

---

① Clean Air Act，42 U.S.C. & 7607（b）（1）-（2）. 根据第（1）项规定，审查请求应当在规章颁布之日起60日内提出，如果60日后根据其他理由再次提起诉讼，那么该诉讼须在该理由发生后60日内提出；根据第（1）项规定，对环保署提出的诉讼不能在民事或刑事执行程序中提出。

② Nat’l labor Relation Bd. Union v. Fed. Labor Relations Auth., 834 F.2d 191, 195-97.

Community Bankers of America v. Board of Governors of Federal Reserve System）一案中，特区巡回上诉法院提到了在法定期限以外起诉的问题，“我们经常说，即使受规章实施影响的当事人已被通知或有机会在法定期限内直接提出前置审查，他们也可以在规章实施期间对规章的实体内容提出异议，包括主张规章制定缺乏法律授权……反之，即使在规章实施后，也不允许对其制定过程提起程序性诉讼”。[①]

及时提交审查请求的要求必须与成熟性问题区别开来。比如有一些案件，它们可能在法定审查期限内尚不符合成熟性标准，或者在法定审查期满后又变得符合成熟性标准了。但总的来说，诉讼必须是在相关法定期限内提出。

法定期限引发的另一个争议是，行政部门再次审议规章将对当事人提请法院司法审查之权利造成何种影响。法院认为，即使已经超出对规章进行审查的最初期限，如果行政部门此后的行为再次引发争议的话，就会重新计算司法审查的期限。在判定是否再次引发争议时，法院会对整个规章制定过程进行考量。在公民组织诉核管理委员会（*Public Citizen v. Nuclear Regulatory Commission*）一案中，行政部门将原有的一项核电厂人事培训的暂行政策重新发布，原告依法对该行为的合法性提起诉讼。法院认为核管理委员会在第二次发布规章时已重新考虑过该行为是否会引发争议，因此裁定可以受理在新的期限内提出的诉讼请求。

一直以来，法院的态度很明确，只有“当整个情况表明行政部门对原有的规章重新进行了认真、实质性考虑时”，才会适用“重新制定原则”（reopening doctrine）。该原则目的是要保证行政部门在重新发布规章时，公众也可重新得到进行评论和提出异议的机会，即使部门最后决定不对存在争议的现行规章进行修改，受影响的当事人也可提请司法审查。根据这一原则，法院认为，如果部门对一部无需司法审查的现行规章重新发布拟制定规章通知，然

① Deering Miliken , Inc. v. OSHRC, 630 F.2d 1094. 认为法定期限过后便丧失程序性诉权。

后通过新闻媒体又宣布暂停该规章制定的话，该行为不构成新的规章制定。

当规章上诉期间已过，行政部门对该规章进行修改时，如果法院判定修改规章改变了对原规章提请司法审查之利害关系，这可能也会重新引发对原规章提起诉讼的风险。

（2）规章发布期限的基准日期如何计算？与规章制定有关的案件通常会涉及一个问题，即如何计算提请司法审查的期限？在公民组织案中，特区巡回上诉法院驳回了核管理委员会的辩解，后者认为在行政行为诉讼中，只有将规章归入其公共档案之时，才是可适用的法定起诉期限的“起点”。

法院认为，“虽然在决定哪些事件可以作为计算司法审查期限起点上，行政部门有相当大的自由裁量空间，但它必须合理作为，并牢记一个理念——在当事人提起规章审查诉讼前，行政部门首先应对当事人进行合理提醒，使其知道该规章对他（她）适用。我们不能理解，如果部门只将规章归入公开档案，而没有通过任何其他方式进行公告，这如何能成为启动司法审查的‘发令枪’……不能让诉讼当事人像松鼠一样在委员会的公共档案里钻来钻去，去发掘那些可能会与行政行为有关的文件”。

在涉及职业安全和健康管理局的两个案件中，特区巡回上诉法院认为，该局发布标准后 60 天的异议期，应从该标准在《联邦登记》上公布之日起计算，而不是从向联邦登记办公室提交文件之日起计算。

此后一些判决也试图归纳出“发布”（issuance）、“归档”（filing）和“公布”（publication）这几个日期之间的区别。特区巡回上诉法院的几个判决结果都以《联邦登记》上公布日期为准，当然有时这个日期也并不完全精确。[①] 但在最近的几个案件中，第九巡回上诉法院认为，向联邦登记办公室

---

① In Nat’l Air Transp. Ass’n v. McArtor, 866 F.2d 483, 486. 法院裁定没有超出诉讼时限，因为联邦航空局的规章在 1987 年 11 月 26 日公布，而要求审查的诉讼请求是在 1988 年 1 月 22 日提出的。令人不解的是，根据 Westlaw 数据库公布的版本，该规章是 12 月 2 号在《联邦登记》上公布，但规章本身说是于 12 月 25 日公布，“提交”日期是 11 月 27 日。

提交规章文本的日期是诉讼期间起算的基准日期。

在非商业媒体联盟诉美国通信委员会（*Coalition for Noncommercial Media v. FCC*）一案中[①]，特区巡回上诉法院以《联邦登记》上的公布日期为准。第六巡回上诉法院在极地快递公司诉交通部（*Arctic Express, Inc. v. U.S. Department of Transportation*）一案中[②]也采取了这种方式。该案中，法院把某指南文件在《联邦登记》上公布的日期作为基准日期。另一方面，在公民组织诉梅内塔（*Public Citizen v. Mineta*）一案中[③]，第九巡回上诉法院没有采纳全国公路交通安全管理局对规章颁布日期的解释，相反，法院裁定以向联邦登记办公室提交文件的日期为基准日期。

如果过早向法院提出司法审查请求，该请求也可被提起诉讼。在小电信企业诉联邦通信委员会（*Small Business in Telecommunications v. FCC*）一案中[④]，法院认为，联邦通信委员会还未将行政命令付诸实施，换言之，它还没有按照该委员会规章要求发布公告并在《联邦登记》上公布这一命令，法院最终判定对联邦通信委员会行政命令进行审查之请求尚不成熟。

临时性最终规章（interim final rules）所引发的终局性和最后期限争议也颇有意思。在比弗利企业诉赫曼（*Beverley Enterprises, Inc. v. Herman*）一案中[⑤]，劳工部在 1990 年 12 月公布了一项临时性最终规章，也像以往一样承诺对所有公众意见进行研究，并在其后公布最终规章文本，但直到 1994 年劳工部才履行其承诺。原告于 1999 年对规章提出异议，劳工部认为联邦法律规定了 6 年的异议期，法院应驳回该诉讼请求。地区法院最终支持了被告主张，认为 1990 年公布的临时性最终规章是依据《行政程序法》可以起诉的终局性行政行为，因此原告对该规章的起诉已经超出诉讼时效。然而，法院接着又判

---

① 249 F.3d 1005,1007.

② 194 F.3d 767,770-71（第六巡回法院，1999）. 该案涉及在超过 60 天法定期限后，对某指南文件提起诉讼。

③ 343 F.3d 1159,1164-65（第九巡回法院，2003）.

④ 251 F.3d 1015, 1023-24（特区巡回法院，2001）.

⑤ 50 F. Supp. 2d 7（特区巡回法院，1999）.

决，“如果比弗利企业是对 1994 年 1 月最终规章进行编纂这一行为提出前置诉讼的话，该诉求则符合诉讼时效规定”。

（3）期限和对非立法性规章的诉讼。当在规章或其他法规的诉讼中适用法定期限规定时，非立法性规章的起诉者可能会面临一个困境，即该行政行为是否可审查，如果是，它是否应遵守期限规定？如果法院判定该行为在法定诉讼期限内已经成熟并适合审查的话，当事人可能会因为没有在法定期限内提起诉讼而丧失诉讼权利。尽管大多数非立法性规章都不符合司法审查成熟性标准，或者说还不算是终局行为，但一些行政政策声明、方针甚至是宣布实施行政项目的信函一直被认为是可审查的，实施这些文件可能会产生一些直接损害或障碍。

2003 年最高法院对国家公园友好协会诉内政部（*National Park Hospitality Ass'n v. Department of the Interior*）一案判决后，这种观点在司法审查中可能要被严格限制适用。该案中，最高法院以一种与以往不同的方式解决了非立法性规章的争议（或成熟性）问题。案件争议焦点是，国家公园管理局（NPS）发布规章，规定特许经营合同不属于《合同纠纷法》调整范围，有人认为国家公园管理局无权对该法进行解释，所以该规章不具有法律效力，但国家公园管理局辩称该规章属于解释性规章，应具有法律效力。最高法院大多数法官都不赞同这一观点，认为国家公园管理局无权对《合同纠纷法》进行解释。法院的观点是，该规定“仅仅是一般性的政策声明”，而且这种声明没有法律效力，对潜在的特许权受让人也没有造成任何障碍，所以即使这一问题属于法律问题，但仍没有成熟到需要进行司法审查的程度。几位持不同意见的大法官则指出，由于国家公园管理局是公权力部门，特许权受让人可能需要承担更高的争议解决成本，不过这种观点的确并非主流。就像斯登菲尔德教授评论的那样，“支持国家公园友好协会诉求的法官们似乎在暗示，解释性规章具有重要的法律意义，这使它们成熟到可以进行司法审查，但政策声明不具有法律效力，因此不符合司法审查的成熟性标准”。① 如果这种观点能够长期得以实施的话，这意味着在传统理念上发生了重大转变。

虽然如此，鉴于非立法性规章可能被审查，如果法律规定诉讼必须在法定期限内提起，即使法院有可能判决被诉行政行为尚未成熟到可以进行司法审查②，或者缺乏成熟性这一判断不能阻止未来对行政行为之诉讼时③，当事人最好还是在法定期限内提出诉讼，以便更好地保护自己的权益。

（4）关于行政部门在规章制定上不作为和延迟诉讼中的成熟性（终局性）问题。行政部门不作为和延迟诉讼一般都会涉及成熟性和终局性问题。在这些案件中，通常很难搞清楚部门的行为究竟属不属于终局行为，认为部门不作为的观点往往是原告自己的判断。尽管审查标准比较严格，能提供的救济一般也很有限，法院在审理中还是会对成熟性与终局性进行分析，在某些情况下也会进行事实审理。④

此外，在最近的诺顿诉南犹他州野生动物保护联盟（*Norton v. Southern Utah Wilderness Alliance*）一案中，⑤ 最高法院驳回了一项针对内政部的诉讼请求。原告称内政部未履行其法定职责——保护犹他州野生动物研究区免受日益增多的越野车伤害，但最高法院对内政部行为是否属于“不作为”提出质疑，认为除非行政部门本应采取的行为是“自由裁量”行为且为法律所“要求”，

---

① Mark Seidenfeld, Judicial Review Chapter, DEVELOPMENTS IN ADMINISTRATIVE LAW AND REGULATORY PRACTICE 2002-2003, at 95.

② Eagle-Picher Indus., supra note 191, at 905. 该案中，原告在 90 天的法定异议期过后，依法起诉环保署的危险等级机制。原告辩称自己没有超过诉讼时效，因为在 90 天的异议期内，他们尚未准备好对规章有效性进行起诉。法院对此表示支持，“一般来说，如果对一项请求的成熟性有任何怀疑，原告必须在法定异议期内提出诉讼，否则将会面临超过诉讼时效的风险”。虽然法院认为判定该案在 90 天的异议期内已经成熟还有些不妥当，但仍受理了案件，理由是成熟性与法定审查规定之间的关系在此前“基本上未知”。

③ Clean Air Implementation Project v. EPA，150F.3d 1200,1204.

④ 参见第四部分第三章。

⑤ 542 U.S. 55, 124 S. Ct. 2373（2004）.

否则就不属于不作为。

在起诉行政部门延迟回应制定规章请求或延迟完成规章制定活动的案件中，[①] 也存在行政行为是否成熟到适合司法审查的问题。行政部门认为法院只能对终局行政行为进行司法审查。但法院对此并不认同，认为“行政不作为与拒绝救济一样，有时也会对当事人权利产生影响”，基于这一前提，“行政部门不能为了规避司法审查，以不作为方式替代发布拒绝救济命令的行为”。

在环境保护基金诉哈丁（*Environmental Defense Fund v. Hardin*）[②] 一案中，特区巡回上诉法院认为环保署未对暂停使用 DDT 农药的请求进行回应，“相当于以发布命令的方式拒绝暂停”。这一行为足以对公众利益构成威胁，可以视为终局行为，因而该行为已经成熟到可以进行司法审查。

在起诉行政部门延迟颁布规章的案例中也曾有类似分析。在公民健康研究组织诉食品和药品监督管理局（*Public Citizen Health Research Group v. FDA*）[③] 一案中，原告请求在阿司匹林产品上对瑞氏综合征标明警示，但食品和药品监督管理局未能及时对该请求进行回应。法院认为，鉴于该局未对标示问题进行处理，该案的焦点是其行为“是否属于可以进行司法审查的终局行为”。法院拒绝把食品和药品监督管理局的拟处理意见认定为终局行为，但同时它也认为，“在某种程度上，行政部门延迟行为相当于不作为，符合终局性和成熟性标准可以进行司法审查”。

---

① 如果行政部门已经实施驳回规章制定请求或决定不公布标准的行为，通常不会产生终局性问题，但仍存在可审查性的争议。参见第四部分第三章二、1。

② 428 F.2d 1093.

③ 740 F.2d 21.

第二章

司法审查范围

规章制定需要在成文法和总统发布的指令框架内进行，同时，规章制定程序也受到判例法的显著影响。本章对规章司法审查范围进行了研究，这里所引用的都是与规章制定有关的最重要的判例。

一、审查范围——总则

司法审查范围是法院在审查程序中，用来判断行政行为有效性的标准。除非授权法对特定监管活动设立了不同标准，否则应适用《行政程序法》的规定。虽然在规章的司法审查中，授权法偶尔也会要求行政部门采用“实质性证据”或其他标准，但更多时候，对于确定审查范围，授权法或是没有进行明确规定，或是主要参考《行政程序法》的规定。《行政程序法》的相关内容列在《美国法典》第 5 编第 706 条，规定如下①：

“审查范围——负责审查的法院应在做出裁决所必需且已提供之事实的基础上，裁定全部相关法律问题，解释宪法和法律的规定，确定行政部门行为术语的含义或适用性。负责审查的法院应：

① 主要参考《行政法和行政程序概要》一书译文，[美] 欧内斯特 · 盖尔霍恩、罗纳德 · M. 利文著，黄列译，中国社会科学出版社 1996 年第 1 版。——译者注

（一）强制行政部门履行其非法拒绝或不合理延迟的行为；

（二）行政部门的行为、决定和结论出现以下情形的，将被视为非法并予以撤销：

1. 任意、武断、滥用自由裁量权或者以其他方式不符合法律规定的；

2. 与宪法规定的权利、权力、特许权或豁免权相抵触；

3. 超出法定的管辖权、职权或限制范围，或者缺少法定权利；

4. 未遵守法定程序；

5. 在属于本编第 556 条和第 557 条所规定的案件中，或者在其他由法律规定应根据行政部门的听证记录进行复审的案件中，没有实体证据的支持；

6. 缺乏事实根据，因而需要由负责审查的法院重新审理案件事实的。

法院在做出上述决定时，应审查全部案卷或当事人引用的那部分案卷的内容，而且应严格遵守那些防止偏见性错误的原则。"

在非正式规章审查中，最常适用的是第 706（一）和（二）条的第 1、2、3 和 4 项。除非在行政部门的授权法中明确其可以适用，否则涉及"实体证据"和"重新审理"的第 706（二）条的第 5、6 项规定，不适用于非正式规章审查。第 706 条的各项内容将在下文逐一探讨。

1.《行政程序法》第 706（一）条："部门非法拒绝或不合理延迟行为"

该条授权法院"强制行政部门履行其非法拒绝或不合理延迟的行为"。在关于行政部门规章制定不作为的诉讼中，该规定与其他法律规定一起被越来越多地援引。通常，这些案件主要涉及行政部门在规章制定中不合理的延迟、拒绝启动规章制定程序或在规章制定完成后拒绝发布全部或部分规章文本。

1985 年，最高法院在赫克勒诉切尼（*Heckler v. Chaney*）一案中裁定，如果行政部门拒绝做出行政行为，须首先推定法院不能对其进行审查。尽管最初这一案件的适用范围还不太确定，最高法院后来在马萨诸塞州诉环保署一案中明确指出，法院不应在审查规章制定不作为案件时适用该裁决结果。相反，当上诉人以“非法拒绝或不合理延迟”理由起诉行政部门的规章制定行为时，法院在审理中通常应适用“高度尊重”（highly deferential standard）的标准。

2004 年，最高法院在诺顿诉南犹他州原野联盟（*Norton v. Southern Utah Wilderness Alliance*）一案中的判决，进一步使某些类型的行政不作为诉讼变得不确定。第十巡回上诉法院先是推翻了地区法院关于撤销诉讼的裁定，而后最高法院又推翻了上诉法院的裁定结果。最高法院认为，只有当原告主张行政部门未实施“其应当实施的行政裁量行为”，且该行为的法定时效排除了司法审查（即使该行为不属于法定的裁量行为）时，方可根据第 706（一）条之规定进行裁决。

关于该案影响、法院采取尊重标准之原因以及对行政部门不作为进行司法审查的判例法发展等内容，将在第四部分第三章讨论。

2.《行政程序法》第 706（二）（1）条：“任意、武断、滥用自由裁量权，或者以其他方式不符合法律规定的”

该审查标准通常被称为“任意和武断”标准，是法院在审查经非正式规章制定程序公布的规章时所适用的传统标准。当法院根据“任意和武断”标准，将规章是否具有充分合理性作为审查重点时，这一标准实际上也成为一种“兜底”条款，可以“涵盖……未被第 706 条其他款项列举的所有行政不当行为”。法院在适用这一标准时，通常将审查集中在以下三个因素：（1）规章制定记录是否支持规章所依据的事实结论；（2）构成规章制定基础的事实结论的“逻辑性”或“合理性”；（3）行政部门展示其结论依据的充分程度。程序性问题和行政部门对法律解释的合法性经常也是任意和武断审查标准的一部分，这些也将在下面讨论。

“任意”、“武断”、“滥用裁量权”和“不符合法律规定”，这些术语决非天然形成的，随着时间推移，审查法院对其解释也在不断变化。

美国律师协会行政法和规制实践分会发布的《联邦行政法重要声明》(Blackletter Statement of Federal Administrative Law)[①]对“任意和武断”标准的司法解释作了总结：

法院可以出于一个或若干理由，以滥用自由裁量权之标准来撤销某个行政行为（有时也可使用《行政程序法》的“任意和武断”标准）。实践中，要根据不同行政行为类型和重要性适用不同标准。法院在对具有重要意义的规章制定程序进行司法审查时，一般会严格适用该标准（通常称为“严格审查”），但在审查常规性、简单的行政行为时就宽松得多。法院不得将自己的政策偏好强加于行政部门。适用的撤销理由通常包括：

（1）行政部门考虑了各种法律渊源规定的不得考虑的因素，或者未考虑各种律渊源规定应当考虑的因素。（虽然将此理由理解为法院实施的法律分析的一部分似乎更为合理，但判例法经常将其作为“任意和武断”标准的一个要素。）

（2）该行为与法定目的或要求不存在合理关系。

（3）该行为尚需证实的或必要的事实假设经不起相关审查标准的检验。

（4）该行为得不到任何依据支持，或基于有严重瑕疵的论据。

（5）缺乏充分理由，行政部门未对所面对问题的重要方面进行合理考虑，比如政策选择的效果或成本，或者与该选择有关的事实情况。

（6）行为缺少法定原因和充分解释，与以前的政策或先例不一致。

（7）缺乏充分理由，行政部门未对针对行为所要解决的问题考虑或采用重要的替代性解决方案。

（8）行政部门未考虑行政行为过程中的其他参与者提出的实质性观点，或

---

① 54 ADMin. L. Rev. l, 42-43(2002).

未对他们提出的有关重要意见做出回应。

（9）行政部门的处置与违法行为的危害程度极不成比例。

（10）其他非基于理性决策的行为。

直到 20 世纪 70 年代，司法审查标准仍在沿用《行政程序法》颁布前，由最高法院在太平洋沿岸州箱包公司诉怀特（*Pacific States Box & Basket Co. v. White*）一案中所提出之标准，“当在法律授权范围内制定法规时，可推定存在可以证明该行为合理的事实”。然而 1971 年最高法院对保护奥佛顿公园公民诉沃尔普（*Citizens to Preserve Overton Park v. Volpe*）一案所作之裁定，堪称里程碑式的判决，开创了对规章进行更严格审查的新时代。

在奥佛顿公园案中，交通部长经过“准立法式”听证，批准用联邦基金建设一条穿过城市公园的公路。在审查该决定时，法院认为可适用第 706（二）1 条规定的审查标准（即任意和武断标准），并做了解释：“在裁定该决定是不是任意和武断时，法院必须考虑其是否建立在考虑了相关因素的基础之上，并且是否存在明显的判断错误……虽然这种对事实的探究可能会非常全面彻底，但最终的审查标准却需要很谨慎。法院没有用其判决代替行政部门决定的权力。”

最初，在奥佛顿公园案判决后，最高法院似乎仍并不确定是否应将“任意和武断”标准适用于非正式规章制定审查。但自 1968 年起，特区巡回上诉法院就通过判例法将“任意和武断”标准适用于非正式规章制定。最高法院最终也在 1983 年的州农场案中，明确将该标准以法律形式确定下来。

奥佛顿公园案对“任意和武断”标准的适用也并非是立场清晰，看起来似乎是在适用和不适用两可之间。此后的一些案件中也进行了广泛讨论，试图将该案所提出的“任意和武断”标准与通常用于裁决、正式规章制定或根据专门授权法进行的规章制定的“实质性证据”标准区分开来。一些法院和评论人士认为，至少在对行政部门的事实结论进行审查时，“实质性证据”标准和“任意和武断”标准在很大程度上“语义上是存在区别的”。因此，在美国消费者联盟诉联邦贸易委员会（*Consumers Union of United States, Inc. &FTC*）一案中（涉及对联邦贸易委员会的一部二手车销售规章的审查），特区巡回上诉法院做出裁定："按照《行政程序法》之目的，就必需的证明力来说，实质性证据标准（仅适用于正式裁决和正式规章制定）与任意和武断标准（适用于所有程序的审查）'是完全相同的'。"

（1）最高法院适用任意和武断标准的重大裁定。20世纪80年代初，最高法院在两个涉及规章的案例中重新考虑了"任意和武断"标准的适用范围。在巴尔的摩气电公司诉自然资源保护协会（*Baltimore Gas & Electric Co.v. Natural Resources Defense Council*）一案中，核管理委员会颁布了一系列具有普遍适用性的规章来评估核动力工厂的反应堆燃料循环对环境的影响，最高法院对这些规章进行了审查。特区巡回上诉法院认为核管理委员会在颁布规章时做出了一些缺乏证据支持的预测，并且在决策过程中未考虑某些不确定的事实因素，从而裁定该规章是任意和武断的。但最高法院撤销了这项裁决，认为核管理委员会是"在其专业范围内对自然科学的前沿领域进行的预测"，并强调，审查法院在审查这类科学性决策时，"通常必须最大限度地给予尊重"。最高法院进一步强调，核管理委员会的假设是"在合理决策范围内"做出的，该部门"考虑了相关因素，并且在现实和政策选择之间形成了合理联系"。"如果行政部门符合这些要求，其做出何种决定就不是我们审查者需要关心的了。"

这种"宽松审查"（soft look）标准似乎与同时期最高法院在机动车制造商协会诉州农场互助汽车保险公司（*Motor Vehicle Manufacturers Association v. State Farm Mutual Automobile Insurance Co.*）一案中的"严格审查"截然相反。该案中，法院推翻了行政部门的规章制定决定。该案焦点是，国家公路交通安全管理局废除了一部由前任政府颁布的、要求在新生产的汽车中配备防护装置（如自动安全带和安全气囊）的规章。最高法院首先确定了对废除规章行为进行司法审查的范围，认为从行政部门授权法的立法目的来看，应根据《行政程序法》的"任意和武断"标准进行审查。但上诉人随后提出抗辩：废除规章首先应适用与审查行政部门拒绝颁布规章同样的“尊重”标准，最高法院最终驳回这一主张。

该案判决后，最高法院对“任意和武断”标准适用废除规章的意义进行了讨论。行政部门主张：对一部法规来说，若要经得起正当程序审查，只要具备“最低限度的合理性”即可；但最高法院并不认同这一观点，认为推定行政部门在其监管活动中具有合规性，并不等于对国会立法的“合宪性之推定”。最高法院强调，根据“任意和武断”标准确定的审查范围是狭窄的，法院不能用其裁决来代替行政部门的决定。

根据这一标准，最高法院裁定：国家公路交通安全管理局对强制配备气囊的选择权未做任何考虑，便废除先前已发布的规章，属于武断的行为。法院进一步认为，部门对废除规章也未提供充分的合理依据。尽管“行政部门关于公共利益的观点”可能在不断发生改变，但无论“情况变化或未变化”，行政部门改变其行为“必须提供充分理由”。[①] 最高法院最终裁定国家公路交通安全管理局应重新考虑其废除规章的决定。

州农场案后不久，特区巡回上诉法院在涉及废除规章的国际女装工人联盟诉多诺万（*International Ladies' Garment Workers' Union v. Donovan*）一案中，也做出了类似判决。该案中，原告对劳工部废除根据《公平劳动标准法》制定的限制某些行业“家庭作坊”的规章行为提起诉讼。特区巡回上诉法院对此适用“任意和武断”标准进行审查，认为劳工部的行为是“通过废除含有长期实施的政策之规章，以达到修改政策目的”的典型案例。法庭审查了劳工部长的废除理由，认为劳工部长未将已有的或合理的选择方案公布于众，且未解释为何拒绝选择这些方案，这完全不符合“一项合理决策的基本要素”，法庭据此宣布劳工部长的决定无效。

州农场案的影响并不仅限于规章废除案件。1986 年，最高法院在鲍恩诉

① 最高法院撤销的另一个理由是，行政部门完全没有对该规章的发布提供合理依据。

美国医院协会（*Bowen v. American Hospital Association*）一案中，重申了其在州农场案中的基本观点：可以根据正当程序来预设法律的合规性，但不能依此也假设行政法规具有合规性。最高法院撤销了卫生和公共服务部发布的一部有关残疾婴幼儿卫生保健的规章，同时也强调，无论何时，行政部门都不能只“随便提供一个根据”，便使其行为得以成立。“国会赋予行政部门足够的权力来管理这个庞大工业国家的复杂事务，但同时行政部门又有解释其决定合理性并提供事实根据的义务。”

（2）“严格审查”原则。虽然最高法院在州农场案中，并未使用“严格审查”这样的措辞（其只在根据《国家环境政策法》对行政行为进行审查的情形中使用过这一词语），但评论人士指出，州农场案的判决“在实体和程序上，都明确包含了严格审查原则的基本要素”。严格审查原则最初由特区巡回上诉法院在 20 世纪 70 年代初提出，“法院必须对行政记录和行政部门的解释进行严格审查，以决定行政部门是否采用了正确的分析方法，是否遵循了适当标准，是否考虑了相关因素，是否从现有的规制选择方案中做出取舍，以及是否依赖于适当政策”。

在审查环保署规章的案件中（塞拉俱乐部诉科斯特案），瓦尔德大法官对“严格审查”标准进行了另一番描述：“法官须在查阅大量案卷（同时在良心上做出无数次权衡）后做出判决。要不辞辛苦地阅读成千上万页案卷，根据简便、直接的审查标准，来分析行政行为之理由，研究当事人双方的有关材料（包括上诉人的），尽可能去理解那些与诉讼关系密切的问题。同时，在充分考虑行政部门工作极端复杂性的同时，也不放弃怀疑精神。尽管理解那些文件需要拥有这样或那样的专业知识，但我们不是工程师、计算机专家，更不是经济学家、统计学家。”

虽然最近的一些规章审查案件没有使用“严格审查”的字眼，但经常会引用州农场案的判决结果。在因违反“任意和武断”标准而将规章发回部门重审的案例中，法院的理由主要有：行政部门没有考虑法律要求其解决的问题；

没有充分考虑到施加给原告的成本及现有的规制替代方案；忽视法定强制性因素；在现实和决策选择之间未形成合理联系；“规章是纯粹的政治妥协的产物，而不是科学推理的结果”；既未证明规章“对于公共利益来说是必需的”，也无“充分根据”来说明规章目的“是可以实现的”；未“进行充分独立判断”；提供了看起来属于专断、没有证据支持的方案；未提供“确定的理由”来证明必须实施规制；行政部门在改变其所做解释时，做了“不合理、宽泛”的假设；未充分解释其规章的技术性问题；提供的理由缺少证据支持，法院无法对其合理性进行评估等。

但在一个审查行政部门技术性规章的案件中——环保署根据《清洁水法》制定了一部规章，规定了污水的毒性检测标准——兰道夫大法官非常全面地探讨了有关科学性问题，最后接受了环保署对“在其技术专业范围内的科学数据”的评估结果：“经批准的污水毒性检测的确存在瑕疵。但是我们不能以‘完美’作为判断行政部门行为的标准。环保署的决定经过了数年的科学研究、磋商、公众通知－评论程序，代表了行政部门对实施《清洁水法》的专业判断。原告没有证明环保署是因为忽略了相关证据以致使自己的政策产生矛盾，或者以其他方式表现得任意和武断。”

其他一些支持行政部门“技术性”规章的判决似乎也认同巴尔的摩天然气电力公司一案中的立场，对涉及“科学前沿”的规章采取了“宽松审查”的原则。

有人对“严格审查”原则持批评态度，认为其至少应对行政部门规章制定之“僵化”现状负有部分责任。也有人对该原则表示支持，认为它是对行政权力进行适度司法审查的重要保证。但一项针对特区巡回上诉法院根据“严格审查”原则将规章发回部门的研究似乎表明，在几乎所有类似案例中，即便将规章发回，行政部门仍可继续完成它原定的规制目标。

不可否认，有些法院已经不再坚持适用严格审查原则，转而适用最高法院的观点，即“法院没有用其判决代替行政部门决定的权力”。比如，在涉及国家公路交通安全管理局公路安全规章的汽车安全中心诉派克（*Center for Auto Safety v. Peck*）一案中，交管局修改了先前的政策，降低了汽车保险杠的最低性能标准，特区巡回上诉法院对此表示支持。在讨论适用何种审查标准时，法院强调，它不会用自己的判决来代替行政部门的决定，尤其是当行政部门对可供选择的政策成本和利益进行衡量时，因为这些决定“集中体现了行政部门的专业特长”。

对严格审查原则提出批评的人士认为，它赋予法院太多的司法裁量权，使得“审查法院可以独自使问题重点发生巨大转变，甚至完全破坏一个完整的规制方案”。在这方面，有一个案例经常遭到外界批评，即第五巡回上诉法院对防腐设备公司诉环保署一案的判决。该案中，法院推翻了环保署制定的关于防止石棉危害的规章。实际上，该规章的制定经历了大量科学研究，对各种可能的选择方案进行了考虑，并收到两百多条评论意见，然而，法院却“因为行政部门未计算每个可能的选择方案的‘成本和效益’，而将规章撤销”。

最近，美国证券交易委员会也遭到类似的毁灭性打击，该委员会制定了一部关于代理参与权的规章，首次允许符合条件的股东把他们提名的董事包含在公司代理投票权征集材料中，但特区巡回上诉法院基于下述原因，认为该规章是任意和武断的，并最终撤销了该规章：

①未就代理权竞争性报价进行评估，以决定何种报价最为合理并做出慎重选择，从而忽视了对规章的经济影响进行评估；

②根据不充分的经验数据做出结论；

③没有认真评估股东执行该规章时可能付出的成本；以及

④忽视了最终规章对总的竞争报价的影响。

（3）对部门政策改变的审查范围。最高法院和其他一些法院把州农场案判决结果也适用到其他很多涉及规章的诉讼上来——有一些涉及新的政策制定，有一些则涉及已有政策调整。其中一些案件判决清楚地表明了立场：未对政策的前后不一致情形进行解释，便是任意和武断的。

因此，当联邦通信委员会宣布改变其长期施行的与低俗节目禁令有关的政策（该禁令允许在广播、电视上不重复地、短暂地使用不文明用语），转而规定根据情节严重与否对上述情形进行处罚时，一些广播从业者起诉至法院，认为该政策调整是任意和武断的，属于违宪。经审理，第二巡回上诉法院认为联邦通信委员会没有提供充分的理由分析，以证明其改变原先政策之合理性，因而裁定该行为是任意和武断的，但同时也回避了对违宪问题作出裁定。法院引用了之前的一个判决结果，“突然改变原有政策应有充分理由，即要解释为何新规章能与旧规章一样，或比旧规章更好地实施法律”。

但最高法院投票以 5 ： 4 票数将该判决推翻。斯卡利亚大法官对这一结果表示支持，他认为第二巡回上诉法院“部分依赖了之前的先例，要求行政部门对改变以往政策的行为提供更多实质性解释”。“在《行政程序法》及州农场案中，都没有规定行政部门改变其政策时必须接受更加彻底的审查。”

他的观点很有代表性：“可以肯定的是，要求行政部门对其行为提供合理解释，通常是要求它展示出一种态度，表明自己正在改变立场。当然，行政部门必须证明其采用新的政策有正当理由。但是在出示新政策比老政策更好的理由时，行政部门则不必非得达到让法院满意之程度。它只需要证明新政策为法律所允许，采用新政策有正当理由，以及行政部门相信新政策会更好即可。这意味着，行政部门不必总是必须提供比制定新政策所需的更加详细的理由。但有时，它必须提供详细理由——比如，当新政策依赖于与构成先前政策基础相矛盾的事实结论时，或者当前政策已经严重危及必须保护的信赖利益时。无视这些问题将是任意或武断的。”因此，当行政部门改变其政策立场时，法院通常没有必要进行更加仔细的审查。对于联邦通信委员会案的判决，他认为，“有一些事情是没有办法得到足够的经验证据的，广播中的不文明用语对儿童的不良影响即是其中之一。我们不能要求进行多年的对比研究——比如哪些孩子即使接触到不雅节目也不会导致不文明言行，哪些孩子从不接触任何不文明言行”。

最高法院对州农场案的判决不仅对里根时代减少规制的司法审查产生了重大影响，而且虽然尚存争议，其仍继续对司法审查的强度发挥着重要影响。

尽管对严格审查标准具体严格到多大程度仍存有争议（尤其与雪佛龙案中明显尊重行政部门对法律的解释相提并论时——该案将在下面讨论），它仍然可为规章制定者们提供以下准则：

①审查法院在得出事实结论时，只要行政部门的决定有实质性依据，法院通常不会用自己的判断代替行政部门的决定，尤其当涉及技术性、自然科学前沿性或者涉及行政部门专业知识的实践时，更需如此。

②审查法院通常会尊重行政部门的政策判断，只要它们是“理性的”或“适当的”。为证明其决策的合理性，行政部门必须在解释其依据和目的时，说明为何拒绝其他重要的选择方案，为何与先前政策不一致，以及如何从事实中得出结论。

③审查法院在审查行政部门放松规制或其他政策改变时，重点应放在行政部门需要充分解释为何放松规制，为何对先前政策进行修改，但不必解释新政策为何优于旧政策。

如果规章制定部门高度重视规章的事实基础，并且依靠“合理推理”得出结论，通常就足以应对外界对其“任意和武断地做出事实、裁量权或政策决定”的批评了。

3.《行政程序法》第706（二）（2）条：“与宪法规定的权利、权力、特许权或豁免权相抵触”

该条款之内容不证自明，即在审查行政行为时（包括规章制定），法院必须对任何合理提出的宪法问题进行裁决。理论上，第五修正案的正当程序条款应适用于联邦政府部门的规章制定行为，但实践中，在对规章制定程序进行司法审查时，该条款几乎起不到任何直接作用，原因在于，《行政程序法》和许多授权法为规章制定规定了相对详细的公共参与程序，宪法已授权行政部门可以根据这些程序来制定规章。然而，应该强调的是，有关当事人既可以对行政部门的地位、组织结构等提出宪法性异议，也可以对那些对行政部门规章制定产生重要影响的法律依据提出宪法性异议。比如，有些法律依据含有违宪立法否决权条款，如果该否决权是不可分割的，行政部门发布规章的权力可能会被取消。在涉及行政行为合宪性的案件中，法院一般会对合宪性问题单独判决。

4.《行政程序法》第706（二）（3）条："超出法定的管辖权、职权或限制范围，或者缺少法定权利"

该条款包含了一个熟悉的命题，即行政行为必须在立法机关委托给行政部门的权力范围内实施。审查法院经常会面对这样的诉求：规章超出了行政部门的法定权力；或行政部门在颁布一项规章时，不适当地解释了成文法的规定[①]。在处理这些问题时，应在多大程度上尊重行政部门对其授权法所作之解释，这需要法院做出判断。

在审查行政部门法规时，法院经常必须处理行政部门在规章发布中遇到的法律、事实、政策等各种问题，使得审查面临很大困难。1980年最高法院对职业安全和健康管理局的规章审查便是一例。该局颁布了一部关于"苯"化学物质的规章，根据其"政策性"判断——"在致癌物管理方面，可能没有任何接触水平是安全的"，规定了致癌物苯的可允许浓度：苯和空气的允许比例是1 ∶ 1,000,000。这也意味着，职业安全和健康管理局在可行的最低限度技术水平上，设定了一项不致损害行业生存能力的标准。但最高法院撤销了这一标准，认为该局未能提供实质性证据，以证明苯在现有的接触水平下会构成"重大危险"。支持该决定的史蒂文斯大法官等多数观点主要来自"职业安全健

① 部门权力范围问题还与规章制定的其他因素有关，比如规章是属于"立法性"还是"非立法性"规章。参见第二部分第一章四。

康标准”的法定定义，即“提供必要或适当的、安全或健康的工作环境”，他们将这一规定解读为：职业安全和健康管理局应在被授权进行监管之前，对“重大的健康危险”做出判断。最高法院将这一问题视作法律问题来处理，并推翻了行政部门对其授权法的解释，从而实际上否定了行政部门制定规章所依赖的政策基础。

（1）雪佛龙案之判决。1984 年的美国雪佛龙公司诉自然资源保护委员会（*Chevron U.S.A. Inc. v. Natural Resources Defense Council*）是一个里程碑式的案件，最高法院在该案中对行政决策的司法审查范围发表了更广泛的看法。该案涉及环保署根据《清洁空气法》制定的一部调控污染排放的立法性规章。法院维持了环保署对该法所用术语“固定污染源”的解释，允许将单个电厂的全部排放作为单个排放源进行管理。在对该部门法律解释的审查中，法院提出了一项“两阶段”审查标准：

①国会是否曾“直接”、“清楚”地针对诉讼争议点提出要求？“如果国会的意图很明显，事情就没有争议；对法院来说，和行政部门一样，必须将明确表达的国会意图付诸施行。”[①]

②如果国会没有这么做，而且法律“在具体问题上没有规定或态度模糊”的话，那么法院要解决的问题就是，“行政部门的行为是否建立在对法律的可允许的解释之上”。

法院进一步解释：“如果国会明确为行政行为留下自由裁量空间，就需要对行政部门进行明确授权，使其可以制定法规以解释法律的具体规定……但有时在某个特定问题上对行政部门的立法授权可能并不明确，在此类案件中，法院不可以用其对法律的解释代替行政部门的合理解释。”

① 关于这一点，最高法院认为，司法部门拥有最终的法律解释权，必须拒绝行政部门作出与国会明确意图相反的解释。这也意味着，法院主张使用“传统的法律解释规则”。显然，这种观点对法院是否应该使用“立法背景”（legislative history）记录的问题产生了影响，同时也引发另一个问题，即应在多大程度上尊重行政部门对此观点的立场。Michael Herz, ch. 5.05, ABA Guide to Judicial Review, at 142-46.

“法官不是技术领域的专家，也不是政治体系的一部分。”相反，行政部门是政治系统的一部分，它可以进行“政策选择，以解决那些相互竞争的利益关系，尤其是那些因国会疏忽而未解决，或国会有意留给法律执行部门根据实际情况进行解决的问题”。

关于上述雪佛龙案中的第一个问题，答案如果是确定的，法院就是在“将明确表达的国会意图付诸施行”。另一方面，如果发现法律“在具体问题上没有规定或态度模糊”，那么就必须解决第二个问题：行政部门的解释是不是“被允许”或是“合理”的？由此可以看到，雪佛龙案所创立之推定原则是，预先假定行政部门对模糊或未规定的法律可以进行解释。

（2）雪佛龙案第一阶段审查标准。由于第二阶段审查标准在很大程度上会尊重行政部门的解释，所以大多数起诉规章制定并赢得诉讼的情形都发生在第一阶段审查中，而且在这一阶段审查中，审查法官之间通常会对法律措辞是否清楚产生不同意见。在雪佛龙案判决做出后不久，最高法院内部便开始出现这种分歧。1985 年的化学品制造商协会诉自然资源保护委员会案（*Chemical Manufacturers Association v. Natural Resources Defense Council*），涉及环保署的一项关于改变《清洁水法》中有毒污水排放限制标准的政策。该案中，最高法院大多数法官接受了雪佛龙案的分析观点，支持行政部门对《清洁水法》所作解释。但也有四名大法官持不同意见，拒绝接受环保署的解释，认为这与国会的明确意图不一致。

1990 年，在都乐诉美国钢铁工人联合会（*Dole v. United Steelworkers of America*）一案中，最高法院大多数法官支持撤销管理和预算办公室对《文书削减法》的解释[①]。根据该法整体上的语言、立法目的和结构以及“传统的解释规则”，多数法官认为管理和预算办公室对该法“收集资料要求”的解释包

① 44 U.S.C. § § 3501-3520. 后来，国会又在 1995 年该法修正案中重新恢复了管理和预算办公室所作解释。参见第二部分第三章。

括第三方披露要求，而这种解释与国会意图截然相反，但持不同意见的法官们认为这些观点未严格遵守雪佛龙原则。

四年后，最高法院在MCI电信公司诉美国电报电话公司（*MCI Telecommunications Corp. v. AT&T*）一案中进行了一次彻底的语言学分析。联邦通信委员会对1934年的《通信法》作了解释，认为该法授权其有权“修改”该法的任何规定，最高法院拒绝接受这一解释。联邦通信委员会原本想利用这一授权在长途电话领域鼓励更多竞争，但该决策实质上导致了放松市场管制。斯卡利亚大法官认为，该委员会不能单凭法律中的“修改”一词，就使整个电信业规制框架发生如此深刻的变化。

这里还有另外一个案例也涉及如何对法律术语含义进行解释，即卡尔切利诉萨拉查案（*Carcieri v. Salazar*）。该案中，内政部对一部1934年制定的法律中的“现在”（now）一词进行了解释，从而使其可以获得土地，并代表那些已承认自己“现在处于联邦管辖下”的“印第安人”部落成员进行托管。该部门于1998年为一个1983年做出上述承认的部落托管了罗德岛的土地，但有关地方当局表示反对。法院最终以6 ∶ 3的多数票推翻了内政部的法律解释，认为按照1934年韦氏字典的定义，“现在”一词的含义在法律语境下是明确的，不存在歧义。

部门是否可以为了纠正那些想象中的法律语义模糊现象，而通过制定法规改变法律中的简明语言？答案是否定的。在很多案件中，一些法院已根据第一阶段审查标准，驳回了原告关于行政行为是法律明确排除的行为的主张。但是，如果法官想要使行政部门的解释无效，按照第一阶段审查标准进行裁定也更容易实现这一目的。原因之一是，法院在根据第一阶段审查标准确定法律用语是否清楚时，应当适用“传统的解释规则”。实际上，“传统的解释规则”比行政部门的解释更有效。然而，更受争议的是，在根据第一阶段审查标准解释立法时，是否应当追溯其立法背景记录。雪佛龙案本身强烈暗示了立法过程记录与第一阶段审查有关。但斯卡利亚大法官一直高举“文本主义”旗帜，强烈反对对立法背景记录进行追溯，他在审查立法解释时，使用最多的工具便是词典[①]。

《美国律师协会重要声明》更倾向于相反的立场：“根据雪佛龙案的第一阶段审查标准，审查法院应明确有关法律用语含义是否‘清楚’这一问题。第一阶段标准没有要求法院使用任何解释法律的特定方法，法院应该使用‘传统的法律解释工具’来确定法律用语的含义是否清楚。这些工具包括对法律文本、字典定义、解释规则、立法结构、立法意图和立法背景记录的分析”。

（3）雪佛龙案第二阶段审查标准。依据雪佛龙案的第二阶段审查标准，如果法院认为与该案件争议有关的立法含义不清楚，或者法律对该问题没有进行规定，当行政部门“被允许”（permissible）对法律做出解释时，法院就应尊重该解释。《重要声明》对适用第二阶段审查标准提供了两种备选方案：

> “当没有单独的、确定的方法来分析第二阶段标准时，以下两种相互关联的方法是最应予以考虑的。第一，法院审查的材料通常与第一阶段所审查的法定材料相同，这有助于确定即使对法律作出一种以上的解释，该法律是否支持行政部门采用的特定解释。比如，法院可能会发现，法律含义整体上明确排除了行政部门所做之选择或者它所依赖的前提条件。
>
> 第二，除了传统的法律解释，或者在未实施这种解释的一些案件中，法院在适用雪佛龙案的第二阶段审查标准时，还应衡量行政部门做出的法律解释，是不是以一种深思熟虑的方式进行推论的。比如，法院可以审查该解释是否有合理理由支持，逻辑是否有条理等。在这点上，第二阶段审查标准与根据任意和武断标准的审查趋同。”

最高法院很少会根据第二阶段审查标准撤销行政行为。在雪佛龙案中，

① MCI Telecomms. Corp. v. AT&T, 512 U.S. 218, 225-26（1994）.

法院解释说，如果“法律授权行政部门负责解决相互冲突的政策问题，而该部门已对该问题作出合理解决”的话，法院就必须尊重部门对不明确的法律用语的解释。尤其是，当“规制方案具有专业性而且很复杂，行政部门对其进行了周密合理的考量，其决定对相互冲突的政策进行了协调”时，行政部门的解释更应得到尊重。有一点也很明确，行政部门通常可以改变其解释，此时仍需适用“雪佛龙尊重”原则。

然而，实践中，法院应如何进行第二阶段审查却不像上面讲的那么明确。理论上讲，在第一阶段审查中，一旦法院发现法律中存在模糊或未予规定的情形，行政部门会做出一系列可能的解释，有些解释是法律允许的，有些则不是。因此，法院必须确定行政部门的解释是否被允许（或是“合理的”）。有学者就此评论道，“许多案件也采用了雪佛龙案第二阶段审查所使用这种法定方法。但是因其并不要求法院在第二阶段中审查任何具体的法律材料，实际上，法院所面对的材料也是法院在第一阶段审查过的材料”。在第一阶段审查中，理论上法院不会去决定法律用语的模糊问题；他们更倾向于搞清楚“法律是否明确排除了行政部门的解释”。法院一旦得出有利于行政部门的答案，第二阶段审查的目的也就实现了。

1997 年，莱文教授指出，特区巡回上诉法院“比其他法院更始终如一地使用雪佛龙案判决结果作为分析行政部门解释的基础，但它对于弄清第二阶段审查标准和传统的‘任意和武断’标准之间的关系，可能依然面临困惑”。现在看来，最高法院可能正在靠近莱文的立场。在一起不服驱逐令的上诉案中（焦点是行政部门在提供救济方面是否适用了正确的法律条文），卡甘大法官认为:“政府敦促我们按照雪佛龙案的第二阶段标准来分析这个案件……并对行政部门的法律解释进行司法审查。如果这么做，我们可能会得出同样的分析结果，因为根据这一标准，我们仍然要查明：行政部门的解释在本质上是否是‘任意和武断’的。但我们认为，在该案中，更恰当的分析框架是直接适用《行政程序法》规定的‘任意和武断’审查标准。”显然，这一观点似乎将雪佛龙第二阶段审查标准等同于“任意和武断”标准审查。

（4）何时适用雪佛龙原则？在对行政部门法律解释进行司法审查时，雪佛龙案通常被视为是该领域内最重要的案件，围绕该原则的适用时点，也出现了大量法律规定和评论观点。现在，人们通常将该问题称为“雪佛龙原点”（chevron step zero）①。

雪佛龙案后不久，最高法院于1987年对移民归化局诉卡杜萨·丰赛卡（*Immigration and Naturalization Service v. Cardoza-Fonseca*）一案②作出裁定，撤销了移民归化局的法律解释，认为“毫无争议，应由法院决定法律解释问题”。③但是，“卡案的判决并不意味着雪佛龙原则仅适用于解释兼有法律和事实性质的问题，而不适用于纯法律问题。卡案只不过是根据雪佛龙第一阶段审查标准得到了解决”。

然而，如果该法律问题会带来严重的宪法性问题，最高法院就不会接受行政部门的解释，转而会对其重新进行审理。此外，“当行政部门对法律的解释触及国会权力边界时，我们期待国会能对其立法原意进行明确说明……因此，当一项本来可接受的法律解释可能引发严重的宪法性问题时，最高法院将对该法律进行解释，以避免上述问题的出现，除非行政部门的解释已经明显违背国会的意图”。

但在许多案件中出现的主要问题是：面对各种“形式”的行政部门解释（非立法性规章），比如解释性规章、裁决性意见、指南、概要、政策声明等等，雪佛龙原则应在多大程度上得到适用。1989年，美国行政会议建议，如果行政部门希望作出权威解释，其应使用“通知－评论式”规章制定、正式裁

---

① 该词在 Thomas W. Merrill & Kristin E. Hickman 一案中首次出现，Chevron's *Domain*, 89 Geo. L.J. 833, 836（2000）.

② 480 U.S. 421（1987）. 该案涉及移民归化局对准予申请避难者难民身份的《移民与国籍法》所做解释的有效性问题。

③ 尽管支持最终的裁定意见，斯卡利亚大法官仍认为，当面对纯粹的法律解释问题时，大多数人主张法院可以用自己的解释来代替部门的解释，这是对雪佛龙原则的极大误读。

决、其他“国会授权的”或“适当的”程序来作出解释。但当行政部门未使用国会批准的程序来解释法律时，就难以确保其作出“权威的法律解释”，行政部门只能期望这些解释会得到“与其性质和所处环境相符的特别考虑”。

《重要声明》对雪佛龙原则之适用作了总结①：

“（二）雪佛龙原则的适用范围包括：

1. 雪佛龙原则适用于行政部门解释其所执行的法律，该解释：

（i）包含在具有法律效力的规章中；

（ii）通过正式裁决程序作出，除非裁决部门的立法权受‘与执行权相分离’的法定架构的限制，对同一事项的立法权已授予另一个部门；或者

（iii）通过行政部门的非正式行为作出，如果已授予行政部门的权力和其他法定情形表明，‘国会可能希望行政部门之言行具有法律效力’。

2. 雪佛龙原则不适用于以下情形中行政部门作出的解释：

（i）由许多行政部门而非某个特定部门来执行的法律，如《行政程序法》、《信息自由法》或《国家环境政策法》（尽管雪佛龙原则也可适用于由两个或以上行政部门作出的法律解释）；

（ii）刑事法律，行政部门与该法有关的权力只是起诉犯罪行为；

（iii）与有强制效力的司法判决抵触；

（iv）仅代表行政部门在做出决定之后对于诉讼的态度；或者

（v）包含在政策声明、手册、实施指南、语义解释规则和其他类似文件中，除非行政部门所得到之授权和其他法定情形表明，‘国会可能希望行政部门之言行具有法律效力’。

3. 尽管在总体上，法院已将雪佛龙原则延伸适用到行政部门对自身

① 54 Admin. L. Rev. 1, 39-40（2002）.

法定管辖权边界的解释上来，但若行政部门对自身管辖权之解释明显扩大其权力的边界范围，是否适用该原则还不确定。

（三）雪佛龙原则还是斯基德莫尔尊重原则（Skidmore Deference）？

在不适用雪佛龙原则的情况下，法院通常也会给予行政部门对其执行的法律的解释一些尊重或考量。在此情形下，就像最高法院在斯基德莫尔诉斯威夫特公司案（*Skidmore v. Swift & Co.*）中判决的那样，行政部门的观点具有‘说服的权力’，而非‘控制的权力’。在决定行政部门的解释是否以及在多大程度上，可适用斯基德莫尔尊重原则时，法院需考虑时间、行政部门立场的一致性以及行政部门专业知识的性质等因素。”

从《重要声明》的建议可以看到，首先，一定程度上可以确切地说，雪佛龙原则适用于通过“通知 - 评论式”规章制定作出的解释（像雪佛龙案本身一样），同样也适用于通过正式裁决作出的解释（只要裁决部门不属于在“立法权与执行权相分离”的法定架构中单纯进行裁决的行政部门，比如职业安全和健康审查委员会）。其次，雪佛龙原则不适用于行政部门对那些由几个行政部门共同执行的法律的解释，如《行政程序法》、《信息自由法》或《国家环境政策法》等。

然而，在 2000 年以前，对于在非立法性规章制定或非正式裁决中做出的行政解释之性质，仍有很多不确定性。最高法院于 2000 年对两个重要案件做出判决，虽然没有完全消除这些不确定性，但也解决了这方面的一些争议。

第一个重要案件是克里斯汀森诉哈里斯县案（*Christensen v. Harris County*）。该案中，劳工部薪酬与工时局的一封意见函涉及《公平劳动标准法》中关于加班和时间补偿的规定，最高法院明确拒绝对此“意见函”适用雪佛龙原则。根据《公平劳动标准法》，每周工作超过 40 个小时的工人有权要求获得原工资 1.5 倍的加班费，但根据 1985 年该法修正案，州和地方政府可以提供时间补偿而不是补偿现金。这意味着，在离职时累积了大量应补偿时间的雇员可能会得到大量现金。为避免这种情况，德克萨斯州的哈里斯县写信咨询劳工部，询问一旦雇员达到某个上限，是否可以强制他们接受补偿时间。劳工部以意见函（opinion letter）形式作出回复，阐明其立场——只有雇主和雇员在先已签订同意该补偿做法的协议，上述做法才被允许。但哈里斯县在没有签订在先协议的情况下便执行了上述补偿政策。

一些警官起诉该县政府，认为其政策违反了劳工部对《公平劳动标准法》所作之解释。地方法院首先做出了一个即席判决，但是第五巡回上诉法院以该法未禁止这样的政策为由，撤销了地方法院的判决。

大多数法官认为劳工部的解释不能适用雪佛龙原则，"我们面对的是通过意见函形式做出的解释，而不是通过正式裁决或通知－评论式规章制定做出的。这些解释——和在不具有法律效力的政策声明、行政手册和实施指南中的做出的解释一样——不能适用雪佛龙原则。"

斯卡利亚大法官支持驳回劳工部对补偿时间做出的扩大解释，但他对该案未援引雪佛龙原则的做法并不认同。他认为，雪佛龙原则实质上已取代了斯基德莫尔原则；甚至如果行政部门对争议事务有管辖权，且解释"代表了该部门的权威观点"时，行政部门所做的非正式解释有权适用雪佛龙原则。他还认为，意见函本身可能并不具有必要的权威性，但由于其立场被美国司法部副部长与劳工部首席法律顾问共同签署的意见书所支持，这意味着它也具备了等同于该权威性的份量。

布雷耶大法官则采取了更模棱两可的立场。他个人倾向于对该意见函适用雪佛龙原则，但他也接受大多数人所主张的适用斯基德莫尔原则的立场。他认为行政部门的决定"非常合理，无论人们是根据雪佛龙原则，还是斯基德莫尔原则来处理这一决定，其仍具有说服力"。该案似乎表明，在非立法性规章中做出的法律解释，通常会适用斯基德莫尔原则，而不是雪佛龙原则。

虽然克里斯汀森案在意见函和正式裁决或通知－评论式规章制定之间做了明显区分，但对"非正式裁决中做出的决定是否也适用雪佛龙原则"这一问题仍保持了开放态度。对于这一问题，最高法院还未做出任何决定，但在合众国诉米德公司案（*United States v. Mead Corp.*）中，最高法院已把克里斯汀森案的判决结果适用到行政部门做出法律解释的非正式方式上来，如海关信函等。虽然米德案的结果并没有真正超越克里斯汀森案，但它提出法院在审查法律解释时，应“根据不同情况适用不同原则”，而非仅仅适用雪佛龙原则，这比克里斯汀森案的分析方法的确更进了一步。

米德案所审查的法律解释是美国海关总署在其签发的一封裁决函中做出的。该函中，海关总署裁定，米德公司属于需缴纳进口关税的法定类别，而这一裁定与它之前做出的解释相反。最高法院认为海关总署在裁决函中做出的法律解释“超出了雪佛龙原则的范围”，同意对其适用斯基德莫尔原则。

在更广泛意义上，米德案的立场是，“当国会授权行政部门制定具有法律效力的规章时，并且行政部门所做之解释是在该授权存续期间发布的，那么其实施具体法律规定的行为可以适用雪佛龙原则”。法院认为，上述授权的含义“可以体现为多种方式，如行政部门的裁决权，或通知－评论式规章制定权，或符合国会意图的其他意思表示”。

但这并不意味着，行政部门不管何时使用通知－评论程序进行解释，都会自动适用雪佛龙原则。米德案也未明确说明是否将雪佛龙原则适用于正式裁决行为。尽管没有明确排除适用雪佛龙原则，法院也未在该案中适用该原则。在后来的巴恩哈特诉沃尔顿案（*Barnhart v. Walton*）中，法院对这一问题提出了新看法，认为雪佛龙原则可以适用于未经过通知－评论程序的规章制定，特别是，“通常会对一些‘长期存续的’行政部门解释予以尊重”。

为确定雪佛龙原则是否适用于特定的行政部门解释，米德案（和巴恩哈特案）采取了识别国会意图的多因素分析方法，关于这些方法之效果，仍有待观察。希登菲尔德教授认为，“米德案的判决使下级法院感到迷惑，因为它几乎没有提供一个明确的方法来确定国会授予行政部门的解释权是否适用雪佛龙原则”。在一些案件中，法院似乎要求“国会明确授予该权力”，但在其他一些案件中，法院却并不这么要求。很明显，这个问题与麦瑞尔和瓦茨两位教授提出的问题相关[①]。他们认为只有那些对"包含了对违法行为进行处分内容"的规章制定进行授权，才应认为规章被赋予法律效力，若"规章制定授权没有与处分规定相结合，应被视为仅授权制定解释性或程序性规章"。[②]

麦瑞尔教授在米德案之后写道，"适用雪佛龙原则的不确定性已缩小到经过通知－评论程序制定的解释性规章，以及由行政部门可作为先例援引的非正式裁决等事务的范围内"。但他也不认为行政部门可以仅通过通知－评论程序，就能使自己"获得对非立法性规章适用雪佛龙原则的权利"。第二巡回上诉法院引用了这一观点，裁定劳工部的一部"解释性"规章只能适用斯基德莫尔原则（尽管其是通过通知－评论程序颁布的）。然而，最高法院最终推翻了这一裁定结果。布雷耶大法官总结道："如果规章涉及重要的个人权利和义务，行政部门对此给予了充分直接关注，完全使用通知－评论程序发布规章，最终规章属于法定授权范围，且规章本身具有合理性的话，法院通常会做出这样的判断：国会希望法院能够尊重行政部门的决定。"

当行政部门的法定解释扩大其管辖权时，对于是否能适用雪佛龙原则的问题也存在争议。一些大法官明确指出，行政部门的权力边界应由法院决定，而不是由行政部门自己决定。但也有法官认为，根据行政部门的管辖权几乎可以对任何事务都进行法律解释，上述区分标准显然站不住脚。特区巡回上诉法院对俄克拉荷马州天然气公司诉联邦能源监管委员会（*Oklahoma Natural Gas Co. v. FERC.*）一案的判决支持了后者的观点。然而，最高法院最近的一些判决似乎显示出一种趋势，即不对此类行政部门决定适用任何尊重原则，甚至连雪佛龙原则也不例外。

雪佛龙案判决之后，行政部门因改变法律解释被诉的案件开始多了起

---

① 参见第二部分第二章一、2。

② Thomas W. Merrill & Kathryn Tongue Watts, *Agency Rules with the Force of Law: The Original Convention*, 116 Harv. L. Rev. 467, 469（2002）（法院认为有些行政部门，如联邦贸易委员会、食品和药品监督管理局、全国劳工关系委员会等，可以拥有立法性规章制定权，而这些权力几乎都不是国会最初想授予的）。

来，问题主要集中在“被改变的解释是否应适用雪佛龙原则”。当然，理论上如果法律规定模糊，并且被改变的解释是被允许而且合理的，应当适用雪佛龙原则。就像最高法院在国家电报电讯公司诉布兰德十世互联网服务公司（*National Cable & Telecommunications Ass'n v. Brand X Internet Services*）一案中所持的立场，“如果行政部门充分解释了撤销政策的原因，那么政策改变就不是无效的。因为雪佛龙原则的核心在于，将成文法模糊性提供的裁量空间交给执行该法律的行政部门决定”。然而，在更早的一个案件中——莱施米尔公司诉全国劳工关系委员会案（*Lechmere, Inc. v. NLRB*），最高法院裁定：如果行政部门的新解释与最高法院之前裁定维持的解释相抵触，那么新的解释就不成立。

如果最高法院对莱施米尔案的判决是在雪佛龙案之后做出的，那么布兰德案就也会变得很明确，它将取决于这个先前判决是根据雪佛龙第一阶段审查标准还是第二阶段审查标准做出的。如果对适用第一阶段审查标准没有疑问，那么该案可能会被排除在审查范围之外；如果不是，那么行政部门可以改变自己的解释，行政部门可以多一些灵活性，以做出另一个不同但仍合理的解释。

总之，最高法院对雪佛龙一案的判决无疑对法院审视其对行政部门法律解释进行司法审查的方式产生了重大影响。关于这一点，盖尔霍恩教授和莱文教授在 1997 年发表的评论很有代表性：“实践中，法官在辨别‘明确的’法律授权和‘不合理地’执行法律方面显得很有智慧，以至一些研究者怀疑雪佛龙原则只不过是一个幌子：当法院想维持行政部门做法时，就援引这一原则；而当他们希望按自己的方式来做时，就忽略它。”

（5）雪佛龙原则不适用时，斯基德莫尔原则意味着什么？作为雪佛龙原则的新的替代品，既然最高法院已把斯基德莫尔诉斯威夫特公司一案摆在了显著地位，牢记法院在该案中的主要观点很重要：“尽管行政部门的权力不能凌驾于法院之上，但其根据本法做出的裁决、解释和意见，构成了法院和诉讼当事人可以参照的经验和事实判断。在特定案件中，这些判断的重要性取决于其在审查中体现出的彻底性、推理的合法性、前后观点的一致性，以及在缺乏控制力时为其提供说服力的所有其他因素。”

就像《重要声明》中说的那样，在决定“行政部门的解释在多大程度上可以适用斯基德莫尔原则时，受时间、行政部门立场的连贯性和行政部门专业知识性质等因素的影响”。一项研究对米德案后五年内引用了斯基德莫尔原则、克里斯汀森案或米德案判决结果的450个上诉法院裁决进行比较后，发现一些法院采用了“不予适用任何原则”的态度，转而采用他们自己对法律解释的判断。

自米德案以来，在维持行政部门解释时，最高法院有时也经常适用斯基德莫尔原则。然而，法院也强调，它并非必须要在雪佛龙原则和斯基德莫尔原则之间做出选择：

> “最近，虽然我们投入了大量精力，研究对行政部门的各种活动应在何种程度上适用何种原则（见米德案、克里斯汀森案等），但这些问题并不是我们未来的重点。在爱德尔曼诉林茨堡学院（*Edelman v. Lynchburg College*）一案中，我们发现，不必非要在斯基德莫尔案和雪佛龙案之间做出选择，甚至可以两者都不适用。如果行政部门明显正确或明显错误，我们就不需要决定是否适用某一原则，更不需要解决在何种程度上适用的问题。”

但同时能意识到以下问题也很重要，即“这里的区别不只是‘适用程度’或是‘程度强一些’或‘弱一些’那么简单……在斯基德莫尔案中，法院自己对法律做出解释，行政部门的解释只是影响法院得出结论的诸多因素之一，而在雪佛龙案中，行政部门决定了最终结果”。

（6）司法部门应尊重行政部门对其所制定法规的解释权。雪佛龙案被认为是支持行政部门对法律进行解释的最重要的案件，但在此之前还有一些案例，要求法院接受行政部门对其立法性规章所做的合理解释。其根据是，行政部门在法律授权范围内活动，并且该规章包含了特定的专业知识。最早的一个案件是《行政程序法》颁布之前的鲍尔斯诉塞米诺尔沙石公司案（*Bowles v. Seminole Rock & Sand Co.*），直至今日，该案仍被最高法院引用："我们必须对行政部门对其规章的解释予以真正尊重。我们的任务不是在几个解释中决定哪一个最能满足规制目的，而是要为行政部门的解释赋予控制力，除非其明显是错误的或与规章本身不一致。"

在奥尔诉罗宾斯案（*Auer v. Robbins*）中，最高法院引用了塞米诺尔案结果，一致支持劳工部对一部现行有效的规章所做的解释。这种立场看上去与雪佛龙原则一样，似乎适用于行政部门对其所颁布的规章模糊性的解释。的确，特区巡回上诉法院也认为："雪佛龙案之后，我们对行政部门解释规章模糊性的尊重，与我们对法律的模糊性解释所给予的尊重没有什么不同。似乎极少有这样的案件，在适用雪佛龙案的标准时，产生了与适用塞米诺尔沙案确立的'显然错误或不一致标准'不同的结果。"

近来，有评论人士认为，最高法院不应支持行政部门对其规章模糊性进行解释，因为它可能为行政部门制定不适当的模糊规章提供了动机。《行政程序法》为这种司法支持也设定了外部边界，即实体性规章必须内容充分且具有确定性，才能成为有意义的行政立法。这当然不是要为行政部门打开方便之门，允许其先颁布具有模糊性的规章，然后又通过非正式的"解释"来予以明确。这种做法实际上构成了对《行政程序法》第 553 条规定的通知－评论程序的规避[①]。

最高法院也意识到这一问题的存在，曾明确表示，行政部门颁布的仅对

---

① Jonathan T. Molot, *The Judicial Perspective in the Administrative State: Reconciling Modern Doctrines of Deference with the Judiciary's Structural Role*, 53 Stan. L. Rev. 1, 107（2000）. 规章制定部门明知自己的工作人员——不是拥有独立地位的法官——将会对其制定的法规进行解读，因此绝不会制定结构精密的法规来约束自己，然而最高法院已明确表示，行政部门发布的"重复式法规"不适用"奥尔尊重原则"。

法律含义进行重新解释的“重复式法规”（parroting regulation），不适用奥尔案判决结果。尽管如此，最高法院还是在一些案件中继续适用了奥尔尊重原则，例如北美洲大通银行诉麦考伊（*Chase Bank USA, N.A. v. McCoy*）一案。该案起因于一起私人纠纷，涉及对美国联邦储备委员会关于信用卡监管披露事项的一部法规进行合理解释的问题。委员会在其答辩书中提出，按照纠纷发生时适用的法规文本，委员会并没有要求信用卡公司向持卡人发出提高利率的通知。法院支持了这一观点，认为“按照奥尔原则，我们应尊重行政部门在其答辩书中提出的对其法规的解释，除非这种解释明显错误或与法规本身不一致”。

此后不久，最高法院在另外一起涉及联邦通信委员会规章的案件中重申了这一做法①。但该案中，斯卡利亚大法官与其他人持不同意见，认为应对“奥尔原则”提出怀疑。这种怀疑也导致一些对塞米诺尔案不满的批评者建议——米德或斯基德莫尔原则也应适用于对行政部门“解释自己制定的、包含没有法律约束力内容的规章”的司法审查中来。

当行政部门试图把一部现行有效规章作为其法律解释的一部分时，塞米诺尔案和雪佛龙案之间的关系就变得十分复杂。在堪萨斯米森集团公司诉莱利案（*Mission Group Kansas, Inc. v. Riley*）中，第十巡回上诉法院指出，“当行政部门按照其对规章的解释来开展活动时，法院通常应对其行为进行两个阶段的审查（第一阶段是根据塞米诺尔案结果进行，第二阶段是根据雪佛龙案结果进行），来决定它是否具有法律授权”。“根据塞米诺尔案结果进行审查仅能确定一点——行政部门的行为是对其管理权做出的可允许的解释；但不能反过来推断出该法规具有法律授权……因此，如果行政部门对其法规的解释在根据塞米诺尔原则审查后仍然有效，我们就可以根据雪佛龙原则建立的框架来分析法规。”

无论怎样，为在更大程度上获得法院对部门合理解释的尊重，行政部门

① *Talk America, Inc. v. Michigan Bell Telephone Co.*（对话美国公司诉密歇根州贝尔电话公司）。

必须为其解释提供充分告知。但有一点必须注意，当一个部门对另一部门的法规进行解释时，通常既不能适用雪佛龙原则，也不会适用奥尔尊重原则。

5.《行政程序法》第 706（二）（4）条："未遵守法定程序"

该规定要求审查法院将行政部门未遵守法定程序制定的规章视为无效。然而，此规定必须与第 706 条列出的最后一个条件——"应严格遵守那些防止偏见性错误的原则"——一起考虑。正如最高法院所讲，"和联邦民事和刑事诉讼一样，行政法中也有一条无害错误规则（harmless error rule）[①]"。

第 706（二）（4）条提出了对规章进行司法审查的第三个基础：对行政部门所适用的程序进行审查。因此，当行政部门违反《行政程序法》、适用法、本部门法规或者法院等规定的程序时，并且该违法情形对程序中的其他参与者来说是不公平的，其规章必须发回行政部门重新适用正确的程序。以下是有关程序性要求的主要法律渊源，违反这些要求，将导致法院撤销行政部门规章。

（1）《行政程序法》规定——对非正式规章来说，这里指的是第 553 条规定的通知 - 评论机会、依据和目的声明、延迟生效日期，以及第 552 条中关于规章发布的内容。[②] 正如本书通篇讨论的那样，对于违反《行政程序法》程序性要求的行政部门规章，已出现了大量相关诉讼。

（2）其他法律规定——许多规制性授权法含有针对非正式规章制定的补充程序。这些程序也必须被遵守，而且成为法院撤销规章的依据。另外，有关政府行为的程序性法律，如《阳光政府法》、《联邦咨询委员会法》、《灵活规制法》和《文书削减法》等，以及各种行政命令，也为行政部门的规章制定活动设立了一些程序性要求[③]，其他一些拨款法案也有同样做法。

---

① Harmless Error Rule，又称 Harmless Error Doctrine，在英美法中指"无害错误原则"。——译者注，参见《元照英美法词典》，法律出版社 2003 年版。

② 参见第二部分第一章以及第三部分关于《行政程序法》规章制定程序的讨论。

③ 参见第二部分第三章和第三部分第二章。

1996 年，在修订《灵活规制法》时，国会规定“受到行政行为不利影响或侵害的小型实体，有权要求对行政部门遵守本法（大部分条款）的情况进行司法审查”，从而取消了该法长期以来阻止对行政部门遵守该法情况进行司法审查的规定①。在根据该法对行政行为进行审查的首例案件中，法院裁定，对行政部门守法情况的审查范围取决于“部长是否合理、诚实地执行了第 604 条规定的内容（要求做出最终规制灵活性分析）”。②

另一方面，《无资助授权改革法》也包含了一项非常有限的司法审查条款，其中规定，如果行政部门没有根据该法准备答辩书，法院可以强制其提供，但未提供充分的答辩不能成为维持或禁止某项规章的依据。与之相似，第 12,866 号行政命令（像其他影响规章制定的命令一样）规定，该命令旨在提高联邦政府的内部管理，而非创设任何“实体性或程序性的、根据法律或衡平法由一方当事人强制实施的、与合众国、其所属部门或机构、官员或雇员或任何其他人不一致的权利或利益”。③

（3）部门的程序性法规。很多行政部门都制定了与规章制定有关的程序性法规。“行政部门未遵守其制定之法规对于其行为来说是致命的”，即使有失偏颇，这已成为普遍认可的原则。

这一原则在罗德威诉农业部（*Rodway v. Department of Agriculture*）一案中得以阐明。该案中，农业部颁布了一部规章，规定一些涉及公共财产、贷款、津贴、救济金或合同的规章应适用《行政程序法》规定的程序，而根据《行政程序法》的规定这些规章本可不需适用这些程序。农业部后来又颁布了一部有关食品券的规章，但该规章没有适用《行政程序法》规定的程序，审查法院认为，由于农业部未遵循自己的程序性法规规定，即使这一规章属于《行政程序法》规定的程序豁免范围，它仍是无效的。

---

① 参见第二部分第三章三关于修正案讨论。

② Associated Fisheries of Maine, Inc. v. Daley, 127 F.3d 104, 114（1st Cir. 1997）.

③ 参见第 12,866 号行政命令第十节。

然而，如果程序性法规之目的并不是要保护受侵害方的利益或授予公众权利的话，无论法律是否有规定，行政部门必须遵循其所制定之法规这一原则可以不予适用。

（4）法院提出的程序性要求。20 世纪 70 年代，除《行政程序法》规定的基本的程序性要求外，法院也开始要求适用其他一些程序，以使当事人获得更多公平，或改进诉讼活动案卷质量，更好地帮助法院履行其司法审查职责。产生这一变化的部分原因是，在很多规章制定程序中形成了大量涉及专业技术的案卷记录，使得法院难以理解和消化。面对这种困局，时任特区巡回上诉法院的贝兹伦法官强烈支持进行程序性审查，而非实质性审查。

然而，最高法院在 1978 年对佛蒙特杨基核电站诉自然资源保护委员会（*Vermont Yankee Nuclear Power Corp. v. Natural Resources Defense Council*）一案做出的判决中，直接将法院提出的、超出《行政程序法》规章制定要求范围的程序判为无效。此案中，特区巡回上诉法院首先做出判决，以程序不足为由——未允许当事人有知情或质询的权利，裁定自然资源保护委员会的一部关于核废料处理的规章无效，但最高法院又将此判决撤销。最高法院在撤销裁决中指出，从《行政程序法》的立法记录可以清楚看到，“国会之目的是，在决定何时使用其他程序手段时，应取决于行政部门的裁量权，而非法院的裁量权”。

最高法院强调，如果强行要求行政部门根据“不明确的命令”做出行为，采取那些“精心设计”好的程序来达到法院认为是“最好”或“正确”的结果，那么司法审查完全是“不可预测的”，行政部门也将因此受到鼓动，甚至会被迫地“在每个案件中都完全使用裁决程序”。此外，“非正式规章制定的所有内在优势也将完全丧失”。最高法院指出，审查法院在判断非正式规章制定记录是否充分时，不是通过其所使用的程序类型，而是看其是否遵守了《行政程序法》和其他相关法律的程序性要求。

关于佛蒙特杨基案判决结果对规章制定司法审查的潜在影响，评论人士的反应不尽相同。然而，此后数年里，对于因行政部门未遵守《行政程序法》之外的法定程序的做法，联邦上诉法院和地方法院都遵循了该案的判决结果，未将其规章发回部门重新审议。

不过，有一点需要强调，由于佛蒙特杨基案的判决还没有得到广泛应用，在涉及发布通知的充分性、提供评论机会，以及行政部门根据《行政程序法》第 553 条对制定依据和目的进行说明等方面，该案判决仍取代不了多年来法院遵循的一些判例法。

另一个对佛蒙特杨基案产生影响的案件是 1982 年最高法院在州农场案中的判决。该案中，法院撤销了将国家公路交通安全管理局发布的要求汽车配备防护装置的规章废止的判决，并根据奥佛顿公园案的判决结果，重申了审查法院的责任是判断行政部门的决定是否“基于对相关因素的考虑，是否存在明显的判断错误”。最高法院认为废止交管局规章的决定是任意和武断的，因为规章制定记录中没有任何证据显示：如果规章只是对“气囊”进行规定的话，就对该方案不予考虑。通过这种方式，最高法院也支持了原告主张——不应强加给行政部门额外的程序性负担。最高法院最终判决：“不应要求国家公路交通安全局必须遵守所有特定程序。”

6.《行政程序法》第 706（二）（5）条：“在属于本编第 556 条和第 557 条所规定的案件中，或者在其他由法律规定应根据行政部门的听证记录进行复审的案件中，没有实质性证据的支持”

“实质性证据”标准通常仅适用于那些根据《行政程序法》第 556 和 557 条的审判式程序进行的裁决或规章制定（即正式规章制定），一般不适用于对非正式规章制定的司法审查，后者应适用“任意和武断”标准进行审查。

然而，20 世纪 60 年代末和 70 年代，国会开始在一些与非正式规章有关的特定法律中，也加入了实质性证据标准。在一些法律中，如 1970 年的《职业安全与健康法》和 1975 年的《马格纳森－莫斯联邦贸易委员会改进法》，将非正式规章制定程序与涉及正式裁决的程序性要求相结合，使得它们又被称为“混合型”规章制定的法律。[①] 国会在审查规章时适用实质性证据标准，也反映出它的态度，即采用更严格的标准可以使法院更灵活地监控行政部门对新规制项目的实施。

有人认为，在非正式规章制定中，行政部门将实质性证据标准与制定“立法”或“政策”的活动联系在一起，这不合乎规范。就像麦高文法官在工业联合会部诉霍奇森（*Industrial Union Department v. Hodgson*）一案中所说，非正式规章制定中的决定一般不以事实认定为依据，而“纯粹是一种立法性预测”。然而，法院试图解释该案所使用的实质性证据标准。法院认为，根据实质性证据标准，在审查与非正式规章有关的决定时，“法院的主要目标是判断行政部门在执行具有立法性质的任务时，其执行方式是否会消除将来制定普遍适用的规则时面临的任意和非理性风险”。在最近引用的另一个案件中，法院认为，“实质性证据是一个理性人可以接受的、可对结论提供充分支持的相关证据”。

国会偶尔也会对非正式规章制定适用实质性证据标准，尽管这可能会扩大司法审查范围，但很难判断该标准能为司法审查带来哪些重大变化。有一种观点比较符合这种现象，即在法院审查非正式规章制定时，实质性证据标准与任意和武断标准会趋于相同。最高法院认同并引用了时任斯卡利亚大法官的观点，即在审查行政部门的事实认定行为时，两种标准之间几乎没有差异或完全相同。

1986 年，美国律师协会行政法分会在其对司法审查范围的重申声明中也指出，维持两种标准的区别没有意义。[②] 该分会在有关对策中建议，法院在审查规章时应确定“事实证据是否能从整体上为行政记录提供实质性支持”。美

---

① 参见第一部分三和第三部分第四章三、2。

② Section on Administrative Law of the ABA, *A Restatement of Scope of Review Doctrine*（Feb. 8, 1986）, *reprinted in* 38 Admin. L. Rev. 235（1986）.

国行政会议也专门建议国会在审查规章时不适用实质性证据标准；如果现行与规章制定有关的法律中仍然存在这一标准，应予以废除。[①]

7.《行政程序法》第706（二）（6）条："缺乏事实根据，因而需要由负责审查的法院重新审理案件事实的"

该规定包含了这样一种可能性，即只有在审查法院对行政行为涉及的事实问题进行审查后，才能确定行政行为是否有效。该规定仅适用于少数几类行政活动，如《美国法典》第7编所调整的民事权利案件等。此外，根据坎普诉皮茨案（*Camp v. Pitts*）判决结果，重新审查（*de novo review*）仅适用于案件裁决中事实认定程序不充分的情形，或者通过司法程序实施某些行政行为的情形。因此，该条款通常不适用于对非正式规章的司法审查。

二、审查记录[②]

《联邦上诉程序规则》（The Federal Rules of Appellate Procedure）第17条规定，上诉法院审查法规时，"行政部门必须在审查诉状送达后40天内向法庭书记员提交其行政记录，除非授权司法审查的法律另有规定……法庭可以缩短或延长提交记录的时间。法庭书记员必须通知所有当事人提交记录的日期"。[③]但这些规则中并没有规定该记录应包含哪些内容。关于非正式规章制定程序中的记录应包括哪些内容，以及行政会议对该问题的建议等，本书前面已讨论过。[④]行政会议建议，除了在规章制定中已考虑过的文件外，还应允许行政

---

① ACUS Recommendation 74-4, *Pre-enforcement Judicial Review of Rules of General Applicability*, 39 Fed.Reg. 23,044；也可参见第三部分第五章二、3。

② 参见第三部分第五章关于"规章制定记录"的讨论。

③ Fed. R. App. P. 17（a）. 法院可以出于"正当理由"考虑延长该最终期限。

④ ACUS Recommendation 74-4, *Pre-enforcement Judicial Review of Rules of General Applicability*, 39 Fed. Reg. 23,044；也可参见第三部分第五章二、3。

部门在记录中“提供”其他文件资料，但法院可能通常会要求行政部门基于在规章制定程序中收集到的记录来为其规章辩护。

像前面讨论的那样，规章制定程序记录有时很难梳理，对那些难以处理、理解的记录，法院可能会失去耐心。很清楚，如果行政部门提交的记录整理规范、脉络清晰，这对其诉讼也会有帮助。根据《联邦上诉程序规则》第 17（b）（1）（A）条的规定，行政部门可以向上诉法院提交原汁原味的行政记录，然而，行政部门通常都不愿这样做，因为第 17（b）（1）（B）条规定的程序要求行政部门须提交一份经确认的清单，该清单要充分描述所有文件、证词笔录、物证以及其他构成记录的材料等，或者对有关当事人指定部分的内容进行描述。此外，根据《规则》第 31（a）条规定，申请人必须在行政记录提交的 40 天内提交答辩书（opening brief）。

尽管《规则》已做出规定，即“行政部门必须保留尚未提交给书记员的所有记录……并且，如果法院或当事人提出要求，则不论此前有何其他规定，必须将上述记录提交给法院”，其第 31（a）条中仍规定了“附录”这一术语，用来指称单独的或包含提交给审查法院记录副本的卷宗，这一规定使得法官可以更容易地对记录进行处理。例如，在自然资源保护委员会诉证券交易委员会（*Natural Resources Defense Council v. SEC*）一案中，超过 10,000 页的记录最终被归纳为 877 页的联合附录。《联邦上诉程序规则》第 30 条还规定了制作联合附录时如何形成合议的程序，该程序通常涉及双方当事人的共同确认或交叉指定。尽管制作附录在性质上属于争端解决程序，上诉人通常须承担制作附录的费用。

三、司法救济

如本章开头所述，《行政程序法》第 706（二）条之目的是要指导审查法院“判定行政部门的行为、决定和结论非法并予以撤销（涉及第 1—6 项内容）”。在规章制定过程中，若法院发现规章是违法的或者任意、武断的，通常会将该规章发回行政部门。当然，这也相当于给行政部门机会来对规章进行修改，或是提供其他可支持规章的正当理由。一般来讲，行政部门都能对被发回规章的部分或全部内容作出补救。此外，在一些案件中，行政部门也希望在法院裁决之前，能有机会主动请求法院将其发回。

但第 706（二）条的表述也存在一个问题，即该条是不是在强迫法院“撤销”不适当颁布的规章或完全使之无效，或者法院是否仅是将规章发回行政部门，使其经过其他程序继续进行，而非将其撤销，这种做法被称为“不撤销的发回”。

1997 年 8 月，美国律师协会代表大会通过了有关该问题的一项决议，对法院提出如下建议：

1. 当审查法院认为必须将规章或命令发回行政部门重新考虑时，在发回期间，法院可以根据其裁量权来决定是否要撤销行政行为。因此，应对《行政程序法》做如下解释——或如有必要应将其修订为——允许法院行使这种裁量权。

2. 在行使该裁量权时，除非遇到特殊情况，审查法院应倾向于撤销行政行为。这种特殊情况可能最常出现在下列情形中：

（1）在规章制定中，行政部门的错误没有排除公众对核心问题的合理关切，或者在裁决或其他行政程序中，没有排除对必要事实认定进行听证的合理关切；

（2）法院发现实际上存在某种可能性，即经过行政部门深入考量，可以补救其错误，从而总体上能获得具有合理基础的相似结果；

（3）撤销行政行为对下列当事人产生的实质不利影响明显超过了原告方从行政救济中获得的利益：

①在一段时间内，对被发回的行政行为存有合理依赖的当事人（政府除外）；

②在发回纠正错误的行政行为成为最终规章之前的过渡期间内，且在过渡期间结束后仍遭受不利影响、未获得救济的当事人（政府除外）。

3. 当法院决定采用不撤销发回命令（remand without vacation）的救济措施时，应确定一个时限，在该时限内行政部门应遵守该发回命令的指示。如果随着时间持续，给原告方带来的发回负担明显增加时，设置时限的重要性便显现出来。

4. 当法院决定采用不撤销发回命令的救济措施时，在穷尽行政救济手段对以前错误进行纠正之前，还应考虑下列做法：

（1）任何法定的或行政部门设定的遵守被发回行政行为的最后期限，都应被延长；

（2）任何强制遵守被发回行为的程序都应暂停，或只有在法院允许时方可继续。

5. 为促进上述标准的普遍应用，法院应鼓励当事人提出救济要求，比如在其答辩书和口头辩论中论证不撤销发回的可能性。在特定案件中，如果需要当事人深入解释，并且不会造成不合理迟延，法院也应考虑允许当事人对救济问题的补充答辩。

不撤销发回的合法性仍存在争议，比如特区巡回上诉法院的几个法官对此就持强烈反对态度，但这种做法仍被广泛接受。就像莱文教授得出的结论一样：如果法院发现行政部门有很好的机会来纠正自己之前的错误，而且最多是对规章或命令进行很小的变更时，法院可能更愿意采取撤销发回的做法。相反，如果行政部门修正其之前行为的机会看起来很渺茫的话，法院通常将撤销该行为。

在一些情形下，又出现了一个更进一步的问题：如果原本是替代之前规章的一部规章被撤销，是否会导致该领域失去监管，或者之前的规章又会重新生效吗？特区巡回上诉法院在取消小型冶炼厂铅使用标准工作组诉环保署

（*Small Refiner Lead Phase-Down Task Force v. EPA*）案中[①]对这一问题做出了解释：

“当行政部门用新规章取代旧规章，在撤销新规章的全部或一部分内容时，我们必须决定之前被取代的规章是否继续有效，或者撤销行为是否将导致两部规章都失效。至少在某些案件中，我们无权恢复原有规章，必须发回行政部门来决定是否进行适当替代。[②]另一方面，我们有时会假定撤销新规章是对旧规章的恢复。

我们相信，比较合适的做法是，在不恢复原有规章的前提下，撤销新规章。这可以避免法院越权的问题，并且把设计最佳替代规章的机会留给行政部门。不恢复原有规章效力虽然会导致监管地带出现暂时真空，但法院有权在判决中将该领域监管行为合理延迟一段时间，加上行政部门也有一定权力可以在紧急情况下不经通知－评论程序而颁布一部替代性规章，这些通常足以避免不良后果。”

此外，在一些案件中，法院可能会裁定一部规章中只有一部分内容无效，并允许其他部分内容继续有效。而在另外一些案件中，如果行政行为尚未停止，法院就不能做出撤销判决，因为“生米已做成熟饭”。

最后要强调一点，当之前的规章已经被撤销时，行政部门不能以只对发回的规章稍作调整为由来规避通知－评论程序。

---

① Small Refiner Lead Phase-Down Task Force v. EPA, 705 F.2d 506, 545-46（D.C. Cir. 1983）.

② *Burlington Northern, Inc. v. United States*（北伯林顿公司诉合众国）459 O.S 131(1982). 上诉法院无权使修订后的费率无效并恢复原州际商会的费率。

第三章

行政不作为的司法审查

一、一般原则

传统意义上，规章制定领域的司法审查通常与针对行政作为的诉讼有关，如对行政部门颁布规章提出异议。然而，《行政程序法》中有关司法审查的规定，并不仅限于此。该法第 706（一）条规定，审查法院可以“强制行政部门履行其违法不履行或不合理延迟的行政行为”。此外，《行政程序法》第 555（b）条规定：“每个行政部门应在合理时间内就其受理的问题做出结论。”特别是，根据这些规定，上诉法院有时还须强制行政部门启动规章制定程序，或完成“不合理延迟”的规章制定。

对行政不作为进行司法审查的理由通常被描述为：

> “法律旨在保护那些规制行为受益者，但如果行政部门实施法律或执法行为不到位或并未执行，这一法律目的就无法实现。为应对这一可能性，法院放宽了对起诉权、成熟性和起诉裁量权这些传统原则尺度的把握，目的是允许对行政不作为或不充分的行为进行审查。”①

---

① Richard B. Stewart & Cass R. Sunstein, *Public Programs and Private Rights*, 95 Harv. L. Rev. 1193, 1205（1982）. 本书第四部分第一章五、3（4）讨论了规章制定不作为情形中的成熟性和终局性问题。

同时，法院意识到，在面对诸多与政府法规和其他重要行政活动有关的竞争性利益诉求时，他们通常难以做出必要的分析判断来确定对稀缺的行政资源进行分配的重点。这也导致法院在审查行政不作为案件时，通常会适用高度尊重行政部门决定的审查标准。

1985 年，最高法院对赫克勒诉切尼（*Heckler v. Chaney*）一案的判决，对法院审查行政不作为产生了重要影响。该案中，法院认为食品和药品管理局做出的不执行决定是不可审查的行政行为，主要有四个方面的理由：

（1）在设定执行重点时，行政部门必须进行广泛评估，尤其是当执行对象属于其专业范围时；评估的因素包括各种资源，行为成功的可能性，被要求实施的行为“符合行政部门总体政策”的程度，行政部门是否“有足够资源来实施行为”。

（2）拒绝执行通常不涉及“行政部门针对个人自由或财产行使强制权”。

（3）由于行政部门未采取任何具体行动，不存在“司法审查的对象”。

（4）行政部门的拒绝执行行为具有一些类似检察官决定不起诉的特征，传统意义上这些特征被认为是不可审查的。

最高法院在该案中明确，其目的不是要对“不援引规章制定程序的行政裁量权”问题进行裁决。

尽管上述最高法院援引的依据对其他法院拒绝审查行政部门在规章制定中的不作为提供了一些有争议的支持，但自从切尼案以来，不论是否将最高法院在切尼案中的判决结果作为根据，一些上诉法院已开始认真考虑针对规章制定中行政不作为的诉求。2007 年，最高法院在著名的“全球变暖案”（马萨诸塞州诉环保署）中重申了拒绝规章制定行为的可审查性：“拒绝规章制定行为与行政部门的不执行决定之间有重大区别。与‘不执行’决定不同，行政部门拒绝启动规章制定的情况很少出现，这种行为更适合进行法律分析而非事实分析，并需要通过特定程序做出，例如进行公开解释。”

然而，如果法院认为行政部门在规章制定中的不作为是可审查的，对于部门做出的合理利用资源以及确定优先次序的决定，法院将继续采取尊重原则。正如法院在马萨诸塞州诉环保署一案中所讲："虽然拒绝制定规章行为易受到司法审查，但这种审查是非常有限的，也是非常尊重的。"

另一方面，最高法院在诺顿诉南犹他州野地联盟（*Norton v. Southern Utah Wilderness Alliance*）案中的判决，也让一些针对行政不作为的诉讼变得问题重重。该案中，土地管理局未采取行动保护犹他州的公共用地免受越野车辆带来的环境破坏，某环保组织为此依据第 706（一）条规定提起诉讼，请求法院作出确认和禁止救济命令（declaratory and injunctive relief）。第十巡回上诉法院撤销了地方法院驳回该诉求的裁定，但上诉法院的裁定又被最高法院撤销。最高法院认为，"只有原告主张行政部门应采取但未采取属于其裁量权范围内的行政行为时"，原告才可根据第 706（一）条规定提起诉讼。这一限制排除了大量针对行政不作为的诉讼。此外，最高法院也认为，该限制规定甚至排除了司法部门对未经法律授权的行政自由裁量行为的指导。

二、行政不作为的类型

对规章制定中行政不作为的司法审查通常出现在下列三种情形中：（1）行政部门未启动规章制定；（2）行政部门在已进行的规章制定程序中有延迟行为；（3）行政部门不颁布规章或仅颁布适用范围非常狭窄的规章，来终止规章制定活动。

1. 未启动规章制定

在切尼案之前，还发生过一个著名案件——公民健康研究组织诉奥克特案（*Public Citizen Health Research Group v. Auchter*）。该案中，原告要求职业安全和健康管理局颁布一部有关环氧乙烷的规章。1983 年，特区巡回上诉法院认为环氧乙烷属于致癌原，这类有毒化学品会对工人带来“重大危害”，职业安全和健康管理局延迟进行规章制定程序的行为相当于“除不作为之外做出的最低限度的应付”，该局何时开始制定规章并不影响其他行政部门进行“更高层次或更有针对性”的规章制定。法院发现职业安全和健康管理局未按照《行政程序法》的规定，“在合理的时间内”完成有关环氧乙烷的监管行为。法院强调，“对工人和儿童生命的危害业已证实”，职业安全和健康管理局应在30天内公布有关环氧乙烷的拟制定规章通知，并在一年内完成该规章制定。

在切尼案之后的另一个案件中（也是由公民健康研究组织起诉），特区巡回上诉法院裁定职业安全和健康管理局应制定一项可允许的六价铬辐射标准，为此该局须先制订详细的工作进度表。实际上，早在1976年，国家职业安全和健康研究院便已请求制定此类有关应急标准，但此后有关部门一直没有落实，因此公民健康研究组织于1993年提起诉讼再次请求制定有关规章。该诉求最终被驳回。尽管行政部门于1994年曾发布通知宣布其准备于1995年制定有关规章，但最终也未兑现。1998年，公民健康研究组织再次向第三巡回上诉法院起诉要求制定规章，仍未成功。经过数年拖延之后，法院终于在2002年一个案件中裁定行政部门应制定规章，并公布了一份明确的时间表，要求行政部门于2003年完成规章制定。

美国马匹保护协会诉林尼（*American Horse Protection Association, Inc. v. Lyng*）案是继切尼案之后第一个涉及行政部门拒绝实施规章制定的案件。该案中，原告认为，农业部应对一部已经过时的规章重新修订。[①] 法院首先对拒绝进行规章制定行为的可审查性进行了说明，认为自切尼案以来此类行为的可审查性问题一直是“导致某些不确定性的源头”。虽然法院承认切尼案的推理过程只是“在某种程度上”适用于规章制定，但也认为根据这种推理过程，此

① 该规章禁止进行“可能对马的前蹄造成损伤的、让马作前腿高抬行走的表演”。《马匹保护法》（The Horse Protection Act），授权农业部发布法规实施此禁止性规定 。

案并没有排除司法审查。法院指出，切尼案提出的前两个支持不予审查的因素——行政部门专业知识和不使用“强制”权——“可能也适用于行政部门拒绝制定规章的行为”。然而，传统意义上，在排他性的行政特权范围内，公诉机关不起诉决定的处理方式不适用于规章制定。公诉不起诉决定使用频率高，且“主要依据对已有案件事实的严密审查，而不是基于法律分析”，与公诉决定相反，拒绝实施规章制定行为“相对可能出现地并不频繁”，而且主要涉及法律问题。法院也指出，《行政程序法》要求行政部门在拒绝规章制定时须提供公开解释，这也为我们提出了“一项司法审查的重点”。

对于行政部门拒绝进行新的规章制定行为，法院继续适用了“任意和武断”标准，但指出这一标准“包含了对行政部门尊重的不同层次”，并重申特区巡回上诉法院经常陈述的立场，即应予以行政部门拒绝实施规章制定行为“最大限度的尊重”。同时，法院认为，当规章制定请求是基于“规章所依赖的事实前提发生了重大改变”而提出的，拒绝规章制定行为应引起我们特别警觉。在林尼案中，法院强调了对马匹伤害的不人道和残忍性以及法律之目的，最终判定美国农业部未对其拒绝规章制定行为做出“合理解释”。但法院也并未马上命令行政部门制定有关规章，因为这样的命令“只有在极少数和必须的情况下”才能做出，法院采取的方式是将规章发回行政部门，以“使其有合理机会来解释不制定规章决定，或重新制定新规章”。[①]

在全国报关经纪人及货代协会诉联邦海事委员会（*National Customs Brokers & Forwarders Ass'n v. Federal Maritime Commission*）一案中，特区巡回上诉法院对拒绝规章制定行为适用了同样的尊重标准。该案所涉及的经济法规与严重违反健康安全法规的案件性质不同，法院最终对行政部门拒绝制定规章请求的行为予以尊重。另一个例子是关于起诉联邦航空管理局的一系列案

① Pub. Citizen Health Res. Grp. v. Auchter, 792 F.2d 1150（D.C. Cir. 1983）. 行政部门收到被发回的规章后，再次拒绝进行规章制定。

件，当时美国国内商业飞行员的强制退休年龄规定为 60 岁，该局决定不对此规定重新制定规章，特区巡回上诉法院认为，联邦航空管理局的行为不属于任意和武断行为，因为其提供了充分的理由和推理来证明维持 60 岁规定的决定是合理的。但在另一个案件中，当特区巡回上诉法院发现联邦通信委员会未启动规章撤销程序，且未提供合理解释时，法院便自行撤销了该规章。

2. 延迟规章制定

对行政不作为进行司法审查的第二种情形——行政部门有“不合理延迟”的行为。这与行政部门未启动规章制定的案件有一些交叉，有些案件则涉及行政部门已启动制定程序，但拖延多年仍未完成的情况。①

由于行政部门未完成最终行为是案件的焦点所在，因此行政不作为案件便天然地涉及成熟性和终局性问题。② 尽管如此，法院仍一直在寻找解决行政延迟问题的方法。在公民健康研究组织诉食品和药品监督管理局（*Public Citizen Health Research Group v. FDA*）一案中，虽然不愿审查案件的实体部分（涉及对食品和药品监督管理局未要求在阿司匹林瓶子上标明特定的健康警示的诉讼请求），特区巡回上诉法院还是将该问题发回地区法院，让后者决定食品和药品监督管理局在解决该问题上是否存在《行政程序法》第 706（一）条规定的“不合理延迟”行为。上诉法院指出，行政行为必须考虑对健康和安全的法律关切，“如果地区法院发现存在不合理延迟现象，必须提供合理救济，如命令立即启动规章制定并迅速推进，或命令行政部门定期向法院报告有关规

---

① 当然，即使是“正常的”规章制定也需要很长时间。一项研究表明，1983 年至 1995 年间，通过拟制定规章通知程序发布一部规章或完成一项规章制定活动，平均约需 452.6 天。属于“重大规章”的，平均约需 503.4 天（1995-2008 年间，该数据有所变化）。Letter from Professors Jacob Gersen and Anne Joseph O'Connell to OMB posted as a public comment on OMB recommendations for a new Executive Order on Regulatory Review, http：//www.reginfo.gov/public/jsp/EO/fedRegReview/Anne_Joseph_OConnell.pdf.

② 参见第四部分第一章五。

章制定进程”。[①]

在国际化工工人联合会案（*In re International Chemical Workers Union*）中，为评估行政部门在规章制定中的延迟行为，特区巡回上诉法院确定了需要考虑的四个因素：

（1）法院应确定自行政部门应当作出行为时起至提起诉讼之间的时间长度。虽然对多久才属于时间过长这一问题没有明确规定，但过度的行政延迟会使规制过程趋于衰竭，最终阻碍国会意图之实现。

（2）延迟行为的合理性须根据行政部门的授权法进行判断。

（3）法院必须审查行政延迟引发的后果。在经济监管领域中可能完全是合理的延迟行为，但当遇到人的生命处于危险的情形时，有可能会变得不可接受。

（4）法院应适当考虑对下列情形的诉求进行平衡：行政失误、行政便利性、在实施某项法律授权中的实际困难，或在面对有限资源时确定优先顺序的需要。

在化工工人案中，法院认为，职业安全和健康管理局延迟六年才发布工人接触镉的健康标准的行为是不合理的，为此，法院强制设定了发布此规章的最后期限。[②]在另一个案件中，在处理关于撤销与“人身攻击和公平报道”有关的规章的申请上，联邦通信委员会延迟了20年仍未解决，特区巡回上诉法院在数次准予该委员会延期处理后，最终通过履行职务令（mandamus）直接撤销了有关规章。

尽管上述案件表明，在切尼案之后，上诉法院开始对行政不作为进行审

---

① 法院强调，行政部门不作为或延迟作为“等于拒绝”了规章制定请求，并指出，“在决定是否存在不合理延迟时，法院应考虑受到延迟影响的利益的性质和程度，部门作出决定所依据之理由，以及导致争议的法定情形”。

② 法院认为，“三年来，职业安全和健康管理局未能完成其提交给法院的时间进度，我们有充分理由对此表示关注，即如果我们现在不坚持要求最终完成期限，那么在未来五个月内或许其又会找到新的延迟借口，延迟时间越久，该局声称的延迟的正当理由就越没有说服力”。

查，但通常来看，上诉法院会优先考虑尊重行政部门做出的判断，这方面的一个例子是塞拉俱乐部诉托马斯案。该案中，特区巡回上诉法院认为，环保署在完成规章制定上的延迟具有合理理由，“一般来说，法院不适合审查行政部门发布的履行其职责的命令，法院最好不要命令其加快某个具体行为以免打乱行政部门的部署，从而给它凌驾于其他部门之上的地位”。与此相似，该法院在美国钢铁工人联合会诉橡胶制造协会（*United Steelworkers of America v. Rubber Manufacturing Ass'n*）一案中，拒绝命令职业安全和健康管理局加快制定有关苯的规章。法院认为：“在这一阶段，司法强加给行政部门任何过于草率的时间表将对公共利益不利，因为如果该行政部门的行为要通过司法检视的话，必须对规章本身及其制定基础进行非常仔细彻底的解释……”在另一个案件中，尽管矿山安全和健康管理局没有遵守法定的规章制定期限要求，特区巡回上诉法院还是拒绝签发一项强制制定规章的令状；然而，为保证法律得到遵守，法院也保留了管辖权，要求矿山安全和健康管理局定期报告其制定规章的情况。此外，在蓝水网络（*Bluewater Network*）一案的判决中，国会要求海岸警卫队针对《油污法》中明确规定的几类水体制定有关规章，根据该法要求，海岸警卫队应在某一特定日期前制定一些可以适用的标准，但海岸警卫队在截止日期前未采取任何行动，法院裁定原告有权要求签发履行职务令状。在蓝水案中，特区巡回上诉法院对如何判断不合理延迟的标准进行了总结：

（1）行政部门用来作出决定的时间必须受“理性法则”制约；（2）当国会规定了时间表或其他期望行政部门根据授权法实施行为的进度指令时，这种规定可作为上述理性法则之内容；（3）当人类健康和福利处于危险之中时，那些在经济法规领域中被视为合理的延迟，就变得不可接受；（4）若加快被延迟的行为的进度，法院应考虑这样做将对那些更为重要或更具竞争优势的行政行为所带来的影响；（5）法院也应考虑受延迟行为影响的利益的性质及受影响程度；（6）法院不必“为证明行政行为被不合理地延迟，而去挖掘任何隐藏在行政惰性背后的不合理性”。

在审查环保署和塞拉俱乐部之间的一项长期争议时[①]，地区法院发现环保署屡次不履行其义务——颁布关于某些有害气体污染物排放的规章。环保署通过制定含有最终期限的授权规章不断延长其颁布截止日期，并且在规章将要生效前又延迟生效了两天。法院对这一规章进行了审查，最终将其撤销。

3. 终止规章制定

以不颁布规章的方式终止规章制定也可能是一种行政不作为。在此情形中，行政部门通常已经投入一些资源，并形成一些实质记录，这使司法审查也变得相对容易一些。例如，在威廉姆斯天然气公司诉联邦能源委员会（*Williams Natural Gas Co. v. FERC*）一案中，特区巡回上诉法院审查了联邦能源委员会的一项命令，该命令终止了一项根据 1978 年《天然气政策法》正在进行的规章制定。联邦能源委员会发布了一份很长的文件来论证终止规章制定行为，法院认为这些文件提供了充分证据来判断该终止行为是不是任意和武断的。

当行政部门在规章制定完成后，发布的规章含有对重要组织团体给予豁免的内容时，法院同样也可进行审查。例如，在美国钢铁工人联合会诉奥克特（*United Steelworkers of America v. Auchter*）一案中，第三巡回上诉法院将职业安全和健康管理局制定的与通信危害有关的规章发回部门，要求其重新考虑不将该规章适用于非制造业的决定。行政部门辩称，作出不涉及非制造业的决定属于其行政决策优先权，不应对该权力进行审查。法院认为，规章制定行为已经完成，但行政部门并未解释为何规章内容涉及非制造业“会严重阻碍规章制定进程”，因而最终裁定驳回这一主张。

法院将规章发回行政部门重新考虑后，如果行政部门没有及时作出回应，法院也可将其视为不作为之情形进行审查。例如，在公民健康研究组织诉布

---

① 参见塞拉俱乐部诉约翰逊案（*Sierra Club v. Johnson*）。

洛克（*Public Citizen Health Research Group v. Brock*）一案中，职业安全和健康管理局制定的与环氧乙烷有关的规章被发回后，特区巡回上诉法院认为，该部门未按照发回命令及时制定有关短时间内接触环氧乙烷限值的规章。虽然法院没有裁定行政部门藐视法庭命令，但仍提出警告：未完成自己制定的工作进度也可能构成“不合理延迟”。

三、小结

总之，尽管有最高法院在赫克勒诉切尼案的判决结果在前，法院在很多情形下仍会审查行政部门未进行规章制定的行为：

1. 在行政部门是否应启动规章制定程序这一问题上，法院通常会保持最克制的态度。如果法院决定强制要求部门采取行动时，它通常只会要求行政部门发布拟制定规章文本。

2. 当行政部门开始规章制定但迟迟没有完成时，法院将对相关因素进行评估，以决定是否强制其完成制定活动。[①] 涉及部门行政优先权的行政裁量行为仍将得到实质性尊重，但其中行政部门行为也可能存在“不合理延迟”。在一些案件中，法院本身不会确定最后期限，但会让行政部门提供一个合理的时间进度表，法院可以对进度表的完成情况进行监督。

3. 当行政部门完成规章制定活动，但最终决定不颁布规章或仅颁布一部与最初意图相比“不太全面的”规章时，这属于司法审查中的极端情形。在这种情况下，由于已经有公开行政记录可供法院进行审查，从而行政部门作出最终决定的动机就变得相对不太重要，法院可以通过与审查行政作为相同的方式来审查行政不作为。[②]

---

① 参见本章二、2 讨论的四点因素。

② 参见本章二、3。

4. 行政部门未按照法院的发回命令及时作出回应，可能会招致法院的强烈谴责或更有力的反击。

要求行政部门进行规章制定的诉讼经常涉及时间进度问题（终局性，成熟性和穷尽救济等）[①]，也涉及提交给法院的哪些行政行为“记录”属于适当记录的问题[②]。

① 参见第四部分第一章五。

② 参见第三部分第五章、第四部分第二章二。

译后记

很久以前，就想翻译一本美国行政立法方面的书。一是因为工作。从事政府法制工作十余载，深感政府法制责任之重。我国是比较典型的“行政国”，行政立法数量多，调整范围广，对经济社会发展影响巨大。如何使立法过程更规范、法律规定更科学，是每个立法者心底最渴望实现的目标。但在这个领域，我们毕竟起步晚，经验不多，借他山之石，来琢我之玉，正是文明进步的理性选择。二是因为专业。自 2008 年系统研习行政法以来，我一直对王名扬先生的美、法、英行政法三部曲崇敬有加。尤其是《美国行政法》，其中介绍的“正当法律程序”、“信息公开”、“阳光政府”等制度、理念，对我国行政法治产生了深远影响。但关于美国行政立法（主要是规章制定），该书介绍得还不详尽。王老之后，国内更无系统介绍美国规章制定的著作。就主体、程序、对象、效力等而言，美国的规章制定和我国的行政立法十分相似，有很大的参考价值。对于行政立法工作者来说，很有必要对其进行更全面、深入、系统的研究。

对我来说，翻译这本书就像完成了一次新的求学之旅。国人普遍比较畏惧美国的教科书，因为大量的判例分析、崎岖复杂的法理背景令人无所适从。该书也不例外，案例如林、法理深奥。好在作者注重建立框架清晰的理论体系，把规章制定制度的概念、起源、发展等，由前及后逐一展开，先梳理脉络，后提出对策。这一点比较符合中国读者的阅读习惯，不致让我们迷失于判例和法理的海洋。同时，这本书资料性很强。我们研究国外的制度往往很关注其具体设计是怎样的，是否有用，和我们的制度有何差别等。从这些角度来看，该书也很“实用”。作者没有花费过多笔墨探讨理论问题，而重在实践层面分析，呈现具体的制度设计、运行和监控。读完之后，相信读者会对其制度的全貌了然于胸。

行政程序法是美国规章制定的基石，也是本书研究的核心内容。自 1946 年制定以来，该法为规章制定活动设定了基本的法制框架。几十年后的今天，这部法律所确立的机制依然像一台精密机器一样正常运转，足见其理念的科学和超前。其中关于规章制定的几项重点制度尤其值得我们关注，并可与我们的制度进行比较。一是通知 - 评论程序。法律程序是保护人之尊严不可侵犯的基本前提。美国宪法修正案规定“未经正当法律程序，不得剥夺任何人的生命、自由和财产”，行政程序法正是这一规定的忠实守护者。在强势的公权力面前，有必要赋予弱势的相对人完备的程序权利，以保障其权益，防止权力滥用。在规章制定中，通知 - 评论程序主要实现了相对人的三种权利：（1）被告知的权利；（2）要求行政部门说明决定理由的权利；（3）陈述意见的权利。这三种权利可以用一个词来概括——公众参与。虽然我们的行政立法活动已把公众参与作为民主立法的基本理念之一来实施，但与美国规章制定相比，仍有很大的完善空间，比如公众提交意见的便利性，采纳公众意见的合理性，对公众评论意见的有效回应等。二是对规章制定的司法审查。我不赞成将判例法国家的司法审查制度整体移植过来，但在解决行政行为合理性方面，他们的司法审查制度确有值得我们思考的优势。行政程序法不仅规定了司法审查的受理条件（可审查性、资格、管辖权、地点、时间等），也明确了司法审查的范围（审查标准）。审查标准以易于识别的刚性标准为主，如违宪、未遵守法定程序、超越法定权限、缺乏事实证据等，同时也包含了一项弹性很大的标准——“任意和武断”。“任意和武断”标准属于兜底条款，将规章制定是否具有充分合理性作为审查重点，可以涵盖其他未被列举的所有行为。这个标准才是司法审查的最大魅力所在，尤其是在行政不作为的监督制约方面显得尤为重要。相比之下，我国目前还未将行政立法等抽象性行政行为纳入法院审查的范围，而且在规章备案审查方面仍以合法性审查为主，对相对人的救济仍不充分。三是关于依据和目的说明。行政程序法将依据和目的说明作为最终规章的法定组成部分，明确规定部门须在依据和目的说明中载明最终方案与初始方案的差别、对公众意见的回应以及行政行为的依据和必要性等。这一规定与发布拟制定规章通知的做法首尾呼应，筑成了规章制定程序公开的两道闸门，有效限制了部门在立法中的裁量空间，对维护利害关系人的权利很有帮助。

总统对规章制定的制约和监督也是本书重点介绍的内容。作为行政分支的最高首长，总统控制行政部门规章制定的权力是宪法授予的天然权力。从里根、布什、克林顿、小布什、奥巴马等政府任期内的政策调整来看，总统通过发布行政命令、赋予管理和预算办公室更多审查权力，甚至设置新的机构等方式，不断加强对规章制定活动的控制，更加优先、有效地实现已任政府的执政目标，这已成为一个明显趋势。管理和预算办公室的作用有些类似于我们的国务院法制办公室，但从其对规章的审查方式和标准来看又有很大不同。一是有选择的审查，主要是经济效益标准，即对那些经评估被认为具有重大经济意义的规章进行审查。二是审查方式上注重成本和效益分析，要求部门对主要的可替代性方案进行比较分析，以选择最优方案。三是制定年度规制计划，确保部门的规制活动与总统的政策一致。四是大力推动电子规章制定的发展。

以上是我在比较中美两国行政立法制度过程中收获的几点粗浅体会。我很赞同伯尔曼的观点，“法律即程序”。立法是制定规则的活动，涉及千万人的切身利益。从保护相对人合法权益来说，程序正义的价值应当高于实体正义。这个理念也是我翻译本书的动力所在。

翻译是一场艰苦的长途跋涉。本书入手翻译时为第三版，译稿最后完成于第五版。历时四年，抵达终点，千锤百炼，终是值得。感谢我的博士导师刘莘教授，她一直很关心这本书的翻译，给了我很多悉心的指导和教诲。也感谢应松年教授的鼓励和支持，我曾多次向他求教行政程序法理论上的疑难问题，让我受益良多。还要感谢金成波、杨磊、杨美美、刘莹、冯冬渊等师弟师妹，他们在翻译中给予我很多支持，并帮助整理了部分初译稿。感谢袁笋冰编辑不辞辛苦的督促和审稿，使此书不致拖延更久。特别要感谢我的父母，他们对读书的重视，让我在求知路上不致懈怠。

今年适逢国务院法制办公室（98年以前为国务院法制局）成立30周年，借本书出版之际向几代为中国政府法制事业辛勤耕耘的法制人致敬！

2016年5月21日于北京

图书在版编目（CIP）数据

美国规章制定导论 /（美）吕贝尔斯著；江澎涛译.
—北京：中国法制出版社，2016. 5
书名原文：A Guide To Federal Agency Rulemaking, Fifth Edition
ISBN 978-7-5093-7106-0

Ⅰ. ①美…　Ⅱ. ①吕…　②江…　Ⅲ. ①国家机关—行政管理—规章制度—制定—研究—美国　Ⅳ. ① D971.221

中国版本图书馆 CIP 数据核字（2016）第 096406 号

北京市版权局著作权合同登记图字：01-2014-5998

策划编辑　袁笋冰　　责任编辑　王林林　　封面设计　聂　强

美国规章制定导论

MEIGUO GUIZHANG ZHIDING DAOLUN

著者 / 吕贝尔斯

译者 / 江澎涛

经销 / 新华书店

印刷 / 北京海纳百川印刷有限公司

开本 / 710 毫米 ×1000 毫米 16　　印张 / 23　字数 / 318 千

版次 / 2016 年 5 月第 1 版　　2016 年 5 月第 1 次印刷

中国法制出版社出版

书号 ISBN 978-7-5093-7106-0　　定价：69. 00 元

北京西单横二条 2 号　　值班电话：66026508

邮政编码：100031　　传真：66031119

网址：http://www.zgfzs.com　　**编辑部电话：66067369**

市场营销部电话：66033393　　**邮购部电话：66033288**

（如有印装质量问题，请与本社编务印务管理部联系调换。电话：010-66032926）